彭哲方　罗质华◎编著

技术教育视野下的技术学习

JISHU JIAOYU SHIYE XIA DE

JISHU XUEXI

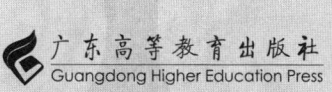

·广州·

内容简介

本书是一部有关技术教育视野下技术学习的选修课程教材,也是一本有关技术的思想史、方法论和人文社会学的读物。作为一种技术教学的整合尝试,本书试图在新技术观的指导下,以当代技术世界、现代社会与人文价值取向为背景,吸收当今具有普遍意义的一般性技术、技术哲学、技术经济学、技术发展史的最新成果,深入探讨技术学习中具有重大实践意义的课题,研究技术领域所涉及的带有普遍意义的基本概念、基本知识、基本方法,关注技术活动的人文价值和存在意义。本书既可以作为师范院校培养通用技术课程师资的教材,也适用于作为开设技术选修课的教材,还可以作为中学通用技术学科教师进修用教材。一般高中学生或对这方面感兴趣的社会人士也可以以本书为学习材料提高自身的技术素养。

图书在版编目(CIP)数据

技术教育视野下的技术学习/彭哲方,罗质华编著. —广州:广东高等教育出版社,2015.12

ISBN 978-7-5361-5373-8

Ⅰ.①技… Ⅱ.①彭… ②罗… Ⅲ.①职业教育—教育研究—中国 Ⅳ.① G719.2

中国版本图书馆 CIP 数据核字(2015)第 156988 号

出版发行	广东高等教育出版社
	地址:广州市天河区林和西横路
	邮政编码:510500 电话:(020)87554152
	http://www.gdgjs.com.cn
印 刷	佛山市浩文彩色印刷有限公司
开 本	787 毫米×1 092 毫米 1/16
印 张	16.25
字 数	356 千
版 次	2015 年 12 月第 1 版
印 次	2015 年 12 月第 1 次印刷
定 价	38.00 元

前　言

　　本书是一部有关技术教育视野下技术学习的选修课程教材，也是一本有关技术的思想史、方法论和人文社会学的读物。作者试图对技术学的基本问题、基本内容，带有普遍意义的基本概念、基本知识、基本方法作较为全面和深入的叙述和探讨。本书是作者多年从事技术教育教学与科研活动的总结，包括作者自己对技术教育和技术教学的基本框架的一些理解和研究心得。

　　自贝克曼首创技术学术科目以来，技术就不再是隐形的了。技术学作为一门学科，已经经历了几百年的历史发展过程。而技术学习的历史与人类社会活动同样悠久。其间，由于近代技术向现代技术转变，技术的基本思想、观念、概念、知识和方法都发生了深刻的变化。受工业革命和近代科学技术革命的影响，科学、技术与社会的联系越来越紧密，技术发展有力推动了社会发展。当今世界已经进入经济全球化和"第四次工业革命"新时代，为顺应技术发展的潮流，出现了许多新理论、新思想，从不同立场和视域出发，对技术的基础、本质、意义、概念、方法、合理性、负面效果等问题，进行了深入细致的研究和思考。本书作为一种技术教育视野下技术教学的整合尝试，试图在新技术观的指导下，以当代技术世界、现代社会与人文价值取向为背景，吸收当今具有普遍意义的一般性技术、技术哲学、技术经济学、技术发展史的最新成果，深入探讨技术学习中具有重大实践意义的课题，研究技术领域所涉及的带有普遍意义的基本概念、基本知识、基本方法，关注技术活动的人文价值和存在意义。

　　本书在技术学习的指导思想和知识框架上试图形成如下特色。第一，以大技术观为指导，以生产和生活实践为技术学习主线，比较系统地探讨技术与人、技术与社会和技术与自然的关系，探讨技术对人类社会协调与可持续发展的作用。第二，在技术教育视野下，选择带有普遍意义，具有广泛迁移价值的技术作为技术学习的内容，重视学生技术素养的培养，使学生通过技术学习理解和掌握对将来生活十分重要的技术思想和各种技能。第三，试图形成一种有利于技术学习的新框架，既涉及技术学习的基础性内容，还十分重视系统论和复杂性问题的学习与探讨；既强调技术学习的继承性，同时更重视新技术的学习；既重视学习技术理性的培养，又主张理性和非理性的统一和融合。第四，思考和探讨在新工业革命背景下，技术学习应该怎样做，如何应对技术创新、结构性改革和生产、生活方式的新变革。作者深知，要做好并符合上述各方面设想，绝不是轻而易举的事情，其中存在着许多值得思考和需要努力解决的问题，因此希望从事技术教育的工作者也能加入到技术学习学科建设与发展的过程中。

本书在技术思想发展史方面，通过对古代技术、近代技术和现代技术的发展历程、图景、趋势以及技术思想与技术活动的考察，梳理了技术活动由产生、成长，进而不断推陈出新的过程，反映与时代对应的文化背景和思想轨迹，刻画了科学、技术与社会越来越密切的联系及一体化走向；在技术方法论方面，通过介绍一般意义上的技术方法、经验性的技术方法、理性的技术方法、非理性技术思想、技术创新、面向复杂性的技术方法等情况，表明技术进步是一种有方向的演化，技术活动带有现实性，技术进步往往得益于技术方法的综合运用；在技术与社会关系方面，主要讨论了技术与社会的相互作用、技术选择、技术创新、技术与人文的关系等，强调技术虽然代表了现代社会的主流文化，但对技术的社会学理解与批判还是十分重要的。

本书共分七章。第一章介绍了技术教育课程及其发展；第二章介绍了与技术相关的基本知识，并从技术思想和方法、技术文化和复杂性技术等方面对技术活动进行了探讨；第三章介绍了技术与社会相互促进的关系，并对创新和解决技术难题进行了探讨；第四章对技术设计进行了一般性解读，重点探讨与现代设计和设计学习相关的问题；第五章介绍系统论和控制论的一般应用，并介绍了耗散结构理论、突变论与协同论思想及其应用；第六章介绍了项目管理技术和一般性应用问题；第七章给出几个有典型代表意义的实验或试验活动，希望通过实际操作活动促进技术学习。

林佩珠、樊娅妮和林洽武老师完成了相应的活动设计和讲义材料编写。彭希年对全书进行了校对并提出了许多宝贵修改建议。在此，对以上几位表示衷心的感谢。

本书初稿是作者为广东第二师范学院物理系本科生讲授技术课程的讲稿，部分内容在高中通用技术学科教师培训中作为讲稿使用过。因此，本书可以作为师范院校培养通用技术课程师资的教材，可以作为开设技术选修课的教材，也可以作为中学通用技术学科教师进修用教材，还可以作为一般高中学生或有这方面兴趣的社会人士为提高自身的技术素养的学习材料。技术学习内容博大精深，涉足其中必将终身受益。作者希望本书能对不同专业与职业的读者的技术学习有所启发和帮助。如果本书能像作者期望的那样，对读者的技术素养有所促进，有助于解决工作和生活上的问题，这将使作者感到莫大的欣慰。

由于本书是在技术教育视野下进行的带有普遍意义技术学习的一种新尝试，且作者这方面的能力有限，因此书中的不当之处、疏漏与错误在所难免，希望读者能提出宝贵的意见，以便本书能进一步完善。

彭哲方　罗质华
2015 年 2 月

目　录

第一章　技术教育课程及其发展　　001
第一节　技术教育　　002
第二节　几个典型国家技术教育课程概况　　005
一、美国技术教育课程概况　　005
二、英国技术教育课程概况　　008
三、澳大利亚技术教育课程概况　　009
四、新加坡技术教育课程概况　　010
第三节　国内技术教育课程概况　　014
一、我国技术教育课程的变迁　　014
二、新世纪的高中技术教育课程　　015
三、面对新挑战的技术教育课程　　016

第二章　理解和领会技术　　021
第一节　技术是什么　　022
一、对技术的理解　　022
二、技术作为行动或过程　　024
三、对通用技术的理解　　029
第二节　技术思想和方法　　036
一、技术观和技术思想　　036
二、学习技术思想和方法　　039
三、技术试验　　041
四、黑箱、灰箱和白箱　　044
第三节　技术文化　　046
一、技术文化的演变　　046
二、关于技术文化的思考　　052
三、人文视野下的技术学习　　054

第四节　面对复杂性事物　　056
　　　一、认识事物的复杂性　　056
　　　二、复杂性思维　　058
　　　三、从一个变局理解复杂性　　059

第三章　技术进步与社会发展　　**065**
　第一节　技术与社会的相互作用　　066
　　　一、技术对社会进步的先导作用　　066
　　　二、社会进步对技术的促进作用　　068
　　　三、面对新工业革命　　069
　第二节　技术选择　　076
　　　一、对选择的基本认识　　076
　　　二、选择的路径　　079
　　　三、循环经济视野下的选择　　081
　　　四、技术选择事例　　082
　第三节　技术标准化　　086
　　　一、游戏规则　　086
　　　二、身边的技术标准　　088
　　　三、面对复杂化的技术标准　　091
　第四节　创新的魅力　　094
　　　一、打破格局的创新　　094
　　　二、做大还是做小　　098
　　　三、有效创新的实现　　100
　第五节　面对技术困境　　105
　　　一、两难问题　　105
　　　二、博弈与妥协　　108
　　　三、走出技术困境　　112

第四章　设计学习　　**115**
　第一节　设计解读　　116
　　　一、设计进化表　　116
　　　二、设计概念辨析　　118
　　　三、传达设计　　120
　　　四、环境设计　　123

第二节　现代设计　　126
　　　　一、并行设计　　126
　　　　二、虚拟设计　　128
　　　　三、绿色设计　　131
　　　　四、DIY 设计　　132
　　第三节　做设计会带来什么　　136
　　　　一、设计学习过程　　136
　　　　二、设计的表现与追求　　139
　　　　三、设计的认知与思考　　143

第五章　结构、流程、系统和控制　　*147*
　　第一节　结构的思想及其方法　　148
　　　　一、积木思想及其方法　　148
　　　　二、模型思想及其方法　　150
　　　　三、关心身边的结构　　153
　　　　四、"有序"与"无序"　　158
　　第二节　流程的思想及其方法　　162
　　　　一、认识流程管理　　162
　　　　二、流程的优化与再造　　164
　　　　三、画图做流程管理　　166
　　第三节　系统的思想及其方法　　170
　　　　一、系统论简介　　170
　　　　二、系统工程及其方法　　173
　　　　三、耗散结构论、协同论与突变论　　177
　　第四节　控制的思想及其方法　　181
　　　　一、控制论简介　　181
　　　　二、走进系统控制论　　185
　　　　三、对"他控"和"自控"的思考　　189

第六章　项目管理技术　　*195*
　　第一节　为什么需要项目管理　　196
　　　　一、项目管理知识　　196
　　　　二、项目管理的作用　　199
　　　　三、对项目管理的认识　　201

第二节　为项目做准备　　206
　　　一、项目从何处来　　206
　　　二、问题分析　　207
　　　三、目标管理　　210
　　　四、做合适的选择　　212
　　　五、可行性分析　　216
　　第三节　项目设计与评价　　217
　　　一、项目设计　　217
　　　二、项目范围管理　　218
　　　三、项目评价　　221
　　　四、基于项目的技术学习及其案例　　224

第七章　实验和活动　　*229*
　实验一　识图和绘图　　230
　实验二　结构的设计及制作　　232
　实验三　试验与方案优化　　233
　实验四　模型的制作　　234
　实验五　黑箱实验　　235
　实验六　可编程序控制器　　236
　实验七　机器人组装与控制　　238
　实验八　鲁布·戈德堡机械　　240

参考文献　　*246*

第一章
技术教育课程及其发展

> 从技术传承的角度看，人类的技术教育历史悠久，经历了与生产劳动一起的原始技术教育阶段，又经历了以师徒学艺为代表的工艺学习阶段，正在经历以机器的发明和使用为基础的现代技术教育阶段。随着人们对技术教育功能认识的深化，今天的技术教育的主要内容不但是有助于技术学习者获得适应生活和生产所需的技术知识和技能，还强调人文理性，使技术学习者不但掌握怎么做的方法，还能把握是否应该去做。

第一节
技 术 教 育

　　21世纪，对于在经济全球化时代下如何提升国家的竞争力，全球正进行着一场特殊的竞赛。重视全球化背景下人才的培养，是这场竞赛的基调。重视科学素养以及技术素养的培养，提高教育品质，是竞赛的成败关键。在世界性基础教育课程改革大背景中，改革传统的技术教育，设置富有时代特征的技术类课程，成为众多国家基础教育改革中的主流取向。

　　国际理科教育从纯科学教育发展到同时重视科学教育和技术教育，技术教育的内涵扩展是当今科学技术的迅猛发展在教育领域中的一个具体表现。现在，人们认识到，当代科学已不再是过去的"纯"科学了。"科技""技术科学"等新名词的出现，不仅揭示了当代科学内涵的深刻变化，更揭示着技术的发展已步入了一个新的全盛时期。技术对人类的影响不但深刻，而且几乎是无所不在。我们生活在技术社会中，根据认知学习理论的观点，学生学习技术，或以生活技术为载体，通过日常生活所使用的技术，都可以看到技术的踪迹，其活动的结果都是技术的产物。从技术发展的趋势看，技术在新世纪中扮演着更为重要的角色。当代科学的发展离不开现代技术提供的支持，而科学的发展又推动着技术的不断进步。当代社会经济的发展同样离不开现代技术的支持，而社会经济发展又推动着技术的不断进步。所有这些都表明，当代科学已经步入了一个新的时代，即所谓后现代科学技术时代。在新时代，科学和技术共存共生、相互促进，于是产生了这样一个共识："纯"的科学教育已不合时宜。从"纯"科学教育到技术教育的兴起，这种转换为技术教育理论研究提出了新的课题，如什么是技术素养，技术教育的内涵是什么，技术教育如何实施，技术教育内容如何选择，这些已成为国际技术教育界普遍关注的焦点。

　　上文提到的"技术素养"和"技术教育"等术语，其实有很多定义和说法。联合国教科文组织在《学会生存》报告中指出：从初等阶段到中等阶段，必须同时成为理论的、技术的、实践的和手工的教育。技术教育不应限制于学习各种科学定律及其应用，也不应限于学习已经在使用的工艺程序。如果技术教育要体现出它的充分意义，那么在它的通常形式上就必须进行两方面的改变：第一，同语言、历史、地理、社会学和集体生活等方面的教学一起，在整个教学过程中必须给予技术教学以适当的地位；第二，技术问题的处理必须联系工作、休闲、社会机构、通讯、环境等多方面的生活现实。① 教科文组织在这份报告中，批判了旧教育观念和制度的弊端，研判了教育发展的新趋势，提出或给出了若干极为重要的教育新理念与基本原则。在这份报告中，给出了关于技术的定义：技术是关于"如何做"的知识，是一个创造性的过程，是利用工具、资源和系统解决问题，以努力改善人们的生存条件。这个概念更新了传统的技术观，为技术教育进入到普通教育领域提供了概念基础。

1988年英国公布了《教育改革法》，开展了新一轮教育改革，将"设计与技术"列为义务教育阶段的基础学科，是技术教育史上基础教育阶段的一件重大举措，给国际教育界带来很大影响。1990年，英国开始在小学一年级至初中开设"设计与技术"必修课，技术教育在教育史上第一次以一门独立的课程进入基础教育的范畴。1989年，美国科学促进会出版《面向全体美国人的科学》重要报告，报告的开篇宣称技术、科学和数学三者一起，是人类在下一个历史发展阶段生存环境和生存条件产生迅速变化的中心。2000年4月，美国的国际技术教育协会及其下属的"面向全体美国人的技术项目"推出了《美国国家技术教育标准：技术学习的内容》。其中把技术素养定义为"使用、管理、评价和理解技术的能力"。2002年，美国的国际技术教育协会在《美国国家技术教育标准：技术学习的内容》中给出技术教育的定义，指出技术教育中的"技术"不再仅仅是指工艺、操作能力，而是指以问题解决为核心、包括技术意识、技术理解、技术评价、技术反思和技术实践能力在内的技术素养，技术素养是理解技术世界的必备素质。2007年，美国的国际技术教育协会又给出了新定义：技术教育是一门有关技术的学问，它向学生提供机会学习与技术相关的知识和方法，以及解决问题和拓展能力。② 南京师范大学教育系主编的《教育学》对"技术教育"的解释是："劳动技术教育包括劳动教育和技术教育两个方面……技术教育主要是使学生掌握一些基本的生产技术知识和劳动技能……技术教育则专指生产劳动方面的知识技能……技术教育则主要是通过学生的实践活动，即实际操作来掌握生产知识技能，着重培养学生的动手能力。"③ 有学者认为："技术教育的内涵是指通过传授技术知识、培养技能、了解技术社会影响，从而形成、培育和提高社会整体的技术能力的实践活动。"④ 顾建军指出："基于技术素养的培养目标，技术教育的内容应都是当今社会生产和生活中最为基础的、较为宽泛的、通用性较强的，且对学生发展是必需的、具有迁移价值的技术。"⑤

---

① 联合国教科文组织国际教育发展委员会. 学会生存——教育世界的今天和明天 [M]. 北京：教育科学出版社，1996：237.
② ITEA. Standards for Technological Literacy：Content for the Study of Technology (STL). 2000/2002/2007.
③ 南京师范大学教育系. 教育学 [M]. 北京：人民教育出版社，1984.
④ 方鸿志. 技术教育的历史与逻辑探析 [D]. 沈阳：东北大学，2009.
⑤ 顾建军. 我国技术教育的学科发展及其路径选择 [J]. 中国电化教育，2010（11）.

现代社会，随着科学技术的高速发展，技术已伴随着人们的生产活动和日常生活无处不在。在此情况下，重视技术教育已成为一种世界态势。许多国家为提高国家的整体技术水平和国民的技术素养，都开始重视本国的技术教育，并把技术教育作为普通教育的一个重要方面，在中小学开设技术课程。[1] 2003 年，我国国家教育部颁布了《普通高中课程实施方案（实验）》和《普通高中技术课程标准（实验）》，这是我国技术学科第一个以课程标准形式呈现、并与其他学科同时颁布的国家课程文件。在该实施方案中，技术成为八大学习领域之一。我国普通高中阶段的通用技术课程属于通识教育范畴，是以提高学生的技术素养为主旨的教育，是高中学生的必修课程。[2]

---

[1] 技术课标准研制组. 《普通高中技术课程标准（实验）》解读 [M]. 武汉：湖北教育出版社，2004.

[2] 中华人民共和国教育部. 普通高中技术课程标准（实验）[S]. 北京：人民教育出版社，2003.

第二节

几个典型国家技术教育课程概况

许多先进国家或地区的技术教育起步早、门类全、经验足，对我国开展技术教育有良好的借鉴意义。对比分析各国技术教育课程内容标准对通用技术课程的实施有借鉴作用。技术教育课程的内容标准是教材编写、设计教学过程及学生学业成就评价的重要依据。

一、美国技术教育课程概况

美国技术教育有着悠久的历史。1890—1950 年，美国早期技术教育受瑞典的手工业和英国的手工业训练影响，主要是以手工培训和工业艺术的形式呈现，这个时期的技术教育属于"手工艺阶段"。

"二战"后，美国成为一个超级大国。与大多数领域一样，对在普通教育中施行技术教育的重要意义的认识也不落后。1958 年，美国斯坦福大学 ED. Hurd 教授在美国《科学教育》杂志上发表《科学素养：对美国学校的启示》一文，最早提出："技术素养应当并列为科学教学的一个主要目标"。

苏俄发射第一枚人造卫星之后，对于全美工艺教育界产生了莫大冲击。美国人对教育界发出质疑，导致美国教育界进行了一系列课程改革，对技术教育课程最有影响的两项课题研究成果，分别是美国工业计划和工艺课程计划（IACP）。IACP 倡导学生学习带有工业背景的课程，并提倡在初中阶段将工艺教育提升到与其他核心课程同等重要的地位。IACP 的课程内涵深深地留下了工业化的烙印，带有相当成分的"工业导向"，在这样的背景下，美国的工艺教育大放异彩。

到 1981 年，美国工艺技术教育的基础是"杰克森坊工艺课程理论"，学生学习工业与技术的目的在于了解人类的潜能，并加以发挥和利用。该理论将技术、知识系统和人类适应系统等列入技术学习内容。其最大影响在于将制造、构建、交流和运输等四个系统作为技术教育主要课程内涵。此外，美国技术教育进一步导入"问题解决"的技术活动概念，以此建立技术教育的课程内涵。至此，美国技术教育已经大致明确了发展方向，跳出了传统手工工业的色彩，着重在技术素养能力的培养上。

为了帮助所有美国人提高他们的科学、数学及技术素养，美国科学促进会（AAAS）于 1985 年启动"2061 计划"。该计划被誉为美国历史上最显著的科学教育改革之一。1989 年出版了《面向全体美国人的科学》，"2061 计划"针对所有学生，对他们高中毕业时应具备的科学、数学和技术能力提出了建议。《面向全体美国人的科学》奠定了20世纪90年代全美科学标准运动的基础。1993年出版的《科学素养的基准》将《面向全体美国人的科学》中的科学素养目标转化成基础教育（幼儿园至高中阶段）的学习目标或基准。当前美国国家和州的许多与制定标准相关的文件，均取自该基准的内容。

在美国，最后形成国家标准的核心学科是技术教育，其中《面向全体美国人的技术：技术学习的原理和结构》（以下简称《面向全体美国人的技术》）是美国技术教育的基本依据，是《技术素养标准：技术学习的内容》（以下简称《国家技术教育标准》）的哲学基础。这两份文档为国家和地方课程的编制做好了计划。国际技术教育协会（ITEA），现改名为国际技术工程教育协会（ITEEA），它在"2061计划"的基础上发起了"面向全体美国人的技术"计划，在1996年出版了《面向全体美国人的技术》，对美国以及世界其他国家技术课程标准的制定起到了导向作用。2000年，ITEA在美国国家科学基金会（NSF）和国家航空航天管理局（NASA）的资助下，出版了美国技术教育的核心纲领性文本《国家技术教育标准》，作为培养学生技术素养的指南，以非法令的形式为各州、各学区的技术教育提供了基本的参照准则，并促成承认技术教育是中小学学习的一个至关重要的学习领域。

《面向全体美国人的技术》给出了关于技术素养的定义：技术素养是指使用、管理和理解技术的能力。使用技术的能力涉及能熟练地操控，这包括了解宏观系统和人类自适应系统的构成，以及这些系统是如何运作的；管理技术的能力涉及要保证所有技术活动都有效而恰当；理解技术不仅仅是了解事实和信息，还包括利用这些信息来形成洞察能力。[①]《面向全体美国人的技术》首次提出的以技术素养为核心的技术教育，还解释了技术教育这个容易引起人们混淆的概念：技术教育是指一种向学生提供机会，学习与解决问题和拓展能力时所用技术相关的过程和知识的教育。2007年，ITEA给出了更新定义：技术教育是一门有关技术的学问，它向学生提供机会学习与技术相关的知识和方法，以解决问题和拓展能力。[②]

随后，ITEA又出版了《国家技术教育标准》的姐妹篇《促进技术素养的卓越前进：学生评价、专业发展和项目标准》（以下简称《评价标准》），为从幼儿园到高中的技术教育的实施提供了指导性的评价标准，补充完善技术教育体系[③]。目前，美国全国技术教育的指导纲领即为《面向全体美国人的技术》《国家技术教育标准》和《评价标准》，其中《国家技术教育标准》是核心文献。

到了21世纪，世界发生了巨大变化，全球经济的飞速发展和空前技术变革使得社会

---

① ITEA. Technology for All Americans: A Rationale and Structure for the Study of Technology [S]. 1996.

② ITEA. Standards for Technological Literacy Content for the Study of Technology [S]. 2007.

③ ITEA. Advancing Excellence in Technological Literacy: Student Assessment, Professional Development, and Program Standards [S]. 2003.

对人才的要求也不同以往，创新能力、解决问题的能力以及全球化意识等成为世界各国衡量人才的重要指标，如何帮助学生掌握这些技能是目前各国和国际组织重点关注的问题。美国教育界正着眼于对该国的教育制度进行必要的调整，使美国学生能符合全球经济新形势的需要。"21世纪技能合作组织"在总结其十年研究经验的基础上，将21世纪中小学学生应具备的基本技能进行整合，制定了《21世纪技能框架》，并建立政府、教育界、商业界以及社区的合作伙伴关系，倡导在全美范围内将21世纪所必需的技能融入中小学核心课程的教学中，以加强中小学校对学生21世纪技能的培养。《21世纪技能框架》中明确列举了"21世纪技能"计划的组成结构，它以核心学科教学为基础，发展学生学习与创新技能，信息、媒体与技术技能，生活与职业技能这三个领域的技能，给出了21世纪学习"彩虹图"框架，如图1-1所示。这个框架被称为"21世纪技能彩虹"，主要包括两个部分，一是图中"彩虹"部分的技能内容，二是图中"底座"部分的支持系统。其中学习与创新技能又具体包括创新能力、批判性思维和问题解决能力、沟通和合作能力；信息、媒体与技术技能具体包括掌握信息能力、使用媒体能力、应用技术能力；生活与职业技能具体包括灵活应变和适应能力、积极主动和自主能力、社交和跨文化能力、社会生产能力、领导能力与责任。① 值得指出的是，以上提到的三个领域的技能，既是当今技术教育课程的主要学习内容，也是本书关心的重点。

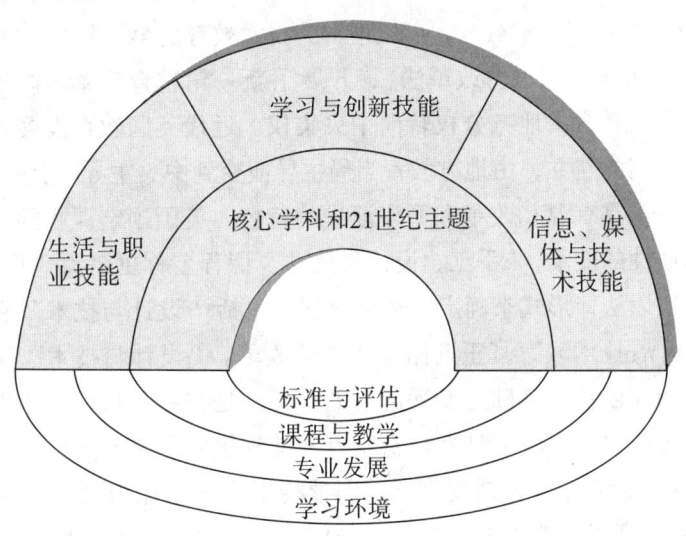

图1-1 21世纪学习"彩虹图"框架

在《21世纪技能：为我们生存的时代而学习》一书中，作者指出，在美国，同样存在着与中国类似的一种现实尴尬：从专科学校和大学毕业的学生缺乏许多基本技能和应

---

① Partnership for 21st Century Learning [EB/OL]. [2014-12-12]. http://www.p21.org/about-us/p21-framework.

用技能，缺乏包括口头和书面表达能力、批判性思考和解决问题的能力、专业水准和职业道德、团体协作与配合能力、在不同团队工作的能力、技术运用能力、领导才能和项目管理能力，等等。① 因此，作为以技术素养培养为目的的技术教育课程，如何使学生能够在 21 世纪的职业和生活中获得成功，如何使学生除了要掌握传统的知识和技能外，还必须要掌握新的知识和技能，这些都是人们关注的热点问题。

二、英国技术教育课程概况

英国教育历史相当悠久，早期教育大都由教会控制。直到 1833 年，英国政府才有拨款两万英镑补助学校建筑的措施。1902 年，英国开始建立全国性的学校体系。1944 年，英国政府颁布了战后教育改革法案——巴特勒教育法案，形成了英国当前的教育体制。法案名义上规定教育课程由各地方教育当局负责，实际上是由各学校校长或教师负责。20 世纪 70 年代，以金工、木工等为课程内容的"工艺"课程改为"手工、设计与技术"，在原有强调手工制作的基础上加入"设计"的因素，要求学生在制作之前还要进行"设计"，改革促进学生在传统课程中变被动参与为主动参与，提高了学生的学习主动性，对学生创造能力培养也有所提高。自 1975 年开始，"问题解决"也成为课程的一部分，以提高学生解决问题的能力，使学校技术教育开始从技术能力教育走向技术素养教育。1988 年以前的英国技术教育，可以理解为技术教育的早期阶段。

1988 年，英国公布了《教育改革法》，开展了新一轮教育改革。同年，英国国定课程的实施，将英国的教育由地方分权转向中央集权。近代英国教育发展是从传统的私人性质演变成全国体制的建立，由地方教育当局主导演变到中央主导，其中的变化和变革，反映出英国教育背景具有温和改革和循序渐进的特色。英国国定课程的实施，对中学课程和考核做了革命性的变革，"手工、设计与技术"课程名称更名为"设计与技术"。国家课程标准第一次以法律形式来确定中学生应学习包括"设计与技术"在内的十门核心课程，普通中学开展技术教育真正开始了历史性改革。"设计与技术"课程是在传统手工课等学科的改造和创新的基础上发展起来的，无论是在课程目标、课程内容还是课程评价上都实现了现代化，形成了具有自身特点和课程模式的全新学科。② 1990 年，英国公布 21 世纪的教育与训练教育白皮书，试图建构国家学术能力（A-Levels）、普通技能（义务阶段之初级至高级职业技能）与职业技能（属于高等教育阶段职业技能）三三轨学制；1991 年改制皇家督学为教育标准办公室，旨在通过考核和评价，确保教育的质量；1993 年成立学校课程及评估委员会，开始对中小学课程进行大规模的严格评价，以

---

① 伯尼·特里林，查尔斯·菲德尔. 21 世纪技能：为我们生存的时代而学习 [M]. 天津：天津社会科学院出版社，2011.

② 王琳. 技术教育国际比较研究基础——教育"技术"课程设置的调查与思索 [M]. 上海：华东师范大学出版社，2005.

期改进并提升中小学的教学成效；1988年至1995年英国的技术教育，可以理解为技术教育的探索阶段。

20世纪末以前，受社会传统的影响，英国重文轻工。技术教育课程即使在学校中开展，也不意味着它得到人们的广泛重视和认可。1995年新的纲领颁布，"设计与技术"课程新纲领主要包括两个目标：设计技能和制作技能，并适用于各个阶段。在新纲领的指导下，"设计与技术"课程进入一个新的成长阶段。

现阶段，英国人逐步认识到如果再不将人文、科学与技术的关系进行重新思考和再评价，那么就会严重影响英国在世界上的地位。2000年实施新课程，英国人开始思考"设计与技术"课程的重要意义，并探讨该课程的真正内涵。新课程标准将原来培养学生"设计"和"制作"两种技能改为培养学生设计和制作以及多种技能的综合能力，强调学生的整体发展，而并非仅仅关注学生动手和操作能力的培养。为进一步开发受教育者的能力和提高受教育者在21世纪的竞争力，2003年英国发表《21世纪技能——实现我们的潜能》白皮书；2005年，教育与技能部发表《14～19：教育与技能》白皮书，提供14～19岁受教育者的教育课程框架，给每一位青少年提供宽广的发展机会，以应对21世纪的生活。针对教育内在发展失衡及全球竞争力持续下降问题，2010年颁布了首份全国性教育报告——《教学的重要性：2010学校白皮书》，拉开了教育改革新政的序幕。此报告书明确指出，国家课程并非所有学校都必须实施的大一统课程，而是确保所有学生都掌握成为合格社会公民所必备知识的基准，课程改革重心将强调基础知识和基本概念的重要性，强调学生对基础学科的最基本的知识及核心概念的理解和掌握。2000年，英国公布了21世纪《国家课程标准》。规定必修课有英语、数学、科学、设计与技术、信息与通信技术、历史、地理、现代外语、美术与设计、音乐、体育、公民教育以及个人、社会与健康教育。英国技术教育将《设计与技术》作为学科名称，课程侧重于引导学生运用知识解决实际问题，强调实际操作过程及技能的培养，注重设计能力的培养。英国有久远的历史背景，技术教育课程将"设计"列入技术教育课程中，重视设计的地位和设计与技术的关联，注重设计与问题解决能力的培养。

三、澳大利亚技术教育课程概况

澳大利亚作为后起的发达国家，其良好的环境、富裕的经济条件和人口来源多样化，为教育改革发展提供了良好的基础。澳大利亚教育发展，使其教育水平达到世界一流水平，也是世界各国特别是发展中国家学习借鉴的典型和榜样。

澳大利亚小学教育为6年或7年，1～6年级或1～7年级。中等教育为5年或6年，6～12年级或8～12年级。义务教育的年龄一般到15或16岁。到这个年龄，学生通常都完成9年教育，但更普遍的是完成10年教育。直到20世纪五六十年代，澳大利亚中学教育才得到迅猛发展。

由于历史的原因，依据澳大利亚法律，各州具有教育管理的权利和义务，由此形成了多种各具特色的教育体系。然而，这种教育分权制也有一定的毛病，近年来批判和改革的呼声也愈发高涨。一方面，经济全球化对教育产生了巨大的影响，世界各国中小学课改轰轰烈烈；另一方面，过去澳大利亚各州在教学领域存在不同意见引起激烈争论。澳大利亚历来奉行以教育促发展的理念，为了更好地分享经济全球化带来的机遇和成果，为将澳大利亚教育提升至世界发达国家水平，澳大利亚政府积极致力于教育改革。2010年3月颁布了澳大利亚百年来首部全国统一的基础教育国家课程大纲，全国所有学校将从2013年起全面实施基础教育国家统一课程大纲，这是澳大利亚全国基础教育史上重大的课程体制改革举措。

2009年5月"澳大利亚课程、评估与报告局"正式成立。该机构负责监督"国家课程大纲"的制定，首次将课程、评估与报告的管理提到国家层面。"国家课程大纲"的制定分3个阶段进行。属于技术教育的《设计与技术》课程大纲在第三阶段进行。各学科的大纲包含"理念概述""目标概述""结构概述""学科内容"和"成绩标准"等部分。"学科内容"给出了相应学科应掌握的知识、技术、技能和理论。

2012年3月，澳大利亚课程评估和报告局公布了《澳大利亚课程草案：技术》，在征求意见的基础上，对课程草案进行了全面修改，并于2012年8月在官网上发布了适用于K12的《澳大利亚技术课程框架方案：技术》①，拟当年年底正式公布国家统一技术课程大纲，并于2014年在全国实施。《澳大利亚课程框架方案：技术》将技术课程分为两大部分，分别是"设计与技术"和"数字化技术"，规定从学前教育一直到12年级都开设技术课程，对各年级技术学习时间做了明确的规定。澳大利亚"国家课程大纲"明确要求各门学科的教学都要融入"七大综合能力"。这七大综合能力是：文化素养、数学、信息与通信、批判性与创造性思维、个人与社会能力、道德行为以及跨文化理解。在技术课程方案中，明确了课程三维目标，在教育和教学中，培养学生的三维目标：使学生变成成功的学习者、有自信、有创意的人和活跃、知情的公民。《澳大利亚课程框架方案：技术》还规定需要完成两大学习任务：第一是理解和掌握技术知识，第二是经历技术过程和理解技术产品。前者侧重技术知识的学习，后者侧重实践和实验活动，两者相互补充、相互支持。教师可以通过相关技术过程与技术产品实践进行技术知识的传授，让技术课程更生动；与此同时，理论知识的支撑也可以让学生更好地理解技术过程和技术产品。②

四、新加坡技术教育课程概况

新加坡普通学术中学的技术教育课程是设计与技术，在中学一年级到四年级开设。

---

① ACARA. Curriculum：Technologies ［EB/OL］. http：//www.acara.edu.au/curriculum/ learning-areas/technologies.html.

② Australian Curriculum Assessment and Reporting Authority. The Shape of the Australian Curriculum：Technologies，2012.

前两年课程有全国统一的课程大纲。新大纲指出，技术与设计课程是整体教育的一个重要组成部分，它是以项目为基础的初中必修学科。该课程主要聚焦在设计活动和知识技巧的实际应用上。设计与技术课程旨在培养学生的以下能力：

①能注意到在这个世界上，设计总是暗含在制造中的；
②能够欣赏设计中的功能、美学以及技术；
③发展出基本的设计思维和沟通能力；
④通过制作来体验如何实现设计；
⑤通过具有创造性的思考和调整，成为独立自主的决策者。

学生们将参与到不同的设计与制作活动当中，体验设计的基本过程。这些活动将视他们的能力、兴趣以及设计内容而有所不同。

新加坡技术教育课程设置的内容采用条块式，直接以主要的技术类别或技术内容确定技术教育科目，每个科目中再设立若干教学模块，由国家制定的设计与技术课程框架给出学习内容。新加坡设计与技术课程框架有三个领域，分别是领会设计、进行设计和制作，每个领域有若干专题，共 13 个专题，每个专题还有对应的能力要求，见表 1-1 所示①。

表 1-1　新加坡设计与技术课程框架

	专　　题	能　力　要　求
领会设计	1. 美学	明白线条、形状、式样、颜色、质地、分量及人类工程学与设计需要的关系 理解人类工程学、功能与美学之间的关系
	2. 社会中的设计	注意到社会和文化对设计的影响
	3. 可持续发展	从选材用料、产品制造及报废处理等方面来展现对环境的考量
	4. 基本技术 ——电子 ——机械 ——结构	领会技术是如何被用来提升产品功能的 理解电子产品在日常生活中所扮演的角色 展现出连接电路和使用普通电子部件的知识 描述转换和传动能量的机械原理 领会结构对强度和美学的影响 理解什么是结构以及结构需要什么 能分辨出用来加固结构的不同方法

---

① Ministry of Education, SINGAPORE. Design & Technology Syllabus Lower Secondary Special/Express/Normal（Academic）, 2007.

续上表

专 题	能 力 要 求
5. 设计方法	
6. 明确需求 —分析 —图示 —设计因素	通过考虑以下因素来明确需求： —有意使用者的需求和价值观 —能影响设计的因素，如功能、美学等 写一份设计简要/写下设计说明
7. 调研 —产品分析	领会要做出明智的决定需要用到相关的信息 收集能在设计的时候帮助到他们的相关信息 从是否满足需求、有没达到目的等方面调查研究各种消费品
8. 产生完善想法	使用SCAMPER思考模版或其他思维方法来产生想法 通过考虑设计因素来完善这些想法 使用模型等方法来测试这些想法
9. 沟通 —徒手绘画 —施工图 —设计模型	通过以下方法来表达设计想法： —徒手绘图并带上有意义的注解 —模型 准备施工图
10. 评估	他们的设计和制作要能在进度上体现出来 把制造出来的产品与设计说明进行对比评估 明确能改进制成品的方法
11. 计划	准备一份各个制作阶段的整体计划，包括使用的材料
12. 材料 —耐用/模型材料	理解普通材料的性质以及相关的应用 使用合适的方法巧妙处理各种材料，模拟并实现设计方案
13. 实用的方法 —测量并标记 —固定切割和切削 —弯曲和成形 —接合拼装和上漆	展现出正确使用工具和机械的能力 使用适当的技巧测量、标记、切割、切削各种材料 使用砖模和样板，弯曲材料或者让材料成形 使用合适的方法把各部件结合成想要的结构，或能根据设计需要运动 给制品上漆以强化制品功能并改善其外观

进行设计对应专题5–10，制作对应专题11–13

新加坡中学技术教育为生活而设计课程有国家课程标准,有全国统一的教科书认可机构,一纲多本是新加坡技术教育教科书制度的典型特征。新加坡中学教科书供应方式实行收费制。新加坡设计与技术课程教科书共2册,每本都有100多页,既有严谨的概念和原理,也有生动活泼的插图和问题,既是一本教科书,同时也是一本适合学生阅读的科普书。新加坡技术教育教科书以设计和技术为核心,以培养学生的技术素养为目标,以生活为落脚点,整合为手段,以丰富多彩的插图点睛,是技术教科书的良好典范。新加坡设计与技术课程初中和高中教科书目录如表1-2和表1-3所示。

表1-2 新加坡设计与技术课程初中教科书《为生活而设计》目录①

章节A 领会设计	1. 什么是设计 2. 美学 3. 社会中的设计 4. 可持续发展 5. 基本技术
章节B 进行设计	6. 设计方法 7. 明确需求 8. 调查研究 9. 产生及完善想法 10. 评估 11. 设计沟通
章节C 制作	12. 计划 13. 材料 14. 使用材料

表1-3 新加坡设计与技术课程高中教科书《为生活而设计》目录②

第A章 设计	1. 设计与技术是什么 2. 设计方法 3. 项目管理 4. 调研 5. 弄清需求 6. 产生并完善想法 7. 实现计划 8. 评估 9. 设计沟通 10. 人机关系 11. 设计日志
第B章 技术	12. 结构 13. 机械 14. 电子电工基础
第C章 材料与实践过程	15. 材料 16. 实现设计过程 索引

---

① Gan Poh Choo. Design & Technology Design in Life(Lower Secondary）[M]. Pearson Education South Asia,2007.

② Peter Stensel. Design & Technology Design in Life（Lower Secondary）[M]. Pearson Education South Asia,2007.

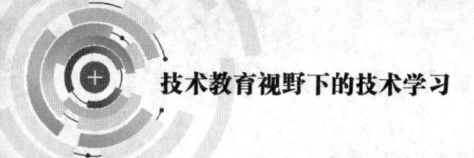
技术教育视野下的技术学习

第三节

国内技术教育课程概况

新中国成立后影响我国中学技术教育课程发展的主要因素有三方面：社会经济发展因素、政治因素和国外技术教育发展因素。我国技术教育课程的名称从生产劳动到劳动技术教育，再发展到今天的技术课程。技术课程名称变化反映了人们对技术教育的理解，技术课程内容的演变，反映了人们对技术和技术教育的认识发展过程。

一、我国技术教育课程的变迁

新中国成立初期，受当时社会经济和相关经验不足的条件限制，当时只能完全照搬苏联的学科中心课程体系，我国技术教育进入了借鉴与模仿时期。1950 年，为统一全国中学教学工作，教育部颁发《中学暂行教学计划（草案）》。在高中开设制图课程。在 1955 年，全国文教工作会议上提出要在中小学实施基本生产技术教育的要求，同年 9 月教育部提出实施基本生产技术教育（综合技术教育）和加强劳动教育。新中国成立后到 1956 年，我国的技术教育符合基础教育实际情况，对实施技术教育遇到的问题进行了有意义的探索。

从 1957 年到"文革"前，由于苏联的学科中心课程体系的弊端逐渐暴露出来，加之我国与苏联关系的逐渐破裂，我国教育界试图摆脱苏联的影响，开始自主探索符合本国实际的课程体系，这个时期我国的技术教育进入了自主与探索时期。1966 年 5 月，"文化大革命"开始，教育事业开始停顿，我国的技术教育进入了停滞与破坏时期。

1978 年，中央开始拨乱反正，教育部制定的《全日制十年制中小学教育计划（试行草案）》中规定，应在高中阶段开设了一门"农基课"，主要是教授农业科研的一些基本知识。在高中阶段的课程中，设置了"生产知识"和"劳动"课，我国的技术教育进入了调整与尝试时期。20 世纪 80 年代，我国对技术教育进行了一系列的新探索。1981 年，教育部颁布《中学教学计划修订意见》，在中学各年级设立了"劳动技术"课程，开始了在我国延续了 20 多年的"劳动技术教育"。高中"劳动技术"的课程内容包括工农业生产、服务性劳动的一些基本技术、职业技术教育以及公益劳动等。同时规定，职业技术教育的内容一般应为适应面广一些的共同基础技术。通过劳动技术教育课，培养学生的劳动观点，形成劳动习惯。同时，使学生初步学会一些基本生产技术知识和劳动技能，既能动脑，又能动手，为毕业后升学和就业打下一定基础。

1986 年，国家教育委员会颁布的《全日制普通中学劳动技术课教学大纲（试行稿）》

再次将劳动技术课规定为"普通中学的一门必修课"。在 1991 年《关于在普通高中开设选修课的意见》中，再次建议开设技术类选修课，并认为此类课应是综合技术型的基础课程，其中部分带有初级职业培训的特点。1997 年，《全日制普通高级中学劳动技术课教学大纲（供试验用）》（以下简称"大纲"）再次强调了劳动技术教育的必修课地位，并详细规定了劳动技术教育的内容要求，提供了各教学单元知识与技能的要点。1997 年的"大纲"给出的课程内容涉及农业技术、工艺、电气技术、职业技术、电子技术和计算机等内容。2000 年，在《全日制普通高级中学课程计划（试验修订稿）》中，劳动技术教育被作为综合实践活动的一部分。

二、新世纪的高中技术教育课程

随着科学技术的高速发展，技术已伴随着人们的生产活动和生活实践无处不在。在此情况下，重视技术教育已成为一种世界性教育发展趋势。许多国家为提高国家的整体技术水平和国民的技术素养，都开始重视本国的技术教育，并把技术教育作为普通教育的一个重要方面，在中小学开设具有时代特色的技术教育课程。20 世纪末，我国开始了大规模基础教育课程改革。1999 年 6 月，《中共中央国务院关于深化教育改革全面推进素质教育的决定》就把劳动技术教育提高到了教育发展的战略高度。2001 年教育部颁布的《基础教育课程改革纲要（试行）》，明确规定将劳动与技术教育作为小学至高中学生必修的综合实践活动课程的主要内容之一，并提出在高中阶段要积极创造条件"开设技术类课程"。2003 年，教育部颁布了《普通高中课程实施方案（实验）》和《普通高中技术课程标准（实验）》（以下简称"标准"），这是我国技术学科第一个以课程标准形式呈现、并与其他学科同时颁布的国家课程文件。该"标准"明确将技术单独立为八个学习领域之一，开设通用技术课程，且作为普通高中学生的必修课，我国的技术教育走上了一个新的发展阶段。

该"标准"在"提高学生技术素养，促进学生全面而又富有个性的发展"的基本目标的基础上，根据通用技术的课程理念及设置目的，提出了通用技术部分的总目标，"通过本课程的学习，学生将进一步拓展技术学习的视野，学会或掌握一些通用技术的基本知识和基本技能，掌握技术及其设计的一般思想和方法；具有一定的技术探究、应用技术原理解决实际问题以及终身进行技术学习的能力；形成和保持对技术的兴趣和学习愿望，具有正确的技术观和较强的技术创新意识；养成积极、负责、安全地使用技术的学习习惯，发展初步的技术能力和一定的职业规划能力，为迎接未来社会的挑战、提高生活质量、实现终身发展奠定基础"。在明确通用技术总目标的基础上，"标准"提出了课程着力追求的五个目标。它们是：

（1）技术的理解、使用、改进及决策能力；

（2）意念的表达与理念转化为操作方案的能力；

（3）知识的整合、应用及物化能力；

（4）创造性想象、批判性思维及问题解决的能力；

（5）技术文化的理解、评价及选择能力。①

作为比较，在以往的教学大纲中，关于目标的表述大多是围绕学科知识与技能展开，而且往往强调"技术点"。而在《普通高中技术课程标准（实验）》中，与很多学科一样，采用了从"知识与技能""过程与方法""情感态度与价值观"三个维度陈述的方式呈现通用技术的具体目标。这三个维度的目标中，情感态度与价值观不可或缺，是贯穿过程始终的目标；过程与方法是组织教学内容的主导目标；知识与技能是基础性目标，但它服务和服从于上述两个维度目标的需要。在课程实施中，知识与技能、过程与方法、情感态度与价值观的目标是一个不可分割的整体，应注意融合与协调，努力实现三者的统一。②

三、面对新挑战的技术教育课程

（一）从技术理性到人文理性

近百年来，受社会发展环境的影响，我国技术教育一直是以技术理性为主，虽然也经常强调人文理性，但人文理性始终没有起真正的决定意义，技术教育的学习内容，主要是与专门的技术知识、技术工具和技术活动有关。随着我国社会经济和教育的发展，技术教育与普通教育一体化趋势的到来，技术教育的价值理性内容越来越受到重视，技术教育教学也面临一系列观念上的改变，诸如用人文理性确定技术理性等。如今，否定实体技术的人几乎没有，而对技术抱高期望的却有不少。具体表现在技术学习中，只强调学习技术，不重视人文关怀，是典型技术理性的表现。于是技术学习是否涉及人文理性，是否培养学习者形成人文理性这一具有决定性意义的思想，成为新旧技术教育的分水岭，也是区分新旧教学方式的一个重要指标。国际上技术教育新趋势是强调技术素养的培养，而不是仅仅关心技术知识和技术能力的培养。人的技术素养包括使用、管理、评价和理解技术的能力，还包括理解技术世界的必备素质，这些都是技术教育学习的重要内容，也是高中通用技术课程的主要教学内容。这些观点，理解起来还算容易，但一接触到实际操作，就很容易发生新旧观念的碰撞。在技术教育过程中如何更好地落实技术素养培养，是一个值得重视的问题。

（二）面对多样性

可作为技术学习的媒介多种多样，而且技术的发展又是日新月异的。技术教育视野下的技术学习内容应都是当今社会生产和生活中最为基础的、较为宽泛的、通用性较强

---

① 中华人民共和国教育部. 普通高中技术课程标准（实验）[S]. 北京：人民教育出版社，2003.

② 走进新课程丛书编委会组织. 普通高中技术课程标准（实验）解读[M]. 武汉：湖北教育出版社，2004.

的，且对学生发展是必需的、具有迁移价值的技术。① 目前中国正处在经济持续稳定增长和经济结构调整时期，面临着国内外的各种机遇和挑战。就国内而言，中国不仅面临着工业化、城市化迅速发展的新局面，而且正在经历着计划经济向市场经济转变、粗放型经济增长方式向集约型经济增长方式转变、农业社会向工业社会转变的过程。就国际环境而言，中国面临着经济信息化、全球化新浪潮的冲击，国际竞争空前激烈。在这种新形势、新背景下，我国基础教育必须适应新时代发展的要求，及时做出调整，对经济社会发展发挥更大的作用，做出更大的贡献。此外，在课程深化改革的背景下重新认识、审视认知发展论和教育教学理论，是从事技术教育教学工作的基础。技术教育应该以学生身心发展水平为基础，建立在学生能接受的基础上，应该符合学生身心发展规律和认知发展水平。技术教育教学工作应该遵循教育规律、依教育发展的客观规律行事。具体来说，主要是要处理好明言知识与意会知识、技术知识学习和设计学习、新技术与常用技术、理论学习和操作学习、手工操作和智能化之间的关系以及教学方式的选择问题。当代技术教育的主要目标是培养人的问题解决能力，但问题解决活动的实际设计方案会受到许多因素的影响，包括新技术、新资源和新环境。在学生还没有走出校门去面对新技术、新环境和新资源之前，通过设计良好的技术教育课程学习，让他们预先准备应对未来挑战的基本素养，则可以使学生进而使整个社会能预防或减少由于环境变化所带来的不适甚至痛苦②。

（三）面对综合性课程

在科学和技术不断发展的今天，专业的划分越来越细，不同学科从不同角度关注和研究客观事物的不同层面，造成学校科学教育的整体性被明显割裂的后果。许多教育家和科学家意识到过分专业化带来的危险，要求科学教育注重学科之间的联系。从科学的整体性、教育需要、经济社会发展等角度考虑，分科科学课程已经不能适应时代发展对培养人才的需要，综合性课程已经成为国际科学教育发展的大趋势。技术教育如何与科学教育相结合，更有效地培养学生的科学素养和技术素养，是各国基础教育面临的新挑战。以美国为例，在 2011 年《K-12 科学教育框架》（以下简称《框架》）中，强调参与技术、工程和科学应用的实践是科学学习的基础，强调学生应通过参与各种与技术、工程和科学应用相关的实践活动来学习科学。③ 在该文件中，确定"实践"为科学学习三维框架的第一维度。在这里用"实践"这个术语而不用传统习惯用的"技能"，是为了强调参与科学调查研究不仅需要技能，同时还需要理论知识。对于现行科学教育标准

---

① 顾建军. 我国技术教育的学科发展及其路径选择 [J]. 中国电化教育，2010 (11).
② 马开剑. 国际视野中的高中技术教育 [M]. 北京：科学出版社，2010.
③ National Research Council. A Framework for K-12 Science Education: Practices, Crosscutting Concepts, and Core Ideas [EB/OL]. [2013-08-16]. http://www.edexcellencemedia.net/publications/2011/20111004_NRC/20111004_NRC_FINAL.pdf.

中广泛使用的"探究",过去在科学教育界有各种各样的解读,为更好地阐述科学探究的真正意义,现使用"实践"能更准确地表达科学和工程都需要认知、社会和自然科学等方面内容的整合。实践作为科学教育框架的第一个维度,将科学知识的学习与科学实践及工程设计的实践融合,这与现行《科学教育标准》中要求只通过科学探究来学习科学知识不同,因为实践不仅包括探究,而且比探究更具体、更全面。科学学习三维框架的第二维度是跨学科概念,是通过工程、技术和科学综合课程学科联系的纽带。如果科学教育内容庞杂,缺乏连贯性、一致性和系统性,科学课程很容易变得广而不深,失去教学的魅力。在新的《框架》中,给出了跨学科概念,跨越了学科界限,是从各学科领域中提炼出来的相互联系的概念体系,代表了一个可应用于所有学科、工程领域和技术活动的概念,在工程、技术和科学中均有解释价值,提供一种贯穿核心概念的连接方法,有助于学生以系统思维的方式构建不同学科的知识,形成连贯、统一、系统的科学观和技术观。

(四)坚持以学生发展为本

是否坚持以学生发展为本,是区分真假教育的试金石,这是由学习个体的身心发展规律和教育的社会使命共同决定的。现代人本主义教育思想启示我们必须坚持以学生的发展为本,技术教育应强调开发个体的潜能。研究表明,人具有一种与生俱有的内在潜能,这种潜能是积极的、合理的和现实的,发挥人的潜能,超越现时的状态,是每一个人的最基本要求。在技术学习中,重要的是要考虑人可以成为什么,不仅要看到人的表现和现状,还应当看到潜能。技术教育的核心目标就是挖掘学生的潜能,促进每一个人内在潜能的发展,如何让学生把其发展的可能性展现出来,这是未来技术教育面临的真正意义上的挑战,也是我们这个时代应该做和可以做到的事情。

要关注每一个学生内在潜能的发展,自然要与培养学生完整人格、引导自主学习和尊重个性差异等话题联系起来。第一,人本主义教育思想认为人格是有组织而完整的整体,如果把人的情感活动与智力活动分割开来,其结果是使情感和智力都受到损害。人本主义教育主张将培养"完整的学生"作为教育目的,追求人的能力的全面发展,强调德、智、体等在每个学生身上的具体落实,重视智力因素与非智力因素全面和谐的发展。第二,从"以学生为中心"的教育原则出发,技术学习过程要注意引导学生的积极性,发挥学生的主体作用。因为自发的学习是最持久的,也是最深入的。教师应把学生的头脑看作是一个加工厂,而不能视为储藏室。学生学习重要的不是已经学到了多少他们需要知道的东西,而是学会了他们怎样才能学到想要知道的东西,即学习方法。第三,由于每个人的潜能都各具特色,各自有着不同的发展速率和个性特征,不存在任何时候对所有学生都合适的一成不变的课程程序或成就水平,只有提供形式广泛,不同幅度的课程内容,以适应学生的个性特征,让学生根据自己的情况,选择合适的课程,以满足不同学生的发展需要。

（五）技术教育应适应经济社会增长

人的消费可以分为两大部分。第一部分是实物消费，第二部分是非实物消费。非实物消费主要是指以非实物性质的商品或者服务为主的消费。我们的社会正在向新经济过渡，其最大特点是在物质生产极大丰富的基础上，知识消费逐渐成为消费的主要部分。新经济持续增长的本质，可以从"边际消费倾向递减规律的逆转"得到解释，也就是指在以知识消费为主的新经济条件下，边际消费倾向可能是递增的。值得指出的是，知识消费与实物消费不同，知识经过消费不但不会减值，还可能会增值。这也是知识消费为主的边际消费倾向递增的原因。

在物质稀缺年代，人们认可教育竞争的主要原因是教育资源稀缺。优胜劣汰是生物的生存本能，人们将教育竞争等同于考试分数，将考试分数等同于学生在学校学习生活的全部。在物质丰富年代，人们的知识消费占主导，在学校学习技术也是以技术知识为主。技术教育的竞争表现为技术知识的获取和消费。学校作为人们获取技术知识的主要场所，是工具理性使然，获取技术知识成为今天技术教育乃至学校教育竞争的根源。

按照习惯做法，教育部门和学校有必要做好规划和安排，向学生提供技术知识，形成由安排者决定技术知识的格局。无论规划和安排出来的技术知识质量如何，技术知识的消费者也只能消费这些知识。这样一种机制是假设知识消费者水平低下，没有能力或没有更多的机会在知识的市场上挑选出合适的知识，只能是被安排了什么样的知识，就消费什么样的知识。随着新经济的到来，知识消费者的水平提高了，也有了越来越多的选择渠道。他们与知识的规划者和安排者一样有着对各种各样的知识的思考。知识消费关注的是知识的针对性是否得当，会带来什么样的结果，这是两个能激起知识消费者消费欲望的基本问题。可是由安排者决定技术知识格局的传统做法往往会扼杀知识消费者的真实消费欲望，所以消费者会因为不合理的安排而拒绝安排者提供的消费品，这也是实践排斥不合理规划和安排的原因。

在中国经济持续30年高速增长向中高速增长换挡的今天，中国经济增速的长期性趋缓已成不争的事实。为适应新常态，共同推动经济持续健康发展，发展技术教育，对稳定社会架构，增加社会弹性，降低经济与社会对高增长的依赖程度有着不可忽视的作用。在技术教育中，如何规划和安排要学习的技术知识值得深思。在一个功利化的时代，功利的目标会压倒责任心，导致规划和安排不适当。事实上，对于技术教育质量的质疑和评价不高的现象一直存在。在大众消费的时代，当前中国的经济社会正处在转型期，随着大众受教育水平的提高，社会生活空间的不断拓展，技术知识消费者的水平也在不断地提高，以往以技术知识消费者的技术水平低下作为前提的技术教育规划安排已经有失妥当，规划和安排必须经受知识消费者市场的检验，技术学习格局应向由消费者决定转变，适当减少必修内容，增加选修内容，为学生提供更多适合于他们自身的选择，已经成为一个值得认真对待的问题。

第二章
理解和领会技术

　　所有有关技术问题的理性思考，一般都是从认识技术的本质开始。技术教育视野下的技术学习，让学生了解人们对技术的理解和认识过程，了解技术的本质属性，将有助于技术学习的开展。

第一节

技术是什么

历史上人们对技术本质的认知，随着时代的变迁有不同的理解。不论何种文化，对技术的理解都有相似的解释。技术可以作为物品，可以作为知识，也可以作为行动或过程，还可以是包含更广的架构，如趋势、意志、系统、组织方法等。与各种专门技术对应，那些较为宽泛的、体现基础性和通用性的技术，在日常活动中得到广泛的应用，是技术教育视野下技术学习的重点。

一、对技术的理解

技术比科学更具古老而悠久的历史。然而，技术是什么？这是一个看似明确但实际上却不能用三言两语就能说清楚的名词。随着技术的进步，人们对技术的认识有不同感受，也尝试从不同角度认识和理解技术。正是由于技术还在不断发展，我们至今还不能给出关于技术的准确定义。

（一）早期人们对技术的认识

在很长的历史时期中，人们对所有使用的技术、技术产品及其意义的认识是模糊不清的，似乎没有人认真思考过这些问题。古代社会活动中，技术就无处不在，但人们却视而不见。为了弄清楚这个问题，我们可以追溯到过去。问题的关键在于技术先于人类出现，许多动物比人类早数百万年使用工具。黑猩猩用树枝制作狩猎工具，从土堆中取食白蚁，用石块砸开坚果。白蚁建筑能进行温度调节的巨大土塔作为家园。蚂蚁在花园里放养蚜虫，种植真菌。鸟类用细枝为自己编织巢穴。改造环境，使之为己所用，就像变为自身的一部分，这种策略作为生存技巧，至少有5亿年的历史[①]。我们的祖先用石块做成刮削器，为自己添加利爪；发明用火烧煮食物，使食物品种变得更多。使用工具和越来越复杂的大脑是进化史上人类时代的开始。有许多考古事例都支持这样一种观点，现代智人已经开始技术创新。长久以来，人们要么看不见技术，要么难以理解技术，甚至不知道技术这个名词，直到300年前，"技术"这个术语从未以口语的形式出现，在技术发展的大部分时间里，技术一直是一个无名氏[②]。古代，人们广泛使用手工工具，进行加工制作和劳动生产，劳动者也就是技术活动的操作者对技术的认知，主要是与劳动

---

① TED SPEECH. Kevin Kelly on How Technology Evolves [R]. 2010.
② 凯文·凯利. 科技想要什么 [M]. 北京：中信出版社，2010.

相关的技法和技艺。

（二）近现代对技术的理解

工业革命使社会发生翻天覆地的变化，约翰·贝克曼为新出现的力量命名，称它为"技术"。技术这个词字面上来自希腊语"τεχνικον"，古希腊人使用这个词时，指的是艺术、技能和手艺，用于表示巧妙运用现有条件完成任务的能力。贝克曼首先创立了技术学术科目，在1777年撰写了题为《技术指南》的教材，如图2-1所示。《技术指南》给技术命名，技术就不再是隐形的了。一旦遮在技术前面的这层面纱被贝克曼摘下，技艺和手工艺品就可以被视为与个人无关的、由独立要素组成的整体。①

工业革命以后，机器生产取代了手工生产，社会生产方式发生了本质的变化，人们逐渐把物质手段视为技术的主要标志，认为技术是人的主观技能转变为技术的物品。18世纪，狄德罗在他主编的《百科全书》中给技术下了一个定义："所谓技术就是为了完成某种特定目标而协作动作的方法、手段和规则的完整体系。"贝克曼认为技术是指导物质生产过程的科学或工艺知识。② 古代技术活动就很重视经验，如耕种需要合适的农具，但何时播种、何时灌溉、何时收割主要凭经验来掌控。进入工业化社会，仅仅是凭经验来利用硬件技术已经远远不能满足生产的需要，软件技术从纯主观的表现形式逐步变成了比较客观的技术因素，成为一个独立的技术手段。随着科技进步，新技术的发展往往不是直接经验的结果，而是科学应用的产物，于是人们倾向于从技术与科学的关系去理解技术，认为技术是物化了的知识。也就是说，技术也是知识。随着科技不断发展，科学与技术的结合成为近现代技术的主要标志，技术中的科学知识是主导的因素。技术的物化形态，包括工具、机器和商品等，基本上都是技术理性的产物。

图2-1 《技术指南》教材页面

（三）现代对技术的理解

技术的定义一直是个难点问题，各行各业对技术的看法还存在比较大的争议。按传统观念，技术常被理解为是一个静态的东西。实际上技术并不是一个静态的东西，也不

---

① TED SPEECH. Kevin Kelly on How technology Evolves [R]. 2010.

② Hans Lenk, Gunter Ropohl. Interdisciplinary philosophy of Technology [J]. Research in Philosophy & Technology, 1979 (2): 25-30.

仅仅是一个实践概念,而是主体与客体相结合而形成的一个动态过程,没有过程便无所谓技术。① 联合国教科文组织更强调"技术是一个过程"的技术理念,认为技术是一个包括设计、制作及评价的过程。技术包含各种构成要素,有其相对独立的、静止的状态,但任何技术都体现在技术活动中。如果没有认识活动、没用利用和改造活动的存在,就没有技术的存在。当动因、知识、能力、技能和工具等要素在一定技术目的指导下有机结合起来,对材料施加某种影响时,才能称之为技术。米切姆对历史上的技术定义加以系统概括,把这些关于技术的界定归纳为四种类型:技术作为人工物;技术作为知识;技术作为行动或过程;技术作为意志。② 这四种类型的界定,都是把技术从与它相关的因素中分离出来做静态分析,仅描述了技术的一种表现形态,侧重于技术内涵的某一方面,而并不能展现技术的完整本质。要明确技术的本质,必须明确技术的范畴和技术的目的。我们认为技术的目的是改造世界,技术过程是人类的意志向世界转移的过程。因此,技术的本质是人类利用自然、改造自然的劳动过程中所掌握的各种活动方式的总和③。

人们还在 STS 视野下理解技术。STS 是科学、技术和社会的英文缩写,是产生于 20 世纪中叶的一门研究科学、技术与社会相互关系的规律及其应用的综合性学科,涉及多学科与多领域。从 STS 学科这个新的角度理解技术,为技术的内涵确定一个比较符合现实的界限。STS 学科不像科学论或技术论那样关注理论性考察,也不像技术哲学那样对技术体系做哲理性考察,它研究的是科学、技术和社会三者之间的相互关系,重点关注相关的各种思想与实践的问题。与技术决定论不同,STS 视域下对技术理解的逻辑起点是认为技术与社会相互关系是两个方面的,即技术对社会的影响和社会对技术的作用。强调从社会学角度考察和分析技术的社会维度,关注社会情境中的技术塑造。STS 视野下技术并不是按一种内在的逻辑发展的,而是社会的产物。一种技术的形成过程是多种社会前提条件的结果。

二、技术作为行动或过程

为了更深刻地理解技术,特别是理解技术的发展,提高使用技术的能力,有必要从动态的视角考察技术。技术目的和技术价值的实现都伴随着一个过程,只有深入到技术活动的内部,才能完整地理解这个过程。

(一)动态视角下的技术活动

技术常被人们理解为是一些静态的东西,例如,一般常识告诉我们,能工巧匠所掌

---

① 远德玉. 技术是一个过程 [J]. 东北大学学报(社会科学版),2008 (3).
② 卡尔·米切姆. 通过技术思考工程与哲学之间的道路 [M]. 沈阳:辽宁人民出版社,2008 (8).
③ 陈凡,张明国. 解析技术:技术—社会—文化的互动 [M]. 福州:福建人民出版社,2002.

握的经验和技能、工具箱中的工具、在我们身边的机器、生产活动的规则体系都是技术，或者说是物化了的技术知识。实际上，技术是主体与客体相结合而形成的一个动态过程。当动力、知识、能力、技能和工具等要素在一定技术目的指导下有机结合起来，对技术活动的客体施加某种影响时，才能实现技术的价值，或者说是技术。从动态的视角考察技术，考察技术活动，考察技术的产生和发展，考察技术的使用，我们看到技术在活生生地发挥作用。技术是一个过程，与其说是关于技术的一种定义，不如说是换一种视角理解技术。上面提到的经验、技能、工具、机器、规则、知识，是技术的要素，而技术过程是发生在由多个要素构成的技术系统中，是由技术使用者和各相关要素一起发生作用的过程。技术作为过程存在，表示技术必然是不断发展的。

对技术的"过程"范畴的认识，关系到人类对于永恒发展认识的深化。从过程的角度看技术，可以促使我们对技术性质的正确理解。在人类活动中，涉及许多过程。在这里我们关心技术过程，或者说关心对技术活动的认识。为理解技术过程的内涵，主要是要区分清楚技术活动与科学活动的不同。虽然技术和科学都使用相同知识，有密切的关联，但毕竟是两个不同的概念。我们至少可以从以下几个方面看到两者的区别。

（1）科学活动和技术活动追求的目的不同。科学活动的目的在于探索和认识被研究的对象，而技术活动的目的意在于利用和改造对象。科学着眼于理论知识的不断进展，技术追求问题解决目标的有效实现。

（2）科学活动和技术活动的目标不同。科学活动的目标常常不甚明了，探索性极强，偶然性也很多，失败远多于成功。因此，科学家在探究过程中随时掉转方向、动辄改换门庭是常有的事。相比之下，技术活动目标往往是明确的，可以做出比较周密的规划，偶然性较少，追求的是高成功率。

（3）科学活动和技术活动作用的对象不同。科学活动的对象范围广阔，无所不包。而技术活动的对象往往是现实的和具体的，通过设计或制造形成具体结果。

（4）科学活动和技术活动取向不同。科学活动是好奇取向的，很可能偏离社会现实需要。技术活动是任务取向的，与社会现实和社会需求关系密切。

（5）科学活动和技术活动关注的问题不同。科学活动要了解"是什么"和"为什么"，而技术活动面对的问题是"做什么"和"如何做"。

（6）科学活动和技术活动的最终结果不同。科学活动研究所得到的最终结果是某种理论或知识体系，技术活动所得到的最终结果是某种程序或人工器物。

（二）技术使用过程

所谓"使用"，是指借助于某些事物的力量以达到某种目的。与"使用"相近的词还有"应用""运用""利用"等。"应用"需要建立在知识和原理掌握的基础上，代表了科学知识向技术转化的较高水平，如方法、技巧、规则等的应用；"运用"含有打算和计划的意思，使事物或人发挥效能；"利用"则具有功利性，强调手段、谋略，使事物或人为己所用。技术的本质在于使用，只有通过使用，技术才有意义，才会显现其价值。在社会活动中，使用是技术存在的一种最典型的方式，离开了使用，技术也就失去了现实意义，技术产品只会是一堆没有生气的摆设。与使用相关的这些词语都有对行动和过程的强调，包括技术使用的认知过程、使用者对技术的影响过程、技术使用的价值实现过程，等等。

1. 技术使用的认知过程

技术使用包括认知性过程，这涉及技术使用者的认知系统内部。面对一项技术，技术使用者首先要弄清楚它是什么，要获取相关的技术知识。技术从生产到使用的全过程都离不开知识，是有关技术是什么、为什么、怎么样的知识。技术知识与科学知识有区别，前者主要是关于改造自然的知识；后者包括以下三个方面：（1）它是关于人们所要变革的对象的一般性质和特殊性质的知识；（2）它是关于实现某种技术目的所要运用的原理、方法和知识；（3）它是关于实践中具体制造、操作或如何利用某种物质手段的知识。①

当使用者面对着一项新技术时，首先需要做的就是认识和理解这项技术，知道这项技术"是什么"，对该项技术蕴含着的技术知识完成认知。往往一项技术呈现在使用者面前的只是使用说明书，技术使用者想要成功地使用技术，以便发挥它的功能，就必须将说明书转化为使用者的语言，这涉及技术学习过程。由于学习问题是一个复杂问题，到目前为止还没有一种理论能对认知发展进行完美的解释。各种理论对认知的发展持有不同的观点，它们是相互补充的。例如，认知结构主义认为，要认识任何事物或现象，必须从认识对象结构，即从组成它的各部分及其相互关系去认识。社会文化历史学派提出了"活动理论"，认为认知活动与社会活动相关。

技术知识有非物化的显性知识，技术使用者在认识和使用这一类知识过程中，本身不但不会被消耗，而且只要形成有效的认知，技术知识还可以不断地积累和提升，会形成新的知识。技术使用效果的好坏，与使用者的认知能力和知识整合能力有关。

2. 使用者对技术影响的过程

在技术使用过程中，社会、组织、观念、习惯、价值、风俗等具有强大的影响力，它们会以独特的方式影响所使用的技术。这种"影响"往往是通过技术使用者对技术及其使用方式的选择来实现的。由于技术的使用者受资源条件、权力结构、知识背景、生活经历、兴趣偏好不同的制约，可能做出的选择是多样化的。正是由于技术使用者不是消极地接受技术，而技术又不是按照既定的逻辑发展，技术在使用中不断地被重新设计和改造，决定了技术发展路径的多样性和复杂性。使用者改变使用条件不但会改变效果，还会改变技术发展的走向。技术使用者根据自己的特定目的，在不同阶段或不同场合做出不同的选择，驯服或改造技术，导致使用者即使是使用相同的技术，也会出现很多种不同的使用过程。

---

① 远德玉，陈昌曙. 论技术 [M]. 沈阳：辽宁科学技术出版社，1986：59.

3. 技术使用价值的实现过程

技术使用是为了使技术的价值得以实现。如果技术使用者了解到一项技术是什么，他就会开始考虑使用它，来实现某种价值诉求。然而，价值具有相对性，不同对象有不同的需求，同一种技术在不同的使用者眼里会呈现出不同的价值，不同的技术在同一使用者手中也会展现出相同的价值。技术价值的实现并不是自然而然的事情，要求有可供使用的技术，有具有使用能力和资格的使用者，还要有合适的场合和条件，那才谈得上技术价值的实现。如果具备了这些条件，使用者开始使用一项技术的时候，也就开始涉足价值的博弈。这就是说一个技术使用的过程，是价值不断增长和积累的过程。一个成功的技术使用过程，博弈的结果是使用者使技术的价值得以实现。

（三）问题解决过程

每个人都会遭遇各种各样的问题，完全有理由把解决问题看作生活中一个重要的、不可或缺的组成部分。关心技术的使用过程，最典型的是关心问题的解决过程。事实上，在问题解决过程中，会涉及一种一般性的、深刻的思维，必须思考如何才能达到若干目标。一般而言，问题解决可以划分为四个基本过程：表征、策划、实施和控制。在这里，表征是指明确问题或明确需求，做选择；策划是给出解决方案，包括确定目标、资源和操作等；实施是执行解决方案，完成在策划中详细说明的各种操作；控制则涉及对过程和环境的监控、评价和调节。近年来，人们对问题解决及其相关思维技能做了大量的研究，其中问题解决的过程是历来探讨的重点。人们对问题解决过程模式的研究经历了一个螺旋式的上升与循环。有多种问题解决过程的模式，了解这些模式，有助于从不同侧面，不同角度来处理问题。下面分别介绍四种典型问题解决过程模式。

1. 试误说

桑代克最早利用动物来研究问题解决行为，提出了"试误说"。认为问题解决是由刺激情景与适当反应之间形成的联结构成的。问题解决过程首先要通过一系列的盲目的操作，不断地尝试错误，发现问题解决的方法，直到解决问题。托尔曼把试误论与目的认知论相结合，设计了迷宫实验。迷宫有三条长短不等的途径可以到达食物盒，如下页图 2-2 所示。将白鼠置于起点位置，让它们自由地在迷宫中探索一段时间。然后将白鼠放置在起点处，观察结果是：若三条通道畅通，白鼠选择通道 1；若闸门 2 关闭，白鼠选择走通道 2；若闸门 3 关闭，白鼠会选择走通道 3。实验结果表明，白鼠通过探索学到食物所在方位，并非只是机械式的左转右转，而是将迷津通路中某些特征作为符号标志，通过对符号之间关系辨别，获得迷津通路的整体概念，形成一个认知地图（或认知结构）。

2. 杜威的五阶段论

杜威首先根据人的实际解决问题的过程，用理论思辨与实践描述相结合方式，提出问题解决五段论：（1）开始意识到问题的存在；（2）问题的界定；（3）收集材料，分类整理，提出解决问题的假设；（4）检验这些假设，逻辑推理，对问题重新加以阐述；（5）检验假设，形成和评价结论。

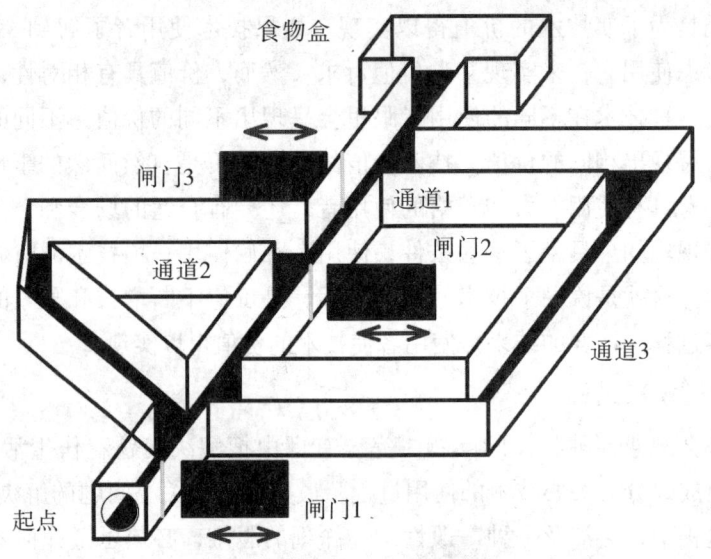

图2-2　托尔曼的迷宫实验图

3. 信息加工论模式

随着计算机技术的发展，美国的信息加工心理学家运用计算机模拟方法，预测人类学习行为，理解人类心理活动的规律，发展了传统认知心理学理论。将人脑比作电脑，是一个信息加工系统，它可以对表征信息的物理符号进行输入、编码、贮存、提取、复制和传递。信息加工看成是人脑通过几种操作作用于符号，加工后的信息仍以符号形式贮存。不同的加工任务和加工阶段由不同的认知结构来完成，这些相对独立的认知结构既前后连接，又具有等级差异，类似于人工智能机的人脑内部的"机器"。信息加工论把问题解决看作是信息加工系统对信息的加工过程，问题状态可分为初始状态、中间状态和目标状态，问题解决的过程就是从初始状态到中间状态再达到目标状态的过程。有一种"通用问题解决程序"，将大目标状态分成一个一个小目标，然后进行手段搜索，逐个加以解决，逐渐减少当前问题状态与目标状态之间的差异，直到问题解决。

4. 格拉斯的问题解决模式

彭聃龄介绍了格拉斯的观点[①]，可以把问题解决的过程划分为互相区别又互相联系的四个阶段，如下页图2-3所示。

阶段1：形成问题的初始表征。即问题的理解阶段，首先要把问题空间转换到工作记忆中，亦即在工作记忆中对组成问题空间的种种条件、对象、目标和算子等进行编码，建立表征。

---

① 彭聃龄. 认知心理学 [M]. 哈尔滨：黑龙江教育出版社，1990.

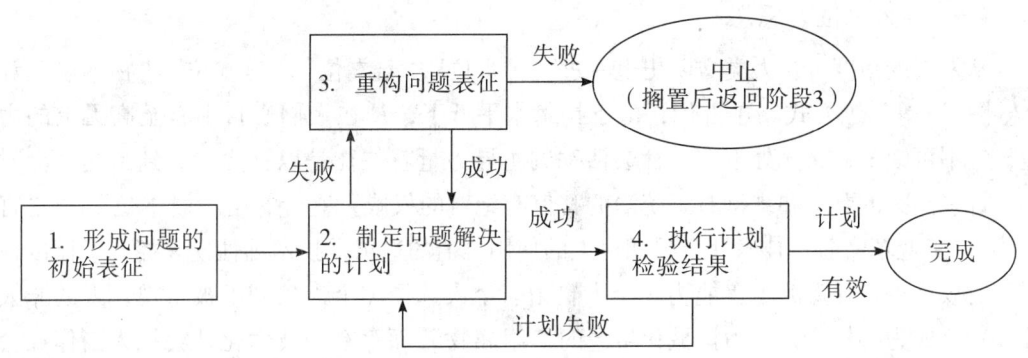

图 2-3 格拉斯的问题解决过程模式

阶段 2：制定问题解决的计划。从广阔的问题空间中搜索出能达到目标的解决方法，也就是从长时记忆中搜索出与解决问题的方法有关的信息。如果搜索出过去解决同类问题的办法，就可以利用这种办法成功地解决当前问题。否则，就要探索其他方法才能解决问题。

阶段 3：重构问题表征。如果第一阶段建构的表征对于执行计划是不充分的，就必须重构问题表征。重构的问题表征与建立初始问题表征在许多方面有相似之处，但有时需要摒弃初始问题表征，建构新的表征。

阶段 4：执行计划和检验结果。将解决问题的计划、方案在实际中加以操作、实施的过程，就是执行过程。

一般来说，问题解决过程不会一帆风顺，在问题解决的每一个阶段都有可能发生新的问题，问题解决活动的参与人，有必要通过检测、评价和反馈机制，将过程的四个阶段关联起来，使问题解决的过程变得迂回曲折。

三、对通用技术的理解

通用技术是指较为宽泛的、体现基础性和通用性并与专业技术相区别的技术，是日常生活中应用广泛、对学生发展具有广泛迁移价值的技术。[①] 随着技术进步和社会发展，通用技术的内涵和外延也在不断发展。从公民技术素质培养角度看，什么是通用技术？什么样的通用技术是学习的重点？如何才能正确理解和掌握通用技术？这些都是技术教育必须解决的问题。通用技术涉及面广，有多种技术都可以称为通用技术。例如，并行思想、虚拟技术、绿色设计和协同创新等，在后面的章节会逐一介绍。在这里，只是介绍三类具有普遍意义的新技术思想或技术范畴，以便说明通用技术这个概念。

---

① 中华人民共和国教育部. 普通高中技术课程标准（实验）[M]. 北京：人民教育出版社，2003.

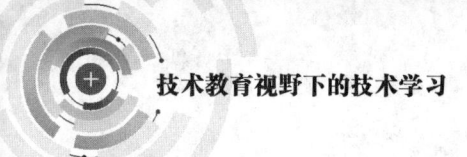

(一)"人本位"思想

从发展的角度看,人类文明史上有过"神本位""君本位""官本位""物本位"和"人本位"等思维方式。在古代,由于技术水平低下,神在人们心目中有至高无上的力量,它不可缺少,又无处不在,社会活动的主导力量就往往是以神为本。到封建社会时期,许多国家的君王和维持君王统治的官僚有绝对的权威,盛行的是"君本位"和"官本位"。工业革命后,技术社会强调对人的使用价值的追求,技术理性使人拥有了比以往任何时候都更加强大的生存能力,个人自由、个人选择和个人权利不被重视,人的非人性和物化成为必然,人作为机械化生产的"附属物"而存在,技术化社会把人当作社会大机器中随时可以替换的零部件,"技术理性"和"工具理性"取代了上帝的地位,以物为本是指导人们的技术行为的核心思想。

与"物本位"并行的还有"事本位"和"群本位"。所谓"事本位"就是做事,是近代大工业的产物。为了提高工作的效率,形成了一套科学的和严格的组织、制度和规范。"事本位"的管理是对"官本位"统治的否定,否定了少数人的特权,强调组织成员只是工作性质不同,没有人格上的高低贵贱之分,每个人都要按照组织制定的规则行事。"事本位"虽然解放了多数人,但同时又还是将他们当作是做事的工具,成事才是管理的目的,重事不重人,甚至不惜破坏人类赖以生存和发展的环境,也要达到管理的目标。

所谓"群本位"就是"群体本位",例如强调"为多数人的利益服务",是对多数人这个群体负责,而不必对每一个个体负责。"群本位"虽然对多数人来说是获得了进一步的解放,是一种进步,但还是不够。首先,什么是多数人利益?如果一个官员只说"为多数人的利益服务"而不做,又怎么办?其次,强调和倡导"群本位",把人民和国家看作是神圣的,而个人是微不足道的,往往很容易发生以"多数人利益"为名损害具体的个人利益的情况。对个人的蔑视,是社会法制不健全、道德水平低下、缺少服务意识的根本原因,也就使本来起积极作用的"群本位"思想,变成了妨碍社会进一步发展的原因。

近年来,我国经济建设取得了重大的成效,坚持以经济建设为中心,与政府能把握发展阶段性特征,用发展的办法解决各种问题,在技术活动指导思想上提倡"人本位"密切相关。强调以经济建设为中心,才有可能使国家和人民摆脱贫穷落后,逐步强盛和富裕起来,才能体现社会主义的优越性。以人为本就是以人为尺度和目的,尊重人的主体地位,尊重人的追求。人追求幸福,而幸福有物质层面、情感层面和精神层面,全面实现人的幸福是社会价值的目标,有待于人们的努力。只有尊重人的主体地位,才能充分发挥积极性和创造性,整个社会才会具有无限活力和生机。提倡"人本位",在学校教学领域,就是以学生为本;在商业服务领域,就是客户至上;在公共事业领域,就是民生为重。技术活动应以人的发展为宗旨,为人的全面发展创造条件,以人类可持续发展为原则,建设资源节约型和环境友好型社会。"人本位"是我们这个时代带有普遍意义的指导思想。显然，我们在许多地方做得还不够，实现以人为本，任重而道远。从现在做起，从每一个人做起，从设计规划做起。

下面举三个具体问题解决事例来说明"人本位"思想。第一个事例是管理公共草坪的捷径问题。传统做法是注重社会公德宣传，主张培养良好的习惯，指责不爱护公物的行为，采取各种惩罚措施防止践踏草坪行为。新做法是更新道路设计人和决策人的观念，多考虑道路设计的人性化，在草坪铺设美观的人行道，方便行人。第二个事例是公共场所地砖防滑问题。传统做法是注重社会公德宣传，主张良好习惯的培养，指责乱扔果皮和污染场地的行为，采取各种惩罚措施防止意外发生。新做法是更新铺地砖设计人和决策人的观念，从人性化出发，设计美观、方便和安全的公共实施。第三个事例是楼道灯长明问题。传统做法是注重社会公德宣传，主张良好习惯的培养，指责浪费用电行为。新做法是更换楼道灯设计人和决策人的观念，从人性化出发，安装自动开关。比较三个事例所涉及的技术问题解决方案的相同点，就可以体会到做设计和管理的指导思想从"物本位"到"人本位"的进步，也可以理解为不同时代，解决问题的指导思想不同，采用的通用技术也在发展。

（二）网络社会

在互联网、移动网络和物联网普及的今天，网络社会是一种人们进行交往的社会结构，也是人们从事信息和物品交往的活动平台。网络社会的技术基础是网络技术、通信技术和数字技术。网络技术是指把互联网上分散的资源融为有机整体，实现资源的全面共享和协作，极大地提高人们使用资源的整体能力。通信技术是指通过计算机和网络通信设备对信息资料进行采集、存储、处理和传输等，使信息资源达到充分共享的技术。数字技术是指通过数字整合与互联，实现一种数字化的社会结构、关系和资源整合环境。今天，网络社会已经具有了决定性意义。网络空间无所不在，你打电话时，移动鼠标或手指时，到自动取款机操作时，都能体会到它的存在。这个空间不仅仅是一种体验或感觉的真实，而且越来越靠近现实空间。虚拟空间和真实空间的界线的模糊，即使是虚拟现实被"关闭"了，它还可以运作，可以不化为乌有。虚拟空间的运作，还可以和真实空间互动。网络社会是人类的产物，人类的创造物，但是它也像其他动物的产物一样，反过来又创造他自己的自主性领域。[①] 与传统社会不同，网络社会活动范围具有超地域性，社会凝聚力是非强制性的，社会成员的身份往往是不确定的，现实社会与网络社会互动越来越频繁。在网络全面介入人们生活的今天，实现社会网络化、网络社会现实化、社会与网络社会的"自由切换"，就成了具有普遍意义的技术活动，与之相对应的技术思想和技术方法也很自然成为通用技术。当今网络社会，出现了许多新技术，协同生产就是一种典型事例。

协同生产，即人们必须协调合作才能完成某件事，比单纯的共享要难得多，但结果

---

① 卡尔·波普尔. 客观知识：一个进化论的研究 [M]. 上海：上海译文出版社，1987.

可能更加深远。由于利用了人们的非财务性动机，并且允许完全不同程度的贡献，新的社会性工具使大型群体得以实现协作。今天，"分布式协同"最著名的例子可能就是维基百科了，这个协同编写的百科全书已经成为世界上被访问次数最多的网站之一。

为什么不采用商业模式，维基百科还能成长得如此之快？为什么没有管理分工，维基百科也不会被胡言乱语充斥？为什么没有报酬，人们仍愿意为维基百科做事情？在新的社会性工具的帮助下，人们能为了爱做出大事情。

一个简单模式的早期成功正好引发进一步改进它的动力（即人们的关注以及让所做的工作传播开去的欲望）。尽管日常工作充满混乱，这种动力却保证了长时间。下一个可预料的模式将会出现：读者们会继续读下去，其中有些人变成内容贡献者，维基百科继续成长，而它的文章则不断变得更好。比起制造一辆汽车，这个过程更类似于珊瑚礁的形成，是数百万个体行动的总和。而创造这些个体行为的关键在于给予普通用户尽可能多的自由。①

在《众包：大众力量缘何推动商业未来》一书中，杰夫·豪在2006年首次提出"众包"一词，指出在网络社会，部分大众创意产品已经超越世界顶尖公司创造出的最好产品，众包带来了一系列的新理念，社区比公司更有效，群体智慧将大放异彩，众包是一种意想不到的经济，众包是化整为零的革命等。不仅如此，众包还提供了一种假设：人人都可能是艺术家、科学家、建筑师、设计师……众包使人释放出无限潜力，使每一个人得以在不止一种职业上追求卓越表现。从存在的普遍性和运用的广泛性看，众包技术的运用是一种新的和典型的通用技术，是一种在物质丰富年代开始流行的技术。杰夫·豪对众包的过去、现在和未来进行了简练的描述，如表2-1所示。

表2-1 众包的过去、现在和未来②

过去	现在	未来
我们是怎么走到众包这里来的？	我们现在走到哪？ 众包为我们带来了什么？	众包要走向何方？ 众包最可能的发展方向是什么？

---

① 克莱·舍基. 未来是湿的：无组织的组织力量［M］. 北京：中国人民大学出版社，2009.
② Jeff Howe. Crowdsourcing: Why the Power of the Crowd is Driving the Future of Business. The International Achievement Institute, 2008.

续上表

过去	现在	未来
有四项基本的进步令众包不仅仅是可行的，而且是必然的。这四项进步分别是： (1) 工具的使用成本降低 (2) 开放源代码软件的涌现 (3) 生产工具的实用性增加 (4) 各种自发性团体崛起，聚焦人们共同关心的事物 当四者结合之后，它们为众包这个发动机提供了燃料，并创造了一个真正由精英管理的社会	现在，众包在商业领域主要体现在四个方面： (1) 群体智慧的运用 (2) 通过大众创造获得产品 (3) 对庞大信息进行过滤和整理 (4) 对群体经济能力的运用 众包在很多其他活动中也脱颖而出，灵活可变的适应性让众包得到广泛应用（注意：杰夫·豪在这里强调众包是一项通用技术）	众包将给工作和创造的方式带来巨变。随着众包让越来越多的稀有资源变得丰富起来，消费者愿意付钱购买的商品将会改变并产生戏剧性的进化，对社会产生深远的影响 为了把握机会，我们需注意一些新要点： ·挑选正确的模型 ·挑选正确的群体 ·提供适当的奖励 ·不断招揽人才 ·寻找好的组织管理者 ·让事情化繁为简 ·泥土会比金子多很多 ·善于发现埋在泥土中的金子 ·群体永远是对的 ·适当地回报群体 众包不是商业上的银子弹，也不是一粒能解决任何商业问题的万能药，可是它可以用来控制现今交流技术所产生的力量，并解放人们群体内潜藏的能力，它将改变人们做事的方式

在网络社会，众包是一种新的和有效的问题解决组织形式。众包为人们提出采用多任务的问题解决模式，将要解决的问题在互联网公示，以公开招标的方式告知潜在的问题解决方案提供者，发现热心群体的创意和他们所提供的技术解放思想，组织自告奋勇的参与者，分配任务，做好众包管理工作，利用大众的创意和表现能力，解决问题。潜在的问题解决方案提供者在线了解和明确大众的问题，接受任务，提交方案，评价方案。最好的问题解决方案由众包提出人所有。在这些技术活动中，参与者具备完成任务的技能，愿意利用业余时间工作，不计较提供服务所收取的小额报酬，或者暂时性的零报酬，看重的是未来获得更多报酬的前景。众包这种运作方式，不但适用于特定问题的解决，还在软件业、制造业和服务业等项目中也同样适用。

（三）包容性发展

今天，在很多场合，我们都会提倡包容式发展。之所以重视包容式发展是为了可持续发展，而可持续发展问题已经从单纯的环境和气候问题进一步向关心个人和社会的全面发展方面扩展。不管人们是出于什么样的目的，或者是出于稳定、和谐和安全的目的，或者是出于富裕、增长和发展的目标,有一点是应该肯定的:关心每一个人,关心每一个人的自由和全面的发展,已经或者正在成为世界上一种占主流地位的价值取向。①

1. 非理性因素

技术的合理性不仅仅是指技术合乎理性,同时是理性和非理性的统一。这里说的非理性因素是在人的思想中的精神因素,往往对技术活动的发展起着催化作用,使技术活动过程表现为非逻辑性,即超越逻辑产生突变。技术的理性和非理性的综合效应贯穿于技术活动的全过程。从古至今,作为一种技术文化,宽容和包容就是一种美德,一种智慧,一种思想,一种和谐。以下有两则关于包容的故事流传至今,已经成为和谐、包容的象征,是一笔蕴含着宝贵技术文化价值的非物质文化遗产。通过故事可以理解非理性因素对问题解决逻辑的超越。

(1)"三八二十三"的智慧。

一天,颜回去街上办事,见一家布店前围满了人。他上前一问,才知道原来是买布的跟卖布的发生了纠纷。只听买布的大嚷大叫:"三八就是二十三,你为啥要我二十四个钱?"颜回走到买布的跟前,施一礼说:"这位大哥,三八是二十四,怎么会是二十三呢?是你算错了,不要吵啦。"买布的仍不服气,要找颜回的老师孔子评理去。颜回说:"好,孔夫子若评你错了怎么办?"买布的说:"评我错了输上我的头。你错了呢?"颜回说:"评我错了输上我的冠。"孔子问明了情况,对颜回笑笑说:"三八就是二十三哪!颜回,你输啦,把冠取下来给人家吧!"对孔子的评判,颜回表面上服从,心里却想不通。

事后,孔子开导颜回说:"我知道你以为我老糊涂了,不愿再跟我学习。你想想:我说三八二十三是对的,你输了,不过输个冠;我若说三八二十四是对的,他输了,那可是一条人命啊!你说冠重要还是人命重要?"②

(2)桐城六尺巷传说。

六尺巷是安徽省桐城市的一处文物景点,位于桐城市西南一角,是一条全长180米、宽2米的巷道。六尺巷看似平常,却有着不平常的来历。这是发生在清朝康熙年间的一桩往事。据史料记载:张文端公居宅旁有隙地,与吴氏邻,吴氏越用之。家人驰书于都,公批诗于后寄归,云:"一纸书来只为墙,让他三尺又何妨。长城万里今犹在,不见当年秦始皇。"家人得书,遂撤让三尺,吴氏感其义,亦退让三尺,故六尺巷遂以为名焉。③

2. 包容性发展的机会与挑战

近年来,人们看到在资本逻辑的驱使下,经济全球化成为不可阻挡的趋势,同时也导致地方保护主义盛行、贫富现象加剧、生态环境破坏等严重问题。由于社会体系、经济体系和政治体系是相互依赖的,如果存在着巨大的差异,很可能会导致社会其他部分

---

① 李惠斌. 包容性发展:可持续发展理念中的新概念 [N]. 北京日报,2012-01-16.
② 曲直. 三八就是二十三 [J]. 国学,2008 (5).
③ 刘吴. 六尺巷里酝遐思 [N]. 人民日报:海外版,2011-10-14.

的不稳定。只有开放的、共享的、公平的包容性发展方式才是全球化过程中的必然选择。1995年，哥本哈根社会发展问题世界首脑会议行动纲领阐明包容性社会是"一个人共享的社会"，在这样的社会里，每个人都有权利，每个人都可以发挥积极的作用。2007年，亚洲开发银行首次提出"包容性增长"概念。包容性增长虽然是一个发展经济学的命题，但包容性增长的逻辑延伸就是包容性发展。包容性发展主张将经济增长和社会进步、人类幸福结合起来，强调所有人的发展，建立相互尊重、相互学习、共建共享的良性发展机制，尽量消除贫富差距、机会不等、分配不公等社会问题，形成包容、和谐的发展态势。

在我国，由于人口数量庞大，因教育资源投入不足、公共事业发展水平不高等方面因素的影响，人口素质普遍有待提高；在经济发展领域，存在着产业布局和结构不合理，区域经济发展不平衡的问题，导致了城乡差距、区域差距、行业差距、人群收入差距越来越明显；在资源环境方面，由于粗放型增长方式还没有完成根本性的转变，经济发展导致资源环境代价巨大，资源不足、环境脆弱制约了可持续发展。包容性发展是人类反思自身发展方式而形成的共识，是对片面追求经济增长速度和总量提高的发展模式的否定，也是我国在经济全球化时代的必然选择。

应该认识到，可持续和包容性发展绝非易事，事实上排他性发展的历史与人类文明的历史同样悠久。如果不能实现经济上的包容性增长，也很难谈及包容性发展。主张包容性发展，给出了一种新的发展思路，引导人们走出排他性发展困局。此外，包容性发展包含着差异性的发展，这是由于不同的发展主体面临着不同的发展现实，这种差异是由于不同的发展主体各自拥有的主客观条件不同、努力的程度不同或发展道路不同，造成了事实上的发展差异的存在。包容性发展虽然要追求共享性，倡导绝大多数人都能在发展中受益，但它不可能消除发展中的事实上的不平等性。

思考题：
1. 不同时期人们对技术的理解有什么变化？
2. 如何理解技术目的和技术价值的实现都伴随着一个过程？
3. 如何理解"人本位"是具有普遍意义的新技术思想和技术范畴？
4. 如何理解"网络社会"是具有普遍意义的新技术思想和技术范畴？
5. 如何理解"包容性发展"是具有普遍意义的新技术思想和技术范畴？

第二节

技术思想和方法

技术思想和方法的发展与科技发展及社会发展紧密联系，经历了从简单到复杂，从低级到高级的过程。从历史发展角度看，技术思想和方法的发展大致经历了四个阶段，也就是经验技术方法阶段、经验和科学结合阶段、技术和科学结合阶段、以系统工程为主导地位的阶段。"技术思想和方法"是一种比较新的整体性概念，不仅仅是技术思想和技术方法的简单相加。这是因为"技术思想"和"技术方法"之间的联系紧密，而后者不局限于具体的操作方法，可以指思想层面的方法，是对具体技术活动的抽象概括，能为技术活动和解决问题提供指导，具有普遍意义。

一、技术观和技术思想

技术观是对技术的总体看法和观点。技术思想可以是一般关于技术的系统化、条理化的观念，也可以是很具体的设计理念或问题解决思路。在技术活动不同层面，正确的技术观和技术思想，对理解技术和保证技术活动顺利进行是必不可少的。

（一）技术观

技术观包括对技术本质、特征的认识，关于技术在社会中的地位和作用的认识，技术发展与其他社会因素的认识，技术与技术之间的关系或者技术的体系与结构问题的认识，以及对于各种新兴技术的评价等。[①] 技术观的形成与人们对技术本质及其发展认识的水平程度有关，而技术观又是制约技术行为的重要变量，不同范式的技术观下有着不同的技术行为形态。我国古代传统主流思想在对待技术的态度上表现出了轻视甚至是鄙视的态度。例如，庄子在"庖丁解牛"寓言中对技术高度欣赏的同时，借"圃者拒机"寓言，表述了对机械批判的技术思想。

"圃者拒机"寓言说的是子贡南游，看见一老丈在菜园用水瓮浇水灌地，费力甚多而功效甚少。子贡劝说道："如今有一种提水机械，用力很少而功效高，老丈人你不想试试吗？"老人抬起头看着子贡说："应该怎么做呢？"子贡说："用木料加工成机械，后重前轻，提水就像从井中抽水似的，它的名字叫作桔槔。"老人变了脸色讥笑着说："我从我的老师那里听到这样的话，有了机械就会有机巧，有了机巧定会出现机变的心思，会使不曾受到世俗沾染的纯洁心境变得不完备，会使精神不能专一安定，那么大道理也就

---

① 孟庆伟. 技术学辞典 [M]. 沈阳：辽宁科学技术出版社，1990.

不会充实人的心田。我知道桔槔，只不过觉得用桔槔会感到羞辱。"子贡听后，满面羞愧，低头不能作答。

在上面这个寓言中，庄子从技术对于人性影响的角度出发表达了对技术的态度与看法，是一种典型的以人伦为核心的"重德轻技"的技术观。庄子认为，人们是按照自己的本性自然而然地生活着，而外在机械类技术的力量对自然以及人的本性会发生干扰作用，会违背自然之道，其结果是"道之所不载也"。

在人们熟知的"庖丁解牛"寓言中，庄子对精彩绝伦的技艺的赞美似乎与他对技术批判与怀疑的态度相矛盾。实际上，庄子思想的核心是"道"，是万物固有的内在规律，古代工匠高超的技艺只是通达"道"的中介和手段。"由技至道"作为中国传统的一种技术观，对中国传统技术发展产生了深刻影响。庄子笔下的庖丁，就是"由技至道"的典范。由于"道"意味着合乎事物自然本性的、合理的、最优的途径或方法，所以寻"技"之上的"道"，理应造就技术活动各要素之间的和谐。[①] 庄子的技术观是，庖丁不仅仅有好的技艺，重要的是达到的境界，具体表现为以下五个关系的协调。第一，是表现在技术操作者与工具关系上的协调。庖丁与牛刀浑然一体，牛刀用了十几年还锋利如初。第二，是表现在技术操作者身心愉悦与文化认同关系上的协调。庖丁解牛的动作如舞蹈一般，富有韵律，令人惊叹不已。第三，是表现在技术操作者与他人的关系上的协调。庖丁的技术活动过程和结果既利己又利人，产品质量没得说。第四，是表现在技术活动与社会关系上的协调，庖丁精湛的技术活动对社会有利，对社会生活稳定有利。第五，是表现在技术活动与自然的关系上的协调，庖丁因势利导的做法，本身即意味着顺应自然，通过人为的活动保持自然界的动态稳定。

当然，"由技至道"作为中国传统的技术哲学理念，也存在某些缺陷。比如过于强调体验，不利于技术以理性知识形态传授；过于强调"道法自然"，往往忽视了技术发展的相对独立性，等等。这些缺陷使得"由技至道"的理念不可能直接导致近现代技术的产生。

技术观的形成还与对技术及其发展认识有关，技术观和技术一样也是在不断发展和变化的。随着技术的进步和社会的发展，人们对技术的认识不断提高，技术观也发生了很大改变。例如，技术乐观主义和技术悲观主义是技术决定论的两种思想观念，前者相信技术能解决人类所有问题，是能给人类带来更大幸福的可靠保障，而后者则认为技术在本质上具有非人道的价值取向，现代技术会给人类社会及其文化带来灭顶之灾。以往的技术观，往往把技术看成是一种孤立的社会现象，而在当今世界，人们开始在科学、自然、经济和社会的广阔背景下看待技术，在宽广的基础上来建立技术的概念体系和普遍适用观点和方法，也就是所谓的大技术观。大技术观是从系统的整体性观念出发，立足于哲学的高度，把技术放在自然界、人类社会和思维的大范围去考察、认识和研究，

---

① 王前. 由技至道——中国传统的技术哲学理念［J］. 哲学研究, 2005（12）.

而不是着眼于狭小、分散的局部或局限于技术自身的领域，只对技术的单一性进行考察。大技术观认为，技术不仅是人类的一种认识活动，同时也是一种不可忽视的社会现象，是社会这一大系统中的一个重要因素。

（二）技术思想

"思想"一般也可以称为"观念"，与认识有关。人们的社会存在，决定人们的思想。以客观事实为根据，对客观事物发展起促进作用的思想是正确的，反之，则是错误的。技术思想可以理解为对技术活动有指导作用的观念。对一般技术活动有指导意义的技术思想，是某些理论家和思想家提出来的，是概念与实践性的统一，可以用一定的语言和文字明确表述，也就是上面谈到的技术观。而个人或团队在技术活动中，有意识或潜意识地在一定的技术思想指导或影响下，形成对具体技术活动的特定看法和思路，也是一些具体的技术思想。技术思想可以是一般关于技术的系统化、条理化的观念，也可以是很具体的设计理念或问题解决思路。例如，高碳经济和低碳经济的技术思想，就是目前的热门话题。长期以来，以高碳技术思想为指导的多项技术的快速发展为经济社会发展做出了巨大的贡献，人类享受了高碳技术带来的丰富的物质生活。但是，高碳经济造成的负面影响也带来了环境污染、生态破坏、资源紧缺等诸多问题。高碳技术思想已经制约了人类的生存和发展，低碳技术思想为人类的持续发展提供了新途径，提倡低碳经济，用低碳技术思想促进经济发展、生态和谐和社会进步，在实践中通过各种途径发展低碳技术，是目前人类解决可持续发展问题的方向。

（三）工具理性和价值理性

工业文明的精神实质有二，一是实证精神，二是理性精神，也就是科学技术与理性主义文化观念的结合。然而理性工具化的结果导致了相信科学知识是万能的，工具理性也就是技术理性至上。"理性自身已经成为万能经济机器的辅助工具。理性成了用于制造一切其他工具的基础工具，它目标专一，与可精确计算的物质生产活动一样后果严重。而物质生产活动的结果对人类而言，却超出了一切计算所能达到的范围。它最终实现了其充当纯粹目的工具的夙愿。"①工具理性不去关心目的本身是否合理，强调手段及其与目的可能的协调，它是一种只限于对工具而非目的领域的理性。它只关心怎么做，而不关心是否应该去做。工具理性的膨胀与价值理性的弱化带来的结果是，社会经济持续发展，物质财富不断丰富，与此同时，带来环境破坏和资源浪费，使人类和社会无法可持续发展。事实上，光有工具理性是不成的，作为工具理性的孪生姐妹，价值理性往往起更本质的作用。价值理性也就是人文理性，"所谓价值理性，按照学术界的普遍理解，它在本质上是人的生命理性，是人自身发展的主体尺度，它涵盖生存意义覆盖下的道德

---

① 马克斯·霍克海默，西奥多·阿道尔诺. 启蒙辩证法 [M]. 上海：上海人民出版社，2003.

价值、理想价值、情感价值等,具有明确的目的合理性与终极关怀性"。① 如果说工具理性告诉我们怎么做才有效,那么价值理性则告诉我们努力的方向是否合理。可以认为,工具理性是为价值理性服务的。

二、学习技术思想和方法

"技术思想和方法"这一概念虽然在很多交流场合频繁出现,但至今还没有公认的权威定义。但这一点也不妨碍技术思想和方法内容的丰富,从一般认识到具体的活动都会涉及。

(一) 技术思想和方法及其分类

本书关于"技术思想"和"技术方法"的含义,采取狭义理解。技术思想是技术本身所蕴含的理念和观念,常用于指导人们的技术活动。技术方法的含义是解决技术问题的思维方式和行为方式的总称,既包括作为指导思想的方法论,也包括具体的操作手段、途径和措施等。一种常用的技术方法,可以用结构图表示,如图2-4所示。作为技术的学习内容,"技术思想和方法"作为一个完整体概念,强调"思想"和"方法"的内在逻辑,是指凝结在技术中为技术所固有的理念、观念,以及分析问题、解决问题的方式和方法。

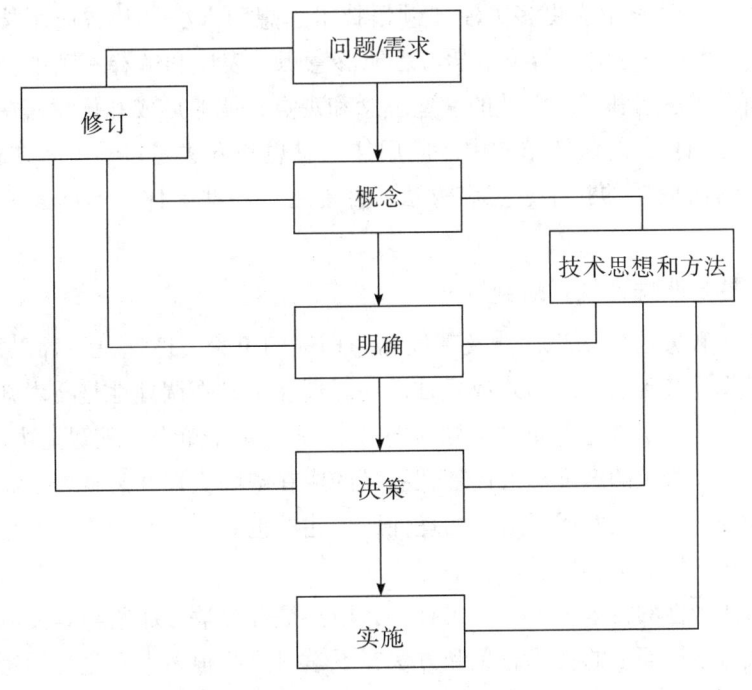

图2-4 一种常用的技术方法

---

① 胡建. 启蒙的价值目标与人类解放 [M]. 上海:学林出版社,2000:257.

根据技术课程的特点，可以根据技术思想和方法抽象概括程度的高低，将技术思想和方法进行分类：哲学层面的技术思想和方法、一般层面的技术思想和方法、具体层面的技术思想和方法。从哲学层面看技术学习，主要涉及系统论、信息论和控制论的思想和方法；从一般层面看，涉及设计学习中的提问、思考、选择、综合、评估、设计、模型、优化、试验等思想和方法；从具体操作层面看，在解决具体问题和完成任务中会涉及具体的技术思想和方法。

哲学层面的技术思想和方法具有高度的抽象概括性，往往表现为一种技术观和方法论，对人们分析和解决问题具有指导意义，有关这方面更详细的内容介绍，请参看本书第五章相关内容。从技术学习的角度考虑，如果仅仅关心哲学层面或一般层面上的技术思想和方法，教学内容会比较抽象，学生往往会陷入文本学习的框框，只能对相关技术知识做简单识记，靠简单的模仿技术动作来培养技能，很难真正掌握和领悟技术思想和方法。如果学习与问题解决相结合，让技术学习者面对要解决的问题，经历提问和生成解决问题的方案等具体过程，不但能掌握一些具体的技术思想和方法，更重要的是，形成技术思想和方法的迁移，将具体的技术思想和方法上升到一般层次上，或者哲学层次上，能更有效地理解、掌握和领悟技术思想和方法。

许多操作性的技术学习活动，包括试验、制作等，不但是设计学习的延续，更重要的是这一类学习内容很容易与学习技术思想和方法产生联系。从思想方法学习的特点看，在操作学习和设计学习中应更多关注"领悟技术思想和方法"和"应用技术思想和方法"。领悟技术思想和方法是指技术学习者能够意识、表述和解释相关的技术思想和方法，能够理解技术思想和方法涉及的一些理念和观点，能够形成和优化解决问题的方式和方法，并内化到自己的认知结构中。应用技术思想和方法是指学习者在技术活动中，具有恰当的能解决问题的技术思想和方法，并能处理一些具体的新问题或较为复杂的问题。

（二）理性与非理性从对峙到统一

对技术思想和方法的认识，涉及理性和非理性的争论。理性是一种以概念、判断、推理等形式逻辑为基础的思维形式或思维活动。理性主义强调理性是技术知识和技术思想的重要源泉，是技术规范的重要方法和标准，强调理性知识、理智能力、理智控制，而对感性持贬低和否定的态度。近代理性主义的内在缺陷表现在忽视人性，人的存在被抽象化为理性的化身，技术成了由人的理性所构建的世界，是运用绝对的理性思辨建立起来的无所不包的形而上学体系。

认识和形成理性的技术观对一般人有什么用？是否要学习那些与具体应用搭不上边的一般层面或哲学层面上的技术思想和方法？不学习这些很多人不是也活得很好吗？如果我们孤立地用决定论的观点或非决定论的观点去观察技术活动，会遇到不可克服的内在矛盾。如果事情的进程完全是决定的，那么一切蕴含着非决定的观念、信念和说法都必然是以幻想为基础的，这个世界上就没有可供选择的道路、没有离析、偶然和可能了。

反之，如果事件的进程不是决定的，我们似乎就否定了能够认识和设计进程的唯一假设。现代科学的发展告诉我们：可逆性和决定论只适用于有限的、简单的情况，而不可逆性和非决定论才是世界发展的动因。显而易见，决定论和非决定论及其所体现的思维方式是各执一端而又两极相通，任何一方都是片面的，其出路只能是双方的辩证综合和集成。①

后现代的非理性主义是一场思维方式的革命，对于传统理性思维来说，就像是打开了另一扇窗户，开启了更为广阔的思维视野。与现代理性观点相反，后现代非理性认为，理性方法其实无法把握事物的"命脉"，因为这种方法是从先验的、绝对的、僵化的、静止的观点出发去认识事物的。后现代非理性强调理性方法并不是认识事物的唯一方式，人们对世界的认知，首先是由情绪和情感揭开的，而不是靠概念。非理性主义主张否定大叙事解放小叙事，认为怀疑、否定大叙事、元叙事，既是科学发展的前提又是科学发展的结果。

理性主义与非理性主义的争论，主要是哲学层面上的争论，而不是科学层面上的争论。毕竟在自然科学和社会科学领域，人们在研究事物的本质和规律方面已经积累了巨大成就。人们长期从事技术学习和技术探讨活动，所得到的技术知识不应当只是关于技术思想和方法的知识，也不应当没有关于技术思想和方法的知识。假如技术学习和技术探讨放弃对技术思想和方法的关心，只进行叙事活动和别的什么活动，那么技术科学论将不会再有"科学"知识，也没有一般的"技术"知识，技术活动将成为小说、逻辑学和神学。如此形成的技术观，必然充满了直觉的、情感的甚至是神秘的话语。纯理性虽有缺陷，但不代表着我们要放弃理性的基本立场。在这里提非理性，不能抛弃理性的前提，不是为了否定理性。相反，在以理性为前提的基础上，探讨技术活动中的非理性问题，探讨理性与非理性的互补关系，了解理性与非理性的同时作用，有助于人们更主动、更正确地认识和把握技术的思想和方法。理性与非理性在本质上是不可分离的统一体。

技术活动是人类实现其超越性的基本途径，也是实现理性主义者为设计合适的人类活动不可或缺的领域。承认学习技术思想和方法的重要性，表明人们的技术活动要受某些关系的制约。而技术发展具有很强的选择性，表明人们的技术活动具有能动性。技术发展史就是技术思想和方法与选择性的统一，是制约性与能动性的统一。作为从事技术活动主体的人，其选择性和能动性离不开人的非理性作用，那些非理性因素在发展过程中发挥着目的性、选择性、能动性、调控性、激发性等作用，使技术活动五彩缤纷。

三、技术试验

技术试验是一种基本的技术方法，在试验过程中必然涉及一系列的技术思想。随着技术的进步，技术试验的思想和方法的内涵和外延也不断拓宽。

---

① 章忠民．基础主义的批判与当代哲学主题的变化［J］．哲学研究，2006（6）．

（一）试验是一种基本的技术方法

技术试验是技术方法中最基本的方法之一，也是我们关注的通用技术。这是因为试验具有普遍性，一项技术不经过技术试验是不完善的，不可靠的，也就很难在生产和问题解决中实现其价值。也只有通过技术试验，才能暴露问题、深化认识、促使技术成熟。此外，人们从技术试验中获得大量的经验知识和方法，已经为理论工作做出坚实的铺垫，促进了理论工作的发展。

按不同用途，试验可以分为定性试验、定量试验、对比试验、中间试验、生产试验、模型试验、多因素试验、测试试验等种类。从试验系统的结构分析，技术试验一般可分为五类：

（1）性能"黑箱"试验。为了寻求被试验对象的性能或性能故障，通过测量输入条件的变化和表现状态的变化，分析其间的变化关系，进行理论研究，深化对象的认识。

（2）优化条件试验。已知被试对象的性质、结构和所预期的表现状态，寻求最佳条件或条件组合。如寻求某项技术所要求的最佳环境和输入条件，寻求生产中的最佳工艺条件等。

（3）状态预测试验。已知被试对象的结构、性质和输入条件的变化，预测对象的状态将发生什么变化。如大型工程在所预期的条件未能完全满足或附加某些条件的情况下，做试验预测将产生什么结果等。

（4）结构功能试验。在条件不发生变化的情况下，改变对象的结构，寻求表现状态或功能的变化，或为实现预期功能，寻求结构变化方式。

（5）信息的测量、识别、选择、处理试验。测量、识别精度，选择、处理方法直接影响试验结果。①

（二）以经验为基础的试验

在这里，以制作咸酸菜为例，说明以经验为基础的试验方法。咸酸菜制作方法如下：洗泡菜坛子，晾干待用。注意，在咸酸菜制作和保存过程中，不论是坛子还是工具，都不能沾有水和油。买若干芥菜，晒干或晾干水分，只要叶子变皱就可以，不要弄成菜干。将芥菜切成一段段，加入适量的盐，盐的多少凭经验，最好放少许柠檬汁。然后，像洗衣服那样搓芥菜，直到菜叶中部分的水分渗出，将芥菜装进坛子中，压紧。坛子封口要加了两层保鲜纸，防漏气，盖上盖子，在坛子边槽注水，密封。一周后，菜已变酸可食用。切记，取菜后，要盖好坛子的盖子。

要想制作一坛好的咸酸菜，还有很多因素要考虑。例如，用什么容器？容器大小对制作咸酸菜有何影响？容器多大才合适？容器的材质如何？芥菜晒干或晾干到什么程度才合适？加盐多少才合适？为什么要加柠檬汁？还可以加其他什么成分？搓芥菜到什么

---

① 张协隆. 略论技术试验方法 [J]. 自然辩证法研究，1989（6）.

程度才合适？装坛子时要压紧到何种程度？如何保证容器密封？如此泡制符合卫生标准吗？密封一周时间是长了还是短了？密封后坛子的温度对密封时间有何影响？取菜开封时密封发生变化会导致什么后果？这些问题，如果完全靠经验来解决，最好的方法是向有制作泡菜经验的人学习，减少不确定性，然后用试验方法寻找更好的方案。

（三）经验与科学结合的试验

由于科学的进步，人们对泡菜制作的认识有了明显提高。指导我们制作泡菜或食用泡菜的问题不仅仅靠经验，还可以靠科学。泡菜的泡制其实是一个发酵过程，在细菌的作用下会产生亚硝酸盐，会生成损害我们身体健康的物质。但是，只要亚硝酸盐含量不超标，吃泡菜还是没问题的。亚硝酸盐无色无味，如何用简易的方法判断我们吃的泡菜到底含不含有害物质？如何自制泡菜等，都可以借助科学的方法，提高试验的成效。

（四）技术和科学结合的试验

有一个属于技术和科学结合的典型试验，就是食品安全快速检测卡的使用，它属于检测试验类型。出于食品安全监管的需要，目前常使用快速检测卡代替大型仪器做检测试验，使检测时间和检测费用大大降低。检测卡运用了与酶和免疫等相关的科学知识，是一种高灵敏的抗体检测抗原的技术。小小一个检测卡片只要5~10分钟就能检测出结果。检测卡如图2-5所示，在加样孔S处滴入检测样品，当酶标记物与待测样品中相应的抗原或抗体相互作用时，可形成酶标记抗原抗体复合物。利用复合物上标记的酶催化底物显色，其颜色深浅与待测样品中抗原或抗体的量相关。

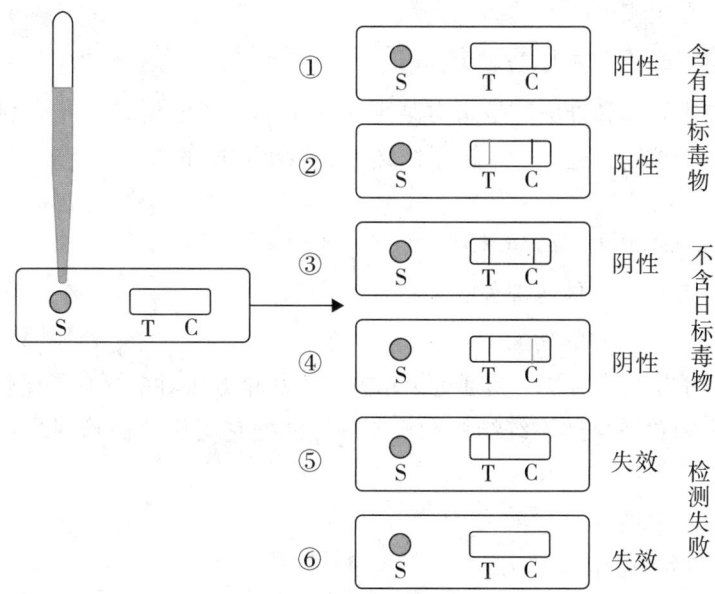

图2-5　检测卡测试试验结果图示

四、黑箱、灰箱和白箱

一般来说，描述技术制品，不仅涉及物理结构的陈述，还包括功能的陈述。如果只进行，或只能进行功能描述，用输入和输出的关系认识对象，而不关心其内部机制，那就是一种"黑箱"方法。随着对认识对象的了解不断深入，"黑箱"就可能转变为"灰箱"或"白箱"。与"黑箱""灰箱"和"白箱"方法对应的，有一系列的技术思想。

（一）黑箱思想和方法

黑箱是一个普遍性现象。① 所谓黑箱技术思想和方法，是指不明确某系统的内部机制，或者由于因素众多、关系复杂，不打开黑箱，利用观测，考察与周围环境的关联，了解黑箱的特征和功能，并通过输入（目的和资源）对输出（结果）的控制，达到认识系统功能和利用系统功能的目的。黑箱技术思想和方法有如下特点：

（1）目的与结果一致性。

（2）过程的无限可能性。

黑箱方法同任何其他方法一样，也有局限性。黑箱方法强调从整体、整体与外部环境联系中认识事物，而不深究内部结构和细节，这是它的长处，也是它的短处。结构与功能都是系统的主要属性，而且密切相关。运用黑箱方法来研究系统的功能和行为特性时，由于不涉及内部结构，必然不可能深刻地认识系统的特性及本质。此外，并非所有系统都可以根据输入和输出来确定其结构和参数。正确的方法应当是把黑箱方法与其他方法结合起来。

（二）灰箱和白箱技术思想和方法

所谓灰箱技术思想和方法，是指对某系统有了部分了解时，能充分利用已有知识，通过输入对输出的控制，进一步认识系统结构和系统功能的方法。灰箱技术思想和方法有如下特点：

（1）目标和结果基本一致的系统。

（2）弄清楚系统的整体各部分的关系。

（3）出现负反馈行为的功能。

所谓白箱技术思想和方法，是通过黑箱方法、灰箱方法对系统有了比较充分的认识，可以用比较确定的关系描述系统结构和机制，维纳把它叫作"白箱网络"。白箱技术思想和方法有如下特点：

（1）重建知识系统。

（2）引领以后的运作过程。

（3）预测以后的行为。

---

① 高家化. 黑箱方法的启示 [J]. 科学技术与辩证法, 1989 (2).

当然，箱子的颜色是相对的。由于主体拥有的经验、技术手段及认识任务的不同，被认识对象可以是"黑箱"，也可以不是；人们对研究对象的认识是有一个过程的，由于认识能力的提高，对某一客体一开始是"黑箱"，后来可能变成"灰箱"，或变成"白箱"。"庖丁解牛"这个故事，就是一个很好的关于"黑箱"变"白箱"的事例。

一天，庖丁被请到文惠君的府上，为其宰杀一头牛。只见他用手按着牛，用肩靠着牛，用脚踩着牛，用膝盖抵着牛，动作极其熟练自如。他在将屠刀刺入牛身时，那种皮肉与筋骨剥离的声音，与庖丁运刀时的动作互相配合，显得是那样的和谐一致，美妙动人。

站在一旁的文惠君不觉看呆了，他禁不住高声赞叹道："啊呀，真了不起！你宰牛的技术怎么会这么高超呢？"

庖丁见问，赶紧放下屠刀，对文惠君说："我做事比较喜欢探究事物的规律。我在刚开始学宰牛时，因为不了解牛的身体构造，眼前所见无非就是一头头庞大的牛。等到我有了3年的宰牛经历以后，我对牛的构造就完全了解了。我再看牛时，出现在眼前的就不再是一头整牛，而是许多可以拆卸下来的零部件了！"

"现在，我只需用心灵去感触牛，而不必用眼睛去看它。我知道牛的什么地方可以下刀，什么地方不能。我可以娴熟自如地按照牛的天然构造，将刀直接刺入其筋骨相连的空隙之处，利用这些空隙便不会使屠刀受到丝毫损伤。我既然连骨肉相连的部件都不会去硬碰，更何况大的盘结骨呢？"

"一个技术高明的厨师是用刀割肉，一般需要一年换一把刀；而更多的厨工则是用刀去砍骨头，所以他们一个月就要换一把刀。而我的这把刀已经用了19年了，宰杀过的牛不下千头，可是刀口还像刚在磨刀石上磨过一样的锋利。"①

思考题：
1. 为什么说技术观的形成与人们对技术及其发展认识有关？
2. 如何根据技术思想和方法抽象概括程度的高低对技术思想和方法进行分类？
3. 为什么说技术试验是技术方法中的最基本的方法之一？
4. 如何理解黑箱技术思想和方法是一种通用技术？
5. 在"庖丁解牛"故事中，庖丁使用的方法是"黑箱"方法还是"白箱"方法？

---

① 故事译文[EB/OL]. http://www.huaxia.com/wh/jdgs/yygs/00097788.html.

第三节

技 术 文 化

由于人们对"技术"和"文化"定义有不同的表述，加上如果把技术与文化看作各自分离的两个相互独立的概念看待，往往会陷入决定论的境地。于是在涉及技术与文化关系的时候，我们更愿意用"技术文化"这个术语，进行思考问题和表述观点。按结构划分，可以把技术文化分为器物文化、制度文化、观念文化三个层面。器物文化是指人在物质生产活动中所创造的实物或物质产品，以及创造或制作这些物品的手段、工艺、方法等。制度文化是人们为反映和确定一定的社会关系而建立的一整套规范体系。观念文化是以认识、知识、思想和理论形态存在的文化。直到今天，人们对于技术文化存在着多种多样的表述，比较集中的认识有：技术是文化积累的产物，人类活动中的每一种技术都会形成一种文化因素。技术文化是人类对自身活动的审视与反思，是用技术语言描述生存环境，解释变化和发展。其中，与物质文化相关的技术器物的生产与销售，需要技术制度的保障和技术观念的指导，而它本身又凝聚和沉淀着一定的设计思想、制作经验、生产规范、使用方式、审美观念和地方特色。与制度文化相关的技术制度，一方面作用于技术器物，另一方面又受技术观念的影响。与观念文化相关的技术观念，通过技术制度对技术器物施加影响并表现出来。由此，在技术文化中，技术器物位于外层，技术制度位于中层，技术观念则位于深层。

一、技术文化的演变

人与自然的关系是人类生存性的根本关系。从古至今，人与自然的关系，占主导地位的观念经历了敬畏自然、顺应自然、控制自然和敬重自然等阶段。技术文化的转变过程，也是技术进步的过程。

（一）传统技术文化

中国古代传统文化中，相对于读书人来说，主流社会对工匠持蔑视态度，"万般皆下品，唯有读书高"是一种根深蒂固的法则。其主要原因是人们认为技术只是人的一种在世方式，通过技术活动使人"存在于世界中"，而技术活动要服从思想和精神的指导与约束。中国古代技术文化往往是主张"天道酬勤"和"顺应自然"，在这里我们介绍三个带有传统技术文化内涵的故事，间接说明传统技术文化。第一个事例是"指南车的复制"，说明古代能工巧匠已经具有高超的技巧，我们可以想象他们制作的器物中表现出来的设计思想、制作方法和表现特色。第二个事例是"愚公移山"，"愚公"和"智叟"虽然是虚构人物，两位老者，一"愚"一"智"，现在可以认为是社会底层劳动者与权威的关系代表，从他们的言行中可以体会古代技术制度框架。第三个事例是"丁谓修复皇宫"，从中我们能够感受到古人在工程管理上表现出来的解决技术难题的观念和智慧。

1. 指南车的复制

中国传统物质文化表现了古人顺其自然的在世和处世文化，古代流传下来的每一件技术器物都反映了古人的这种在世方式。例如，作为交通技术的指南车，就是为了方便行军，为了在征战杀伐中生存下来而设计制造的装置。中国古代有许多关于指南车的传说，根据记载，制造指南车可追溯到西汉时期①。而比较肯定的是三国魏国的马钧发明了指南车，南朝的祖冲之曾经成功地复原了指南车。受技术水平限制，在仅存的图画中，由于车厢的遮挡，人们还弄不清楚早期指南车的原理和结构，加上木质材料制作指南车保留时间一般不超过几百年，至今没有出土指南车实物，历史上真正的指南车是什么样还是一个谜。指南车实为定向车，无论车子直行或任意转弯，车上的木仙人恒指一个固定方向。

1937 年，王振铎先生所复现的北宋燕肃的指南车是一种定轴式指南车。如图 2-6 所示。该装置是利用辕 6 的左右摆动来实现自动控制的：

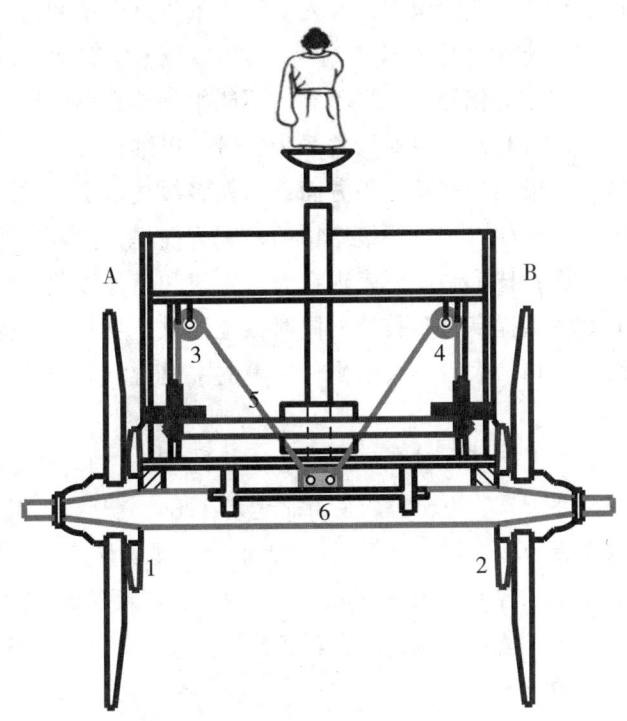

图 2-6 离合齿轮式指南车

---

① 刘仙洲. 中国机械工程发明史（第一编）[M]. 北京：科学出版社：196.

(1) 车子直行，辕 6 的后方处于中间位置；左右两个小平轮 3、4 吊空。两车轮 A、B 都不驱动与大平轮 5 固联的木仙人。

(2) 车子向左转弯，辕 6 的后方偏向右边，小平轮 4 放下（小平轮 3 吊空），使轮 4 在与大平轮 5 啮合的同时还与附足轮 2 啮合，从而使车轮 B 通过轮 2、4、5 的啮合而驱动木仙人。与此同时，车轮 A 不应滚动或滑动，从而使车轮 B 在地面上滚出的轨迹是一条以轮 A 与地面的接触点为圆心、以轮距 L 为半径的圆弧。由于轮 2 与轮 5 之间有负反馈性质，即轮 2、轮 4 啮合点的速度方向与轮 5、轮 4 啮合点的速度方向相反。

(3) 车子向右转弯，辕 6 的后方偏向左边，小平轮 3 放下（小平轮 4 吊空），从而使轮 A 驱动木仙人。①

由于指南车车厢内装有能自动离合的齿轮系统，可以根据车子转弯偏离正南方向而使左右两侧的齿轮离合，让车轮转动带动木人下方的大齿轮朝与转弯方向相反的方向转动，抵消车子转弯时对方向指引的影响。无论车转向左或右，只要车轮不打滑和空转，就能保证木人的手指始终指向南方。

2. 愚公移山

长期以来，中国古代的主流意识在很大程度上注重伦理道德和治国之道，大量的能人志士热衷于求学入仕，坚信"唯有读书高"，而从事技术实践活动的大多是社会底层手工艺人或农民，他们往往文化知识水平不高，不能很好地掌握系统的技术知识，技术学习往往依靠直观体验。古时候，以血缘关系为纽带，以维护族权、父权为基本目的的宗法制度对技术实践产生极大的影响。一方面，绝大多数技术实践被限定在社会等级结构的最底层，技术的发展往往以维护等级结构的稳定为前提，技术实践主要是满足人们基本生活需要。另一方面，技术制度还表现在通过思想和道德教化，使一般民众安于社会底层生活，劳动者在注重提高自身技能的同时，也注重自身修为，提倡苦干实干的精神。"愚公移山"的故事相信大家不会陌生，故事的字里行间都透射出古代制度文化的内容。

太行、王屋二山，方七百里，高万仞，本在冀州之南，河阳之北。

北山愚公者，年且九十，面山而居。惩山北之塞，出入之迂也，聚室而谋曰："吾与汝毕力平险，指通豫南，达于汉阴，可乎？"杂然相许。其妻献疑曰："以君之力，曾不能损魁父之丘，如太行、王屋何？且焉置土石？"杂曰："投诸渤海之尾，隐土之北。"遂率子孙荷担者三夫，叩石垦壤，箕畚运于渤海之尾。邻人京城氏之孀妻有遗男，始龀，跳往助之。寒暑易节，始一反焉。

河曲智叟笑而止之曰："甚矣，汝之不惠。以残年余力，曾不能毁山之一毛，其如土石何？"北山愚公长息曰："汝心之固，固不可彻，曾不若孀妻弱子。虽我之死，有子存焉；子又生孙，孙又生子；子又有子，子又有孙；子子孙孙无穷匮也，而山不加增，何

---

① 颜志仁. 中国古代指南车的原理和构造 [J]. 上海机械学院学报，1984 (3).

苦而不平?"河曲智叟亡以应。

操蛇之神闻之,惧其不已也,告之于帝。帝感其诚,命夸娥氏二子负二山,一厝朔东,一厝雍南。自此,冀之南,汉之阴,无陇断焉。①

在"愚公移山"故事中,体现了一种家长式的生产组织制度。愚公是家中长辈,提出建议移山,然后就率领家庭成员动工移山。邻居小孩也"跳往助之",是一种友善支持的举动。故事带有明显的对天帝信仰色彩,天帝、山神以及大力神这些社会上层的化身,注意到愚公的技术行为,被愚公的执着感动,背走了两座大山。在这个故事中,作者显然否定技术和巧干,主张只要辛勤劳动必有好报,这也是作者受当时制度文化约束的表现。在"愚公移山"中,愚公也遇到了强有力的反对声音,具有权威象征的智叟嘲笑愚公"汝之不惠"。智叟是一种权威代表,愚公显然面对一种强大的社会压力,但愚公不改初衷,坚持挖山不止,最终取得了胜利。智叟依赖自身经验,从理性出发,自以为"聪明",但恰恰是"聪明"使人眼光短浅,过于理性地认识世界,忽视了人类技术活动的非理性因素,往往会陷入技术困境。

3. 丁谓修复皇宫

与西方传统技术主要是指工艺不同,中国传统技术主要是"术"。"工艺"是与工业相关的专门技艺,是以科学理论为基础,具有普遍适用性,可以通过正规的学习加以传授。而"术"强调要"用心"体会,往往不能用言语完全说清楚,只有靠"悟性"才能加以把握。对中国传统的单件技术进行考察,可能涉及的是具体的谋划、具体的制作和具体的程序安排,似乎谈不上一般性的文化内蕴。然而从整体上看,传统技术中的"术"与传统文化是一致的。众多传统技术的"术"都或多或少渗透着"天人相应"和"顺其自然"的观念,注重人所使用的技术与自然的和谐关系。"术"是以人为中心展开的,其功能首先在于满足人的生活需要,特别是维护社会稳定的需要。中国古代许多杰出工程和精妙的工艺品,往往都是为了满足帝王将相的需要而生产的,那些高超技术往往是工匠的"绝活",往往是传子不传女的,更不可能推广普及。而与平民百姓生活需要相关的技术,没有多少技术含量,往往满足于维持现状,因而不具备足够的技术发展动力,使技术进步速度缓慢。北宋的丁谓,在修复皇宫时想出的一石三鸟对策,至今作为天才话题的美谈,人们关注的是丁谓解决了上面下达的、常人认为不可能完成的任务,却没有多少人关心将这些工程管理的经验上升为知识,进行科学化和系统化发展,使之成为带有普遍意义的技术。

北宋大中祥符年间,皇宫失火。当时晋国公丁谓主管重建宫廷,苦于取土远,丁谓就叫人挖掘街道取土。不几天大街都成了大沟,再将汴河水灌入沟中,把各地送来的竹筏、木筏和船运来的各种建筑材料,通过大沟运进宫门。工役完毕,再把废弃无用的瓦块、石块、余泥填入沟中,修复原来的大街。一举解决了就地取土、运输和清理建筑废

---

① 语文:九年级·下册[M].北京:人民教育出版社,2012.

弃物三个问题，共计节省费用达万亿元数。①

（二）现代技术文化

这里说的现代，应该理解为工业革命以来，随着科学的兴起和工业文明的诞生，工匠传统和学者传统得以结合，导致了技术大进步。工业化的成功，对技术的重视越来越盛行，使技术决定论逐步抬头，主导技术文化表现出控制自然和征服自然的明显倾向。

1. 物质文化的变化

现代技术器物在很多方面是古代不可比的。在西方社会，现代理性的兴起，加速了技术发展的步伐，理性的胜利主要表现在作为一种为控制而斗争的胜利。理性一开始就很自然地变成一种工具，为人的生存和发展寻找适合的资源。科学和技术的相互渗透日益密切和有效，人类控制自然的期望也越来越强烈。随着独立完整的工业体系的建立，特别是以石油、煤炭、电力为主的能源、动力工业的高速发展，为社会发展提供了越来越丰富的物质基础。现代的物质文明、商品文化给人类带来了极大的便利和满足，人们可以有效地利用自然资源为人类发展服务，人的生存环境也因此发生了极大的变化，即便是偏远地区，极为守旧的文明也无力抵抗物质文明的吸引力，而商品文明本身又极具侵略性，使现代物质文化发生了巨变，其最大变化是让工业化使物质稀缺文化转变成物质丰富文化，人对资源地占据和拥有的欲望越来越强烈。

2. 技术制度文化

现代技术的高速发展，形成了新的技术制度文化，对技术进步和社会发展的影响也越来越明显。技术制度文化的正面功能主要表现为下列几个方面。第一是导向功能，能够规范人们的技术行为。技术制度是技术活动的行为规则，是人们的行为规范，能保证个人技术行为规范而不引起技术活动的混乱。第二是整合功能，就是调整或协调技术活动不同因素的矛盾或冲突。如果技术活动人思想各异，行为不一，没有明确的职责和义务，现代技术活动是完全不可想象的。第三是促进技术发展功能，也就是保证技术的继承和发展，进而促进社会发展。第四是技术的控制功能，通过技术制度规范技术行为，纠正技术活动的偏离倾向。从一分为二的观点看，技术制度文化也有负面功能。例如，竞争制度，好处在于可以调动各方面的积极性，增强活力。但是，也会因此产生恶性竞争的不良行为。为了消除不良竞争行为，实行计划经济制度，往往在实现人人平等的表面上，又带来了效益低下的问题。现代技术制度文化的完善，也是试图实现对技术行为的有效控制，不断改革弊病，提高效益的过程。

3. 技术观念文化

传统西方文化强调上帝决定论，上帝创造了世界的思想宣布了上帝对自然的统治权以及人对地球上具有生命的创造物的派生的统治权。正是这个派生的统治权把人与自然分离，从而行使一种对自然的绝对统治。这一思想也是西方文化的自然伦理意识的一个

---

① 胡道静. 梦溪笔谈导读[M]. 北京：中国国际广播出版社，2011：356.

突出特征，并对后来西方文化的自然观产生重大影响。① 工业革命后，控制自然的观念得到了科技进步的支持，人们主张通过自然科学和技术来达到对自然的控制。培根"知识就是力量"的呼唤很快演化为人类征服自然的现实。培根所谓的"知识"是指关于自然的科学技术知识，"力量"是指权力、征服力和支配力，因此"知识就是力量"所表达的含义是：人们只要掌握了关于自然的科学技术知识，就能够对自然界拥有征服力和使用权力。②

"控制自然"观念具有的积极作用是提倡崇尚科学、破除迷信，鼓励人们牢固树立能够对生存条件进行根本性改变的决心和信心。"征服自然"的观念为解放"人类不利地位"提供了希望和可能。但是，知识能使人思想高雅、宽容大度，令统治显得温柔、和顺、适度；相反，粗暴、专横和抗拒则是无知的产物。这样一来，知识进步就有了双重意义：改变了人与自然关系中对人的不利和人与人关系中对统治的不利。人们在由"征服"自然的观念培养起来的虚妄的希望中隐藏着现时代最致命的历史动力之一：控制自然和控制人之间的不可分割的联系。③ 这是因为，要控制外部自然首先就要控制人，而且，技术进步和普及加剧了对人的控制效应。于是由于技术发展水平不同，控制外部能力不同，导致了控制人和反被人控制的因果循环。掌握先进技术的人或地区拥有控制权，即使是产生了明显的破坏作用，也不用担心会有多少担当，而那些不太幸运的人或地区，要么去追求并获得平等地位，要么无奈地接受不平等的被控制地位。

（三）当代技术文化

后工业化时代，通信技术、网络技术、智能化技术以及各种传达设计技术快速发展，特别是界面文化既能展示人类的精神世界，也能展示物质世界，同时还是一种人类活动方式。技术使文化能够更快、更好和更有效地传播，技术文化成为一种新文化，我们迎来了文化无处不在的时代，迎来文化的技术化的生存时代。技术文化不再像以往任何时代那样是奢侈品或是昂贵的摆设物，而是成为今天人们日常生活和工作的必需品。当今社会，消费文化已经取代生产文化成为社会文化最主要、最显著的标签，满足需要的文化形成了工业文明的特有的模式，造就了消费意识形态，支配人们的身体和灵魂，改变了社会结构和基础。然而矛盾的是，在技术飞速发展的今天，很多人却反而忽略了它的某些功能，不能很好地认识技术的文化意义。

在工业文明中，人面临的一个新困境：随着人类控制自然能力的提高，人却似乎愈益成为被控制的对象。技术进步使人变得强大，以致将人造世界置于自然世界之上，将自然世界变为可供掠取的对象。然而，日益严重的环境和生态问题，人与人关系的异化，使得人类生存与发展遇到了严峻的挑战。因此，人类要调整与自然的关系，首先要有观

---

① 李恩来. 人类"控制自然"观念的伦理困境及其反思［J］. 求索，2008（4）.
② 曹孟勤，黄翠新. 从征服自然的自由走向生态自由［J］. 自然辩证法研究，2010（10）.
③ 威廉·莱斯. 自然的控制［M］. 重庆：重庆出版社，1993.

念上的突破,要超越人类中心主义,恢复人与自然和谐关系的认识。纠正"征服自然""掠取自然"等错误观念,遵循"尊重自然""取之自然"与"养护自然"相统一的可持续发展之道,使人类技术活动产生的技术器物和技术制度朝正确的方向发展。

二、关于技术文化的思考

(一)科学、技术与人文的关系

文化的定义说法不一,我们采用广义的文化定义,认为文化是人类在社会历史实践过程中所创造的物质财富和精神财富的总和。[①] 根据文化的功能,可以将文化分为三种文化范畴,分别是知识文化范畴、技术文化范畴和观念文化范畴。知识文化也称为科学文化,解释大自然中各种客观事物及其关系;技术文化使人知道如何利用理性知识;观念文化简称为观念,一种典型的观念就是"人文思想",是人类支配行为的主观意识。科学文化注重"发现",解决"是什么""为什么"的问题,科学知识是一元的;技术文化注重"发明",注重"创造",解决"做什么"和"怎么做"的问题,技术知识是多元的;而人文思想涉及人的主观世界,解决"应该是什么""应该如何做"的问题。不同人,不同环境,人的精神世界、情感、境界不一定相同,人文知识是多元的。

在问题解决过程中,我们不能仅仅依靠纯技术的方法,一种通用的做法是还需要从科学和人文的角度考虑问题。例如,如何解决住房问题?首先,有必要了解与房屋建设相关的科学知识,这些知识包括城镇化和对住房的刚性需求是现代中国的国情,建筑廉租房、经济适用房、商品房、豪宅和别墅满足不同人的需要,以及各种房屋构造原理等,用自然科学和社会科学知识解决"是什么"和"为什么"的问题;其次,有必要解决与房屋建设相关的技术,这些技术包括建筑结构、建筑材料和建筑方法等,用技术知识解决"做什么"和"怎么做"的问题;最后,有必要对相关的技术活动进行反思,理清与房屋建设相关的人文思想,包括房屋档次的确定、房屋样式的确定、房屋风格的确定、房屋所在区域的确定和房屋的价值等,用人文思想解决"应该是什么""应该如何做"的问题。

从历史发展角度看人类文明的发展,科学、技术和文化呈现出一种相互影响和相互制约的关系。科学技术的发展改变了人的生存条件和思维方式,对文化的进化和生成产生了深远的影响。与此同时,文化上的进步对科学技术也产生了重要的引导作用,多种文化因素促进了科学技术文化的多样化。

(二)技术的文化解释

技术的首要任务是解决"做什么"和"怎么做"的问题,其主要目标是为了提高生产效率和生活质量。然而,当我们从技术文化角度去理解技术活动时,却对此深表疑虑。

---

① Kroeber A L, Kluckhohn C. Culture: A Critical Review of Concepts and Definitions [M]. Alfred A. Knopf, Inc. and Random House, Inc, 1963.

例如，随着技术的进步，人们对居住条件要求越来越高，产生了控制家居温度的需求。一般来说，空调技术属于一种专门的工程技术，对技术教育来说，更关心的是与空调技术相关的带有普遍意义的技术，关心用技术文化的观点来理解空调技术。有一种关于空调技术的文化解释：为了满足建筑温度调控的需求，用工业化生产方式生产空调，能极大提高生产效率，大批量生产使更多人能使用空调。然而，在享受清凉的同时，由于越来越多空调开动，使我们的城市变得越来越热，使更多本来还不打算使用空调的人也不得不改变初衷，于是加剧了城市的热岛效应，加剧了对能源和资源的消费。从某种意义上说，人使用空调不是为了凉快，而是被技术活动的后果所逼迫，导致技术活动的负面效应。

一方面，技术进步极大地改变了生产方式和生产效率，进而提高了人们的生活质量和生活水平。另一方面，与手工业时代不同，在工业经济时代，在世界机器模式中，技术已成为了组织一切生命活动的方式。①机器对人文思想的影响远大于工具带来的影响，这是因为工具与使用者的大脑和四肢密切相关，工具是人的身体外端和功能的延伸，其结果对于使用者而言还是具有真实性和完整性的自我。但是，与工具不同，机器虽然也是人的身体外端和功能的延伸，但是这种延伸强调人与外界的对立，割裂了物我关系，人被视为外在于"我"的客观对象，它抽象掉了作为过着人的生活的人的主体，抽象掉了一切精神的东西，一切在人的实践中物所附有的文化特性。②

这不仅仅是技术活动的两面性问题，更重要的是随技术的发展，技术异化的程度更明显。在手工业时代，技术特色是工具和使用工具的经验，人可以利用和控制技术，让个性可以尽情张扬。在工业化时代，技术特色是机器和使用机器的知识，虽然某种程度上是人在操控机器，人可以不断完善技术，但工业化生产的规模化和有效性，使人在很多方面不得不受机器的控制。例如，使用机器，可以更有效地生产建筑材料，能更方便地运输，更好地建构房子，而随着更多适用安全的房子被建造出来，在为城市化提供了物质条件的同时，又产生了诸多城市病，如环境污染、热岛效应、交通拥挤、物质生活和精神生活的同一化等。

（三）数字生活和网络文化

最新和最有包容性的技术文化现象要数以数字化为基础的网络文化，尤其是新一代"物联网"规模化发展，依附于网络的社会网络文化现象及其表现，对现实生活产生了极大的影响，以至于我们会经常面对数字化生活和数字化设计，人们在享受数字化和网络化带来的便利同时，也不得不思考在网络文化浪潮中，如何努力提高网络文化能力来实现合适的数字生活。

数字生活与互联网共生，数十亿网民正在或将会成为其基础。与传统网络决然不同的是，方便性、高效性、移动性、讲人性等特征成了数字生活的核心要素。数字生活的

---

① 杰里米·里夫金，特德·霍华德. 熵：一种新的世界观 [M]. 上海：上海译文出版社，1987.
② 埃德蒙德·胡塞尔. 欧洲科学危机和超验现象学 [M]. 上海：上海译文出版社，1988.

内涵根植于社会文化，而文化的技术化使之成为当今发展最快的社会文化。数字化生活最显著的功能是通过网络来实现服务与用户以及用户与用户之间的交流，而交流的及时和有效使数字生活成为一个新的资源群，借此民众可获得多样化的服务。数字生活不但存在于城市之中，还不断扩散。城乡之间，城市之间，地区之间，以至于发展到国际网络文化，正是全球化的景象，只不过对目前条件来说，对于物联网，更现实的可能还是地区间的规模比较合适。依据数字信息体系，人们通过网络可以做到一对一的交换，于是小规模定制，以及为小众服务的文化应运而生。

目前，网络文化体系还在形成过程中，或许还有许多特征还没有完全显露出来。就目前而言，数字生活的网络文化主要特征有：网络连接的特点决定了网络文化传播的非中心性、继承性、开放性、多边形和及时性等特征。与传统空间比较，依靠互联网连接的虚拟空间和真实空间无限扩大，为数字生活提供了极大的想象空间。一般地说，人们都渴望获得具体的帮助和关怀，而数字生活能够更有效地满足人们生活方方面面的现实需要。因此，更多的人、更多样的终端被网络文化圈吸引，加入数字生活，贡献自己的聪明才智，获得尊重和友情，实现自我价值的升值。一系列数字生活现象构成了今天不断发展的网络文化。

三、人文视野下的技术学习

随着人们对技术认识的深入，对技术教育价值的认识也发生了改变，从"工具论"开始，逐步发展为"知识论"和"过程论"，再到"文化论"，反映了人们对技术本身不同的价值取向。与此同时，技术教育课程的主要内容也由过去的"工具文化"发展到今天的"技术文化"。

（一）技术教育的人文思考

从认识论看，技术文化以两极形式存在。一方面，它是物质世界的表达；另一方面，又是人类意识的表现。技术作为认识的对象和手段一直与技术学习活动相伴。在过去，人们更多关注通过技术创造器物和改变生存条件；在现代，人们更多按照人的主观意志和方式试图控制自然；在当代，人们还把技术引向人类的思想和情感新时空。考察技术教育发展历史，技术教育内涵从模糊到逐步清晰，并随着时代的发展不断演化和丰富。对技术学习者来说，技术学习的人文价值一方面在于能力培养，包括技术知识的累积、技术文化的丰富、手脑协调的发展、实践能力的提高、创新精神的发扬、技术观的形成、技术态度的确立等。另一方面在于对学生的精神、人格和情感产生积极作用，包括促进对技术文化的理解，促进技术文化的传承与新文化的发展。相对于技术教育实用价值，技术教育的人文价值的实现不会是立见成效的，也未必能有明显的效益，但却是一种终极性的追求，是整个技术教育价值体系的重要环节。

（二）技术学习的人文思考

技术学习分三个层次：器物层、制度层和观念层。器物层包括技术设备和技术成果，还包括技术活动中的工具、机器、设备、材料、制作品以及创造或制作这些物品的手段、工艺、方法等，是技术文化的显性表现。技术学习对器物的认识和操作是必不可少的，其原因不但是因为操作学习很重要，还因为技术器物是技术文化的媒介，是中层和深层技术文化的载体。制度层包括技术活动中涉及的制度、规范和方法等，是为了确保技术有效发挥作用，是对人与技术、人与人之间行为方式的规定。这些规定包括技术说明书、技术操作规程和技术标准等，是工业社会不可或缺的技术要素，是技术教育课程不能缺少的内容。观念层是技术文化的内层结构，包含了已经形成社会共识的技术精神、价值观念、道德标准、思维方式和观点倾向等。传统技术文化包含了丰富的观念文化内容，而在新工业革命时代，观念文化又体现出许多全新的特征，如非理性、公平性、效率性、批判性、创新性、探究性、自主性、协同性等。对每一个公民来说，作为技术文化的外层的器物以及相关技术方法，与人们多种生存需求密切相连，往往属于专门性的学习内容，要根据个人的好恶及要求有所选择。在技术学习中，器物文化更多是作为技术活动的载体存在。而技术文化的中层和内层是相对稳定的，也就是说制度层和观念层的技术文化学习内容，是技术文化沉淀和传承的结果，往往属于通用技术范畴，是技术学习的重点。

（三）学习活动的人文思考

当前技术课程教学中内容组织形式主要以技术知识点和技术活动任务为线索开展，而技术活动往往以技术调查、技术试验和设计制作为主。在学习内容组织过程中，那些能够揭示技术文化内涵和形成过程的技术器物是技术学习活动的载体，以操作学习为主，解决是什么、具体如何做的问题。与制度层相关的活动，则是技术知识和方法的体现，解决应该如何做的问题。观念层反映了对技术的本质认识，涉及技术思想和方法、技术价值等，是人与技术关系的体现，解决为什么、应该是什么的问题。文化视野下的技术学习活动，应坚持器物层、制度层和观念层三者的结合，以符合学习者认知发展规律，充分贴近学生的生活经验，以期促成对技术学习的整体把握，有效提高学生技术素养和技术能力。在一个被称为"一切都是文化"的社会里，技术学习活动不只是创造作品的使用性功能，也不只是单一地满足某种需要，学习活动必须有更高的目标，它应该以学会生存为目标，在全球化视野下，学习活动的结果应该带有明显的人文价值和审美价值。

思考题：
1. 如何从"指南车的复制""愚公移山"和"丁谓修复皇宫"三个故事了解中国古代"天道酬勤"和"顺应自然"技术文化思想？
2. 时代不同，物质文化的变化有哪些表现？
3. 时代不同，技术观念文化的变化有哪些表现？
4. 如何认识"征服自然""掠取自然"观念的局限？
5. 科学、技术与人文的关系如何？
6. 人文视野下的技术学习应该如何开展？

第四节

面对复杂性事物

在纷繁凌乱的世界中,人们会接触到越来越多的复杂性事物,这是世界本来意义的一个方面,也是长期被人们忽视的一个方面。不了解这一点,我们的技术活动很可能会自欺欺人。研究复杂性事物,用复杂性思维指导技术活动,这是一个与习惯不同的思维方法,是一种新的挑战,也是一种新的通用技术。

一、认识事物的复杂性

(一)复杂性

复杂性涉及面宽,有生物的、社会的、经济的、文化的、科学的,不胜枚举。但值得注意的是,我们习惯说的"复杂"与这里说的"复杂性"不是一个意思。"复杂"很可能是指杂乱无章,或指反复多变。而"复杂性"指的是非线性,或是自组织,或是涌现,或是蝴蝶效应,等等。复杂性概念在不同领域有不同研究对象,采用的分析方法也不同,因而对复杂性概念的定义也不尽相同,到目前为止,对复杂性还没有一个统一的严格定义。

在这一章,我们关心的是对技术的理解和领会。"复杂技术"与"技术的复杂性"也是两个有明显区别的概念。从字面理解,一项复杂技术是相对于简单技术而言的,意思是指某一项技术比较复杂,不容易弄明白,或不好掌握。一旦人掌握了复杂技术,对这个人来说,意味着复杂技术就转变成了简单技术。而一项技术的复杂性表示该技术具有复杂性的特点,或具有复杂性的属性。虽然复杂技术和技术的复杂性两个概念都有"复杂"和"技术"字眼,但复杂技术指代的是某一类技术,属于对技术认知和掌握的程度问题。而技术的复杂性表示的是技术的一种复杂性的属性,不管技术的复杂性如何复杂,都具有形成观上的自组织、发展过程中的非线性、关系上的适应性、变化演化的或然性,这些都是复杂性技术的一些重要特征。

(二)自组织性

在复杂事物中,一个体系不仅可以从远离平衡的无序状态经过突变进入有序状态(也可以称为耗散结构),还可以在远离平衡的状态下从经过突变进入混沌状态。混沌并非"无序",是一种对称性程度更低的"有序"。如果时间不同,或者是激励参量不同,混沌和耗散结构可以交替出现,你中有我,我中有你,错综交叉。

现代复杂性理论最惊人的成果是，发现了在远离平衡的条件下体系可以产生新的基本性质，即所谓"自组织现象""协同效应"或"合作现象"。名目虽然不尽相同，但有相近的含义。混沌不同随机，随机过程处处与前面的历史不同，引起深刻变化的可能性极小，以至于是不可能的。而混沌处处都在变化，时时都在变化，介乎于有序和无序之间。混沌造成多样性，造成了发展的分叉，引起了新的机会。例如，蝴蝶效应就有混沌的特征，对初始条件的极端敏感性和积累效应，通过自组织，带来许多意想不到的多样性。现在，人们越来越注意复杂性问题的研究，不仅仅关注从无序到有序的演化，还进一步关注从有序到无序的演化。自组织现象说明事物具有演化的特性，可以用来解释生命出现之前就存在着演变出生命的自然力量。

（三）非线性

非线性是复杂性事物历史轨迹的描述。复杂性事物或系统在演化过程中，往往表现出不规则性和不可预测性，不能用线性关系来描述其演化，初始条件的微小变化对结果会产生极大的影响，条件与结果之间的联结表现出或然性。复杂事物或系统随着时间而变化，经过内部和环境的相互作用，不断适应、调节和自组织，会涌现独特的行为与特征。与牛顿力学一个基本假定不同，由于非线性作用的存在，一个非线性系统不受外界干扰，不但不会趋于均衡，还会出现分叉、跳变和涌现。在简单系统中，均衡状态意味着系统的"完美"，但在复杂系统中，均衡状态就意味着系统的"死亡"。

（四）自稳定性

在事物内部各要素有关联，事物与外部环境也有关联，如果拆开这些关联，它就不是它了。这里说的关联或者说是关系，是一种复杂性关系，而自稳定性是复杂关系中的一种，也是事物存在和演化的一种关系。事物间的关系，不论内部的还是外部的，彼此间可能存在着物质的、能量的和信息的交换和影响，相互作用的结果，就有可能使事物发生改变。一个好的事物，必须能适应内部关联部分和外部环境的变化。例如，如果环境的干扰没有超出内部约束性力的自控能力，那么事物就会努力保持或恢复在由其内部约束性力所规定的状态，这就是一种适应性自稳过程。有学者认为适应性就是指复杂性系统具有对于外在的刺激与干扰、自身发展变化出现的内在不协调能够通过自我内在的机制和功能进行自我调整的性质。[①]

（五）或然性

复杂性视野下，人们关于规律必然性有了新的认识。首先，存在着真正意义上的偶然性，它们并不是背后都隐藏着尚未发现的必然性。换句话说，社会实践活动并不都是有规律可言的。与外界干扰导致的偶然性不同，存在着大量的自生性偶然性。事物的必

---

① 魏仁兴. 从决定论思维到复杂性思维的过渡［J］. 华中科技大学学报：社会科学版，2001（3）.

然性不比偶然性重要，偶然性在数量上乃至在发展意义上都比必然性的作用要大。偶然性作用也会导致新事物的产生，事物多元化的发展很大程度上得益于那些以往被忽视的偶然性。其次，一切规律并不都是因果必然性的。任何事物都存在某种程度上的因果联系，但是原因和结果是什么却不是必然的。如果 A 是原因，B 是结果，A 和 B 构成一种因果联系。但是，对于复杂性事件，同一原因，结果可能会不同，会出现同因异果现象，其变化发展表现为一定的或然性。其实，因果必然性的适用范围只会很狭窄，因果关系只是其中一种联系，而这种联系在全部联系中只占少数。再次，由于事物本身的复杂性，系统诸要素之间的各种关系是非线性的，其相互作用没有因果必然性，只有因果相关性，使得过程和结果具有多样性和不确定性，其变化和发展表现为一定的或然性。单一周期的规律观不再适用，一切规律并不都是可重复的，即使重复，其周期也会有很大不同。于是，出现了规律族和周期族的观念。某些规律性的事物表现并非全都如此，只是大致如此，可能如此，其发展变化的基本趋势可以用大量同类运动以一定的概率表现出来。也就是说，规律并不是在"决定论"意义上表现的，而是在"可能性"意义上发生的。

二、复杂性思维

（一）树立复杂性思维

什么是复杂性思维，其实还是很好理解的，有两方面的意思。其一，考虑问题时，不能片面，只考虑一时一域，而是注意到要考虑多种因素，包括考虑事物的环境因素、时间因素和内部各相关要素间的关联。其二，要意识到与传统思维不同，不仅仅可以努力将复杂事物变得简单化，还要避免将那些不能简单化处理的事物做简单化处理。

复杂性思维的运用往往和以下四种过程相关。第一，在复杂事物形成过程中，不仅仅要关注从无序到有序的演化，还要关注从有序到无序的演化。第二，在复杂事物演变过程中，要用非线性思维看待变化发展。第三，事物存在和演化，是事物内部各要素间及与外界环境的相互适应。第四，重新认识因果关系，变化和发展表现为一定的或然性。

面对复杂性事物，尽管我们无法详细描述事物在特定时间内演化的细节，但可以把握和预测事物形成、演化的一些趋势和共性。例如，以往人们习惯用决定论的思维，将问题分为主次两个方面，将主要方面看成是决定性的。这就是所谓的重点论，只看到矛盾的一个方面，而忽视甚至抹杀矛盾的另一个方面，事实上是从根本上否认了矛盾。后来提出的两点论，在研究事物矛盾发展过程中，既要研究主要矛盾，又要研究次要矛盾，既研究矛盾的主要方面，又研究矛盾的次要方面，二者不可偏废。而复杂性思维强调，要用"多"的观点对待复杂问题，要在多之中寻找对认识和实践具有重大意义的适应性。从重点论到两点论，再到多点论，技术思想的发展，也反映了人们认识的发展，多方面考虑问题，也是一种新的通用技术。

（二）从简单到复杂

按照习惯性思维，简单性是现代科技默认的一条通用规则。理性思维驱使很多人相信,简单就是美。虽然我们只要留意,会发现身边有很多复杂现象,但人们往往努力把它们还原成简单事物或简单过程,人们在这方面已经取得了很大的成功。例如,在面对复杂问题时,我们可以采取的策略有,认清优势、弱项、机遇和危机(SWOT),以便能调配资源,以实现问题解决宗旨和目标。但是,在另一方面,存在着大量的事物和过程不能做简单化还原处理。对付复杂性必须用到复杂性思维和复杂性方法,而不是仅仅做简单化的努力。这是一个与习惯不同的思维角度,是一种新的挑战,属于复杂性的思想和方法,是一种新的通用技术。事实上,早在现代科技方法出现以前,人们就不得不面对事物的复杂性。在《风俗通义》中记载着这样一个破案的故事:

西汉时,临淮郡有个人,拿着一匹布到市场上卖,路上下雨了,他就用布披在身上遮雨。过一会,有一个人过来,向他请求待在布下遮雨。雨停后,两人本该分手,却争吵起来,都说这块布是自己的,并且闹到了衙门。太守薛瑄审问了很长时间,没有头绪。于是薛瑄就说:"区区一块布才值几个钱,不至于让你们两个闹到官府来。"然后让衙役把布裁两半,每人一半打发他们回去。然后,薛瑄让人暗地里偷听他们的谈话。那个无赖说"太守真好啊",真正的布主人却一直嘀咕冤枉。薛瑄知道后,把那个无赖问罪。[①]

在故事中,当法官不能根据有必然的因果逻辑关系判案时,也就是不能够将复杂的事情简单化时,只好将事情弄得更复杂一些,创设条件,从技术结构和技术体系的环境和文化条件出发,根据或然的因果关系判案。

三、从一个变局理解复杂性

(一)奶业变局

今天的中国超市,很多品牌的牛奶都用四面体包装,等待顾客挑选,它的中文名字叫"利乐"。利乐是如何进入中国市场的?如何取得垄断地位,攫取高额利润?如何帮助常温奶企业崛起,一步步改变了中国乳业格局?《时代周报》记者试图梳理中国乳业20年的历史,勾勒出这样一个变局。

1. 草原双雄与利乐相互借势

1979年,利乐灌装机被用于生产"鲜宝"牌菊花茶,标志着这家瑞典公司正式进入中国市场。但此后20年的时间里,利乐以销售灌装机为主要盈利模式,在中国市场并无多大建树。而此时的伊利还是偏安于内蒙古草原的一家小乳企,以生产低温鲜奶和奶粉维生。20世纪90年代中期,伊利掌门人郑俊怀到南方考察,走了一圈,心焦如焚。原来,彼时全国乳业市场需求旺盛,南方乳企竞相谋划上市,但伊利的产品采用低温杀菌技术,不易长期保存,因而销售半径有限,企业难以扩大。

这时,郑俊怀遇到了全球纸业包装巨头利乐,郑俊怀欣喜地发现,利乐可以帮助伊

---

① 芦笛.对二女争子故事起源和演变之推测[J].文化艺术研究,2011(2).

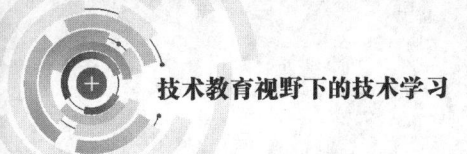

利长时间保存牛奶，而利乐则看到中国乳业市场旺盛的需求，两家企业一拍即合。

乳业专家冯启告诉《时代周报》记者，常温奶使用超高温灭菌技术和各种添加剂（比如香精、增稠剂），因此即使原奶的质量很不好也没有关系，于是伊利开始主攻常温奶市场。

之后是蒙牛，1999年，牛根生另立门户，彼时蒙牛名列中国乳业的第1 116位。这时慷慨的利乐又出现了，利乐将价值千万的设备以极为优惠的价格半卖半送给了蒙牛，从那时起，利乐和蒙牛就结下深厚渊源，有传言称，当年蒙牛上市成功的时候，服务蒙牛的利乐团队和蒙牛的管理团队一起抱头痛哭。

由于利乐的大力扶持，草原双雄借常温奶之力，开始在全国范围扩张。以2000年为分界线，此前低温鲜奶占据绝大部分的市场份额，此后情况巨变，据AC尼尔森调查数据显示，2000—2004年，由于利乐公司提供包装的高温灭菌乳制品快速发展，低温新鲜乳制品市场份额降到35%以下。

2. 伊利、蒙牛都为利乐打工

在这场低温鲜奶与常温奶的战斗中，固然成就了伊利和蒙牛这两位如今的乳业巨头，但最大的赢家还是利乐，据利乐官网显示，2012年，利乐公司共生产了1 732亿件包装，销售收入约为111.55亿欧元，其中，超过1/3的收入来源于中国。

利乐是如何成为中国乳业背后最大的赢家呢？

曾在伊利工作的周军（化名）告诉《时代周报》记者，20世纪90年代，利乐在中国建立了包装材料厂后，逐渐将实现盈利模式从灌装机转化到包装材料领域，"利乐几乎是免费把设备送给需要包装设备和包装材料的乳企，还免费培训乳企使用，再靠包装材料、耗材来赚钱"。

《时代周报》记者从一些乳企了解到，其他品牌的包材确实与利乐生产设备很难完全适配，而且质量也难以保证，因此即使利乐包材价格明显高于行业水平，乳企也只能选择利乐的包材。这种"包装设备与包材捆绑销售"的模式也令利乐在市场上所向披靡。

在伊利、蒙牛拉动常温奶销售后，利乐包装的乳制品逐渐为市场接受，利乐的行业地位也被确立，之后的利乐就没有那么大方了。

那些年，利乐包装成本一度占了每盒牛奶成本的40%，每销售一份利乐包装的牛奶，乳制品企业获得利润的1/4，而利乐获得3/4，因此有业内人士戏言：蒙牛和伊利都是为利乐打工的。

3. 保鲜派与禁鲜派的战争

在利乐的帮助下，草原双雄携常温奶以惊人的速度抢占市场，而鲜奶厂商们也没闲着，到2004年，已有光明、新希望、燕塘、三元等四家中国乳品制造销售商与美国国际纸业公司达成联盟。一场鲜奶和常温奶的大战一触即发，而这场战争的背后，利乐和国际纸业暗斗正酣。

现在我们已经知道这场战争的结局：低温鲜奶的外包装上不能再使用"鲜牛奶"等

名称，而只能使用"灭菌奶（乳）"和"巴氏杀菌奶（乳）"等标准名称。此后主打"新鲜营养"的低温鲜奶被迫更名。直到2008年1月1日，禁鲜令才被解除，巴氏奶能叫回鲜奶了，但是低温鲜奶已经丢了大半江山，回天无力，以"纯牛奶、早餐奶"等命名的常温奶、调制奶大获全胜，几乎垄断了液态奶市场。[1]

（二）包装的复杂性

常温奶凭借无菌包装兴起，与"看不见的手"有关，也就是与市场经济中的价格机制、供求机制和竞争机制有关。但是，如果将像无菌包装那样的复杂性事物做这样一种逻辑关系的理解，认为是"看不见的手"对社会和技术的进步起推进作用，这样做对市场经济的复杂性的认识是远远不够。事实上，"看不见的手"在社会利益分配环节中，能否做到公平，会否导致一方极大地掠夺另一方的利益，变成为一只肮脏之手还未有定论。至少，在众多现实的复杂性技术活动中，我们会看到"看不见的手"是一只有缺陷的手，当缺陷被人利用的时候，就很可能变成为一只肮脏的手。为理解复杂性技术，现以无菌包装常温奶为例，从关联性、自组织、涌现、非线性、或然性、初始条件的极端敏感性、多样性七个概念出发，讨论无菌包装技术的复杂性。

第一，关于关联性。复杂性事物可能表现在内部之间有相关联的部分，是不可拆分的，一旦拆开，它就不是它了；复杂性事物也可能表现在与外部环境相互关联，无法把它与外界环境分离开，一旦分开，它又不是它了。从复杂性事物内部关联角度考察，常温奶无菌包装这项技术的内部关联性表现在包装企业和常温奶制造商的关联，包装企业要卖包装材料，常温奶企业靠无菌包装才能打开销路；从复杂性事物外部关联角度考察，利乐包装之所以能培养出草原双雄，是中国国情所决定的，只有在当时的条件下才会发生这样的事情。

第二，关于自组织。复杂性事物常具有自我调节和发展的特性，根据复杂性动力学的机制，有一个从简单到复杂变化的过程。利乐包装培养草原双雄的过程，一开始是利乐的包装技术能够满足常温奶的包装需要。利乐采取的是市场培育策略，给常温奶企送包装机械、送技术，只要企业答应购买利乐的包装材料。利乐还区别对待不同地区的企业，有意培养出草原双雄，让企业对利乐的包装材料产生依赖。而奶品消费市场选择了无菌包装的常温奶，于是常温奶战胜了巴氏奶，包装企业也赢得了巨大的市场份额和利润。在这个过程中，利乐和草原双雄是做了很多努力的，但无菌包装的常温奶在中国市场的兴起过程的进一步细节，用自组织的观点理解会更合适。

第三，关于涌现。复杂事物的局部不具有整体的性质，而整体具有的性质，也是组成这个整体的要素所不具备的。无菌包装常温奶这个事物，可以说是由无菌包装和常温奶两个要素组成。无菌包装常温奶意味着巨大的市场份额和巨大的利润，而仅仅是无菌包装，或仅仅是常温奶，如果分开的话，也就是像2000年前那样，无菌包装企业和常温

---

[1] 赵卓，韩玮. 刨底利乐中国"垄断"路 [N]. 时代周报，2014-09-09.

奶制造商都不意味着大的市场份额和巨大的利润。利乐加垄断性的常温奶企，一旦解决了南方牛奶消费量大，而牛奶产地却主要在北方的问题，牛奶的常温包装就快速发展起来。这就是一种涌现，是一种突然出现的，无法还原到底层的性质。涌现这种现象，是按部就班的努力永远也不会出现的。

第四，关于非线性。没有非线性就没有复杂性，但复杂性事物又是说不清楚一二的。复杂事物的每个层次的局部不能说明整体，低层次的法则不能说明高层次的法则。复杂系统要素间有非线性作用，表现为从规则运动向不规则运动的转化和跃变，会出现明显的间断性、突变性。例如，无菌包装常温奶的崛起过程就是如此。利乐灌装机在1979年就被用于生产"鲜宝"牌菊花茶，但经过了20年，利乐销售灌装机在中国市场并无多大建树。伊利还是一家小乳企，蒙牛还没出现。但是，一旦利乐培养出来无菌包装常温奶，就产生了突变。此外，非线性作用常常是非常没有规律的，小原因可以引发大后果，大原因也许不会引发什么结果。例如，利乐是做灌装机的，从相对较小的因素，也就是从包装材料下手，培养无菌包装常温奶，造就草原双雄。而在那个年代，有商家针对相对较大的因素着手，提高奶源质量，或提高奶品质量，却发现巴氏奶的奶企市场份额大幅下滑。还有，非线性系统对扰动和参量变化的响应，在一些关节点上，不是平缓的，即使在小范围内也不成比例。例如，利乐刚开始在中国做"鲜宝"牌菊花茶包装，即使努力很多年，也导致不了很明显的变化。但是做无菌包装常温奶，就出现了与以往努力所得有本质的区别，获得了巨大的利益。

第五，关于或然性。对于机遇的把握，行动的决策，当然会有必然的逻辑，但更多的都会表现为或然性。仅仅有必然的因果律的推演，凭借逻辑必然进行预测和计算，往往不会获胜的例子屡见不鲜。这一点，人人在自省中都会有所领悟。例如，利乐与伊利结合前，他们都做了多少努力，使他们走到一起，有多少必然性，还是有多少或然的驱使，只有当事人清楚。但南方奶品企业用利乐无菌包装，就弄不到多少优惠，而且不得不做一些事与愿违的活。

第六，关于初始条件的极端敏感性。也就是通俗说的蝴蝶效应，与混沌有关。事物发展通过分叉和分支，由多种发展因素驱使，然后再被放大，于是一种原来谁也没有当回事的小事件演化成为一种趋势、一种时尚、一种不可一世的状态。例如，20世纪90年代中期，伊利掌门人目睹南方乳企竞相谋划上市，而伊利的产品采用巴氏杀菌技术不易长期保存，限制了销售，企业难以扩大。但是，南方乳企谁也没注意到，伊利掌门人与纸业包装巨头利乐走到了一起，伊利了解到利乐可以帮助它延长奶品的保鲜时间，而利乐则看到中国乳业市场旺盛的需求，于是无菌包装常温奶开始兴起，市场份额重新分配，引发了巴氏奶和常温奶的大战，爆发了是否要喝鲜奶以及是提高还是降低奶品质量的争论。

第七，关于多样性。由于非线性的作用，复杂性事物发展的结果会表现出多样性、丰富性、曲折性、奇异性、多变性和演化性等特征。例如，无菌包装在20世纪50年代由利乐发明并首先在生产常温液体奶行业获得广泛使用，利乐公司的技术使高温灭菌乳制品快速发展，巴氏消毒的乳制品市场份额大幅下降。无菌包装从乳制品逐步扩大至果汁、饮料、汤汁、奶油、番茄酱及酒类等，伊利、蒙牛、三元、光明、汇源、娃哈哈、旺旺、王老吉等乳业和饮料行业都成为利乐的客户。无菌包装似乎成了一种时尚，一种文化。讽刺的是，利乐的成功，也为遭受的反垄断调查埋下了伏笔。在无菌包装众多市场上，占优势的企业对客户施加限制性捆绑条件，从而提高了新无菌包装供应商的进入门槛，使用利乐无菌包装成了一种惯例。直到20世纪90年代经欧盟委员会多次干涉，以及中国在2008年颁布《反垄断法》后，这种惯例才得以禁止。垄断的结果导致无菌包装利乐化，违背技术发展多样化的结果。我们更希望看到的是有更多品牌的无菌包装，以及有更多其他类型的包装方式供市场选择。

在这里，我们以无菌包装常温奶为例，认识什么是技术的复杂性，理解技术的复杂性，主要目的是引导大众关注一种新的技术思想和方法，在面对那些不能做简单化处理的事物和过程中，应避免做简单化处理，关注事物是否出现远离平衡的状态，那将产生突变，进入混沌状态，形成多个分叉，会出现新的机会。这是一种新思维方式和新方法，也就是复杂性思维和应对复杂性的方法，是一种新的通用技术。

思考题：
1. 如何区分复杂技术和技术的复杂性？
2. 什么是复杂性思维？
3. 为什么说与复杂性相关的思想和方法是一种新的挑战？
4. 为什么说与复杂性相关的思想和方法是一种新的通用技术？
5. 上网查阅与无菌包装常温奶相关的事件报道，联系后续发生的"禁鲜令"及"禁鲜令"解除事件，以及中国奶品指标标准的争议，思考技术的复杂性问题。

第三章
技术进步与社会发展

> 随着社会的发展，科学、技术与社会的相互关系变得越来越复杂。当今世界，科学越发技术化，技术越发科学化，科技越来越社会化，社会也越来越科技化，同时还出现了大量的科技负效应问题。在这一章中，我们主要关心技术与社会的相互作用，关心技术与社会的现实问题，思考如何做会更好。

第一节

技术与社会的相互作用

技术与社会都有各自的发展轨迹。技术不仅仅与眼前的生活相关，还与社会形态相关，技术活动作为人类适应生存和发展的活动与人类社会活动一样久远。自人类诞生以来，认识自然界的经验和技能就被用于改善生存条件，人们改善生活质量就需要积累和发展技术，我们有理由相信技术进步与社会发展结成了紧密的联系。

一、技术对社会进步的先导作用

（一）技术发展对社会变迁的作用

人类的技术活动都带有社会目的，同时与其他社会活动相关联，并产生一定的社会后果。考察人类所经历的几次重大的社会变迁，都与技术进步密切相关。科学技术是强大的生产力，是社会发展的强大驱动力。在社会发展过程中，技术扮演着不可或缺的角色，对人类生活产生了深远影响，实实在在地影响着社会发展。

技术革命促使社会变革。在原始社会向农业社会转变时期，农耕技术、冶金技术、手工业技术的发展，对当时的社会变迁具有举足轻重的作用。例如，冶铁技术发展，使铁制工具替代木料或青铜制造的工具，促进了农耕技术的大发展，也导致了水利技术的长足进展。与此同时，纺织新技术替代简单纺织，车船制造技术促进了更有效的人力和畜力交通工具。同样，在农业社会向工业社会转变时期，出现了工业革命，而工业革命主要是技术革命。在那个年代，人们经历了第一次工业革命是机器代替手工业，典型的代表是纺织技术和蒸汽机技术；第二次工业革命以电力的广泛应用为标志，不仅推动了机械化到电气化、自动化转变，还深刻改变了人们的生活方式。

在工业社会向后工业社会转变时期，信息产业、材料产业、能源产业逐步成为支柱产业。与以往不同，在后工业社会中，材料和能源地位上升了，又出现了信息或知识这样一个新的重要因素，其重要性排在了第一位。信息技术的应用和利用为科学、技术、文化开辟了交流和交融的广阔前景，并提供了许多新的可能性。数字化、网络化和智能化改变了人们的沟通、交换和生产方式，导致了第三次工业革命的发生，因此也极大地改变了人们的工作方式和生活方式，对社会产生深远的影响，也深深地影响人们生活的方方面面。

（二）技术进步对社会结构的影响

在信息化时代，以信息为基础的技术活动引起新的劳动分工。一个人，可以同时为几个老板工作。传统意义的地方工作和工作时间发生了改变，技术进步带来了极大的选择性和灵活性。第一产业和第二产业的从业人员逐步减少，而第三产业的从业人员逐步增多，职业结构出现两极化或界线模糊，顶端的高级人才与低端的简单劳动者或许同时增加，或许形成融合。在网络化劳动过程中，就业者有了新的分类，人们被分为"网络使用者""被网络连接者"和"非网络连接者"。网络技术的发展也导致了一个数字鸿沟，只有在网络鸿沟的这一侧，才会有更多的机会。要主动地使用网络，而不是被动的被连接，才能玩更精彩的游戏，这或许是我们这个时代的新特征。

人们享有现代生活便利，所消费的一切，都深受技术进步的影响。消费主体扩大和多样化、消费品升级换代加速和享受型消费泛化都是时代的新特征。得益于技术进步，我们现在可以买更多的食物，可以选择更适合更漂亮的装着，可以有更多的享受活动。我们的消费，已经不仅仅是生存型消费，还有包括教育、娱乐服务的发展型消费。技术进步对消费结构的影响主要表现在享受型消费需求扩大，非物质形态的消费占比提高，人们也逐步养成了新的消费习惯。

（三）资源利用的通用技术

在农业社会和工业社会中，人类生活质量提高主要依托的资源类型是单一的。如果把资源划分为再生资源和非再生资源两大类，农业经济社会主要依托的是自然资源中的再生资源，而工业社会主要依托的是自然资源中的非再生资源。从资源的利用角度看，农业经济的技术活动主要是对再生资源的利用，而工业经济的技术活动主要是对非再生资源的利用。在农业社会和工业社会中，物质和能源是主要资源，人们从事的主要生产活动主要是物质性的。由于技术的进步，工业社会向后工业社会转变，在资源利用方面，最显著的新特征是，信息和知识成为重要的生产力要素，和物质、能量一起构成社会赖以生存的三大资源。

如果说，农业社会的通用技术是可再生资源的利用，工业社会的通用技术是不可再生资源的利用，那么在知识经济社会，通用技术主要是信息和知识的利用。物质资源的特点是有限性，利用可再生资源的通用技术往往表现在对资源的有效利用和保护，在开发利用的同时形成可再生资源的增长模式；利用不可再生资源的通用技术往往表现在合理开发利用与环境保护。像信息和知识这样的非物质性资源，其最大特点在于可以是无限的，通过使用不但不会消耗，还可以增值，利用这种资源的通用技术往往表现为信息挖掘和管控。

二、社会进步对技术的促进作用

（一）技术决定论及其困境

进入工业社会以来，技术对社会的作用越来越明显，人们更关注对技术和社会关系的认识。技术决定论其实并不是一个明确的术语，这是因为人们对"技术"这个概念本来就有不同理解。典型技术决定论的观点认为技术是唯一决定社会结构、社会文化甚至社会发展的关键因素，科学技术是推动历史发展的直接动力，人类社会的发展表现为技术的进步，而技术进步意味着社会进步。技术决定论进一步认为，"技术已经成为一种自主的技术"，它包含了某些本来意义上的后果，表现出对人和社会做强加性的调整，而不管人们是否喜欢。于是，技术规则会渗透到社会生活的每个角落，技术按照自己的逻辑行事，调节、支配社会和文化的发展。技术乐观主义认为，技术可以解决人类一切问题，人们会享受技术带来的更大幸福和可靠保障。然而，随着社会的发展，人们进一步认识到，在人类社会中，技术并不是按一种内在的技术逻辑发展的，而是社会的产物，由产生和使用它的条件所确定。事实上，一项特定的技术发展路径不是唯一的，在产生和使用过程中，都会涉及一系列的选择。在这里要强调的是，我们否定技术决定论并不是不要技术，而是要把技术放在一个更广阔的社会背景之中，把握技术的发展。

（二）技术社会建构论的兴起

技术的社会建构论强调技术是在人类活动中形成的，技术活动应被理解为一个社会过程。技术发展受各种社会因素影响，技术本身是社会的技术，技术活动是社会活动的一部分，是一种特定的社会文化实践，技术行动人之间的互动构成了技术选择的环境。人们的习惯、经验、价值、组织、思想和风俗等都是强有力的力量，它们都以特别的方式塑造着我们的技术。技术发展是技术与社会相互适应、协同演化的过程。因此，一项技术的好坏，不能简单地根据其效用做出功能性的评价，而是需要用社会因素来解释。强调技术的社会属性，不是否定技术的客观实在性，只是在这种观察视角下，认为许多技术并不是按一种内在的技术逻辑发展的，而是在多种因素的共同建构中产生和发展的。技术的社会建构论是一种把握现代世界的基本方式，打破了决定论式的思维框架，形成了具有演化思想的技术发展观。用演化这个生物学的词汇描述技术发展，突出了技术的多样性、继承性和选择性的内涵。用演化的观点看待技术发展，一开始就带有强烈的人为关注，或者说是政策关注。人们既不能完全被动地适应某一项技术，也不能给出一个完美的设计和规划，而只能利用各种工具及措施，在技术发展全过程中，介入对技术的社会建构，促使技术发展有利于社会发展。

（三）重视技术发展的社会条件

面对发展问题，会有不同的思考，人们往往由于对发展的条件理解不同，形成不同的判断。早在战国时期，就有一个鲁人卖鞋的故事，说明了社会条件对技术发展的影响。

战国时期，有一个鲁国人擅长编草鞋，他的妻子则擅长织白绢。可是，由于鲁国是一个小国，且做这些行当的人比较多，因此他们的生意并不怎么好，只能勉强维持生计。

鲁国人心想：以自己做鞋的技艺，如果到其他国家去，一定大有所为。一天，他对妻子说："咱趁现在还有些盘缠，去越国那边发展。"他的妻子听后，觉得很有道理。于是，夫妻俩收拾行装，准备出发。就在这时，一位友人前来拜访，见他们整装待发，便好奇地问："你们夫妇这是准备去哪儿呀？"

"在鲁国混不下去了，我们准备去越国看看。"他无可奈何地回答说。

"越国？你们去那儿能做什么？只会更加贫穷的。"朋友劝慰道。

"为什么呢？难道以我们的技艺会在越国没有饭吃？"他有些生气地说。

朋友没有直接回答他，而是反问他最擅长做什么。

"这还用问，当然是做草鞋和织白绢了。"他淡淡地说。

"草鞋是用来穿着走路的，而越国人习惯于光脚行走，根本不需要鞋子；白绢是用来做帽子的，而越国人习惯于披头散发，对他们来说毫无用处。如今，凭着你们的长处，到用不着你们的地方去，你们认为将会有所为吗？"

后来，这个鲁国人听从了朋友的建议，去了齐国。在那里，他们夫妻俩充分发挥自己的特长，草鞋和帽子都十分畅销。①

今天，人们在发展问题上，会受到更多更复杂的社会条件的制约。例如，如果技术水平不高决定了必须大力发展技术，而社会条件不利却又制约着技术发展，那我们是发展技术的社会条件还是发展技术本身？哪一个更重要？其实任何事物都存在某种程度上的因果联系，但是原因和结果却不是必然的。如果 A 是原因，B 是结果，A 和 B 构成一种因果联系。但是，对于像发展这样的一些复杂事物，同一原因，结果可能会不同。与简单性思维方式不同，用复杂性思维方式理解发展问题，没有因果必然性，只有因果相关性，其变化和发展表现为一定的或然性，而具有因果必然性事例的适用范围是很狭窄的。虽然，社会条件和技术发展只有或然性，但选择发展道路，必须重视技术发展的社会条件，社会需求、经济、政治、文化都是推动技术发展的重要因素则是明确的。

三、面对新工业革命

18 世纪晚期从英国发起的技术革命和与之相关的社会关系的变革，称为第一次工业革命，以纺织机械化为特色，使用机器代替手工制作产品。20 世纪早期从美国发起的第二次工业革命，以流水线生产和电力驱动为特色，开始了大规模生产时代。"第三次工业革命"，主要指 20 世纪 70 年代开始的用电子和 IT 技术实现制造流程的进一步自动化。而"第四次工业革命"是基于信息物理融合系统，包括新能源、智能制造、生物电子、新材料等技术革命。所谓"工业 4.0"概念包含了由集中式控制向分散式增强型控制的

---

① 周礼. 鲁国人卖鞋[N]. 南昌晚报，2011－12－14.

基本模式转变,目标是建立一个高度灵活的个性化和数字化的产品与服务生产模式,传统行业界限将消失,各种新的活动领域和合作形式会不断出现,创造新价值的过程正在发生改变,产业分工将被重组,第四次工业革命正在重新塑造着人们的生产生活方式,将给人类社会带来更为广泛深远的影响。

(一)认识新工业革命

正在兴起的第三次工业革命思潮在欧盟被称为新工业革命,它既意味着技术创新和结构性改革,同时又是生产方式的新变革。2012年5月,欧盟公布有关"新工业革命"的备忘录,提出欧盟新工业革命的目标在于"改变碳氢化合物为主的能源结构,更有效和可持续地利用资源,同时大力推进新的生产方式,包括数字技术、先进材料、关键使能技术(指新技术以及应用现有技术生产新产品、提供新服务或提高生产效率)、机器人、可再生能源、原材料的回收利用等"[①]。以上提到的新技术和新材料,虽然涉及许多不同的应用领域,但都带有低碳经济时期提高生产技术低碳竞争力思想,都是为了适应人类社会的可持续发展需要而发展起来的,这些都是在技术教育中关注的主要问题。

1. 数字技术

数字技术也称数字控制技术,它是指运用二进制数字"0"和"1",通过一定的设备,来表达、存储、传送和处理所有信息的技术。就好像我们熟知的通信、办公、出版、娱乐领域一样,制造业和服务业的数字化生产使制造和服务变得更智能化、更个性化。今天,数字技术不仅仅是指数字媒体,还进一步发展成为数字服务和数字制造。例如,一件复杂的工件,从设计,到试验,再到制造以及与产品相关的服务都可以数字化。工件在实际被制造出来之前,先制作成数字三维模型,人们可以环绕模型观看和测试,方便设计的改进,然后再用三维叠加工艺,将这个工件打印出来,再借助物联网进行交换和流通。数字技术就好像数字媒体复制一样,数字制作不存在母版问题,制作出来的每一件工件都是一样的,或者所提供的服务都是相同的,这意味着效率的提高和产品质量保证;数字化设计和制作要做优化改进,也是轻而易举的事情;数字化的边际成本会明显下降或趋向于零,意味着数字化能大规模普及;数字化还意味着小批量定制的可行性,也意味着个性化张扬,不但能在虚拟世界实现,在现实世界中规模化普及也正在成为现实。数字化意味着许多类别的大规模集中化生产逐渐会被地区性的小规模定制取代。

2. 先进材料

今天的先进材料有很多种类,在许多场合下都有长足进展,在多个领域都给人们带来了焕然一新的感觉。常见的先进材料包括新型金属材料、电子信息材料、新型化工材料、新型建筑材料、新型复合材料、纳米材料、新型稀土材料、新型陶瓷材料、新型碳材料、生物医用材料等。例如,有一种"自洁玻璃",作为一种新型建筑材料,能克服普通玻璃表面易产生静电,会吸收空气中的灰尘、废气等杂质,极容易脏污等缺点,能

---

① 姚铃. 欧洲新工业革命本质是一场能源革命 [J]. 经济,2012 (12).

有效避免或减少人们擦窗户的麻烦。自洁玻璃是在玻璃表面涂覆具有光催化活性的纳米材料，使玻璃表面具有超亲水、分解有机物等功能，即自我清洁功能。现代城市，不但玻璃窗越来越多，越来越大，而且还出现了大量的建筑玻璃墙面。玻璃拥有自洁功能，就好像工业革命使一般民居的窗户纸变成玻璃时人们感受的那样，当一场大雨过后，整个城市会出现"洗心革面"的动人景象。不同的是，过去的玻璃窗户是各家各户的感受，而今的自洁玻璃是整个城市的感受。自洁玻璃的应用远远不止于此。近年光伏是新能源非常重要的一部分，自洁玻璃能够解决光伏板表面附着污渍使光伏发电效能大打折扣的问题，从而节省人力清洗成本，降低光伏发电成本，促进新能源的开发应用。

3. 关键使能技术

使能技术是指应用新技术和现有技术生产新产品、提供新服务或提高生产效率。欧盟委员会在2009年9月公布的一份名为《为我们的未来做准备：发展欧洲关键使能技术总策略》文件，该文件将纳米科技、微纳电子与半导体、光电、生物科技及先进材料等五大科技认定为关键使能技术。例如，目前光电技术的应用就非常广泛，包括生活、科学、医疗、农业、工业、军事等广大领域。比方说，在现代办公设备方面，激光打印机和激光复印机就是光电技术应用的产品。另外，光电技术在材料加工行业，光打孔、焊接、微加工和切割等诸多方面都有广泛的应用，所取得的效益非常可观，光加工已经成为一种广泛的加工方式。在激光眼科治疗、激光治牙、激光微创手术、激光光敏技术等方面，激光发挥着不可替代的作用。在通信应用领域，光电技术在信息检测、信号传输以及通信、存储方面都有广泛的应用。在危险场合的安全应用方面，红外传感器、红外一氧化碳传感器发挥了关键技术的作用。

4. 机器人

机器人是一个多种高新技术的集成体，它融合了机械、电子、传感器、计算机硬件、软件、人工智能等许多学科的知识，涉及当今许多前沿领域的技术。机器人的特点是有类人功能，能完成各种动作，还可以根据人的编程自动完成工作。由于可以编程，机器人可以改变它的工作、动作、工作的对象和工作的要求。如今机器人应用范围越来越广，从工业应用扩展到几乎所有的非工业应用，有侦查机器人、排雷机器人、空间机器人、潜水机器人、手术机器人、采摘水果机器人、服务机器人、教学机器人等。机器人应用是无限制的，只要能想到的，就可以去创造实现。随着技术的进步，机器人智能化得到加强，机器人会更加聪明能干。

5. 可再生能源

可再生能源是指在自然界中可以不断再生、循环利用的资源。这种能源的利用对环境无害或危害极小，而且资源分布广泛，适宜就地开发利用，减少碳排放。可再生能源主要包括太阳能、风能、水能、生物质能、地热能和海洋能等。新能源革命是新工业革命的引领者，与前几次一样，新工业革命必须得到很多不同方面的支持，否则将很难实现。新工业革命的支柱包括以下五个方面：（1）向可再生能源转型；（2）将每栋建筑转化为微型发电厂,以便就地收集可再生能源;(3)在每一栋建筑物以及基础设施中使用氢和其他存储技术,以存储间歇式能源;(4)利用联网技术将每一地区的电力网转化为能源共享网络,这一共享网络的工作原理类似于互联网,成千上万的建筑物能够就地生产出少量的能源,这些能源多余的部分既可以被电网回收,也可以在各地区间通过联网而共享;(5)将运输工具转向插电式以及燃料电池动力车,这种电动车所需要的电可以通过地区间共享的电网平台进行买卖。①

6. 原材料的回收利用

在现代社会中,很多人都能够接受环保意识,但实际努力做的人却不多。可能的原因是觉得像原材料的回收利用这样的事还不那么紧迫,大量的生产与消费活动,造成了大量的垃圾。另外,可能是循环经济或者说绿色经济代价太高,不愿意做。如果大量的垃圾没有妥善处理的方法,将会影响环境卫生,危害我们的生存环境。解决垃圾问题,可以是提倡低碳生活理念,减少消费以减少垃圾的产生;也可以是尽可能地重复使用产品,延长产品的使用寿命;还可以是有效回收废旧资源,再生利用,甚至在产品设计阶段就考虑回收利用的问题。例如,在饮料包装技术上,推出了低碳环保的RPET材料,将PET瓶加以循环再用,用于生产帽子、T恤、腰包和衬衫等产品,通过包装材料使用、回收和再利用,多次提升原材料的使用价值,推广通过从源头减少垃圾、回收利用等环保做法。

(二) 新工业革命带来了什么

新工业革命给社会发展带来巨大的影响。在新工业革命思潮的影响下,人们的观念更新问题显得日益重要和迫切。从一般意义上看,要解决观念更新问题,首先需要提倡多元意识。这里说的多元,是指多因素、多方面、多角度、多方法和多关系等,是相对于习惯的单一、片面、静止、绝对等而言。以下通过四个方面,从一般意义层面上理解新工业革命给我们带来了什么。

1. 数字化生活

数字时代的到来,给人们生活方式的变革带来巨大影响。这种变化是从人们之间的交往方式的变化开始的,也就是人与人之间的关系变得"比特化"。首先,数字技术和网络技术从深层次改进并加速了这一过程,"速度"成了时代的标签。今天,人们的生活形态在数字生活的影响下表现出多维性,有传统的生活方式,也有虚拟的生活方式。现代人对数字生活时代的到来的感受,正在从主要是由数字文化生活逐步扩展到数字服务和数字制造等方面。正如航海技术发展,使那时候的人们感觉世界突然变得很大,而身处网络时代的人们又感到世界开始变小,小到身处的地球就像一个村庄一样。在这样的社会生活中,人们的工作和生活更多依赖多个技术平台,每天要收集和处理大量的数

---

① 杰里米·里夫金. 第三次工业革命:新经济模式如何改变世界 [M]. 北京:中信出版社,2012.

据信息，以满足人们日常工作和生活方方面面的需求，有效、可控、安全等成为人们美好生活的新体验。"云"的出现就是一个很典型的事例，云计算将计算任务分布在大量计算机构成的资源池上，使用户能够按需获取计算能力、宽带资源、存储空间和信息服务。于是出现了"云"资源，云计算将计算资源集中起来，并通过软件实现自动管理，无须人为参与。得益于云计算，不但基于网络的虚拟互动社区更加有效，还出现了物联网技术，使任何物品都与互联网连接，进行交换和通信，实现智能化识别、定位、跟踪、监控和管理。数字化生活的一个重要目的是使我们这个世界的人和物都变得"智慧"，要向"智慧城市""智慧交通"和"智慧生活"方向发展。

2. 理解集中和分散

由于数字化和网络化的普及，人们习以为常的集中化方式也受到了挑战。集中化的优势在于，在整个竞争中没有取得成本优势或差异化的优势的情况下，在局部或比较狭窄的范围内集中力量，形成局部的成本领先或差异优势。目前，经济全球化往往采取"集中生产、全球销售"的生产组织模式，大量产品和物品从遥远的生产国运销到消费国，这种长距离运输产生大量的碳排放，造成了巨大的环境和能源压力。以3D打印为基础的数字化生产方式和以物联网为基础的交换方式，使每个人都有可能成为产品的生产者和销售者，从而出现了"社会制造"和"社会服务"的生产方式，也就是所谓的分散式生产方式，这种分散式和社会化的生产方式将更有助于促进经济增长和社会进步。目前，比较成熟的分散式生产有分散式计算、分散式光伏发电、分散式供水和分散式污水处理等。

现行的集中化生产是因为要适应工业化大生产，由于分工越来越明细，而人们在缺乏有效沟通设备的情况下，把劳动力集中起来进行大规模生产，完成了生产方式由原来的"分散式"生产向"集中式"生产转变。而数字化、网路化和智能化的普及，由于沟通、交换和制造的有效性提高，促使分散式生产方式的再次兴起，内地与沿海地区的差别会变小，"就地工业化"和"工农业比邻相伴发展"将逐渐成为新的发展模式。

3. "小众化"

"小众化"是相对于"大众化"而言，是指社会中有一些自然人群源于不同的兴趣、爱好或品味而形成多种小圈子的趋势。在这里谈小众化，并不是否认大众化。根据以后要介绍的长尾理论，在工业社会中，大众化肯定是一个方向，但是小众化也开始越来越值得注意。随着新工业革命的深入发展，社会观念也会发生变化，以往仅仅提倡为大众服务的口号，逐步地还会出现一些新的口号。随着小批量定制的迅速发展，为小众服务越来越深入人心。从大众化到小众化的变化，反映了技术发展的一种趋势。在网络上，小众化趋势变得十分明显。同样，在物联网上，小众化趋势也表现异常清晰。这些都是现实社会在虚拟的网络和真实的网络中的反映。事实上，社会网络经历了一个从小众化到大众化，再到小众化的过程。不同时期小众化的内涵是不同的。早期的网络，小众化指的是网络的使用范围还没有得到很好的普及，而今天的小众化，是指网络人群的小众化。在新工业革命时代，不仅仅在网络有小众化的趋势，与沟通、交换领域相同，在设计、制造和服务领域，也出现了小众化的趋势。这是因为，今天的技术能够支撑小众化消费，我们的社会正在进入小众化消费时代。

4. 零边际成本社会

当今世界出现了一种新的经济形式，即协同经济或共享经济，它是一种的全新经济模式，仿佛当年资本主义出现一样。这种经济形式建立在分享的基础之上，和过去交换式的经济截然不同。是什么促成了这种新经济形式？笔者认为，非常重要的一条就是零边际成本。

发展经济的第一要务是什么？就是找到新技术，它促使我们生产产品和服务时边际成本不断降低。过去所有的工业革命都如此，大家都是在降低边际成本，只不过这次边际成本可以降到接近于零。

为什么说我们正处在一个新的工业革命当中？其实所有的一切都是源于我们的互联网。

我们一开始以为互联网是出于信息交流的需要，但它正在不断地演进、不断地进化成一种新的超级互联网，这个超级互联网有很多新的功能，比如变成了一个超级的物联网。此外，我们现在还有能源互联网，我们所有的交通方式也全部互联网化了，所以说我们现在有一个"三网合一"的现象，也就是说在网上不光有信息的流动，而且还有能量的流动和物品的流动。

在零边际成本社会，一旦固定成本完全回收，极端生产力就会减少生产、分销以及回收经济商品和服务所必需的信息、能源、物质资源、劳动力和物流成本。从所有权转到使用权，这同时意味着更多的人在协同共享上分享更少的东西，这就大大减少了新产品的销售量，从而减少了资源消耗，进而减少排放到大气中的温室气体。换句话说，向零边际成本社会急速迈进，并在协同共享上以接近免费的方式分享绿色能源和一系列基本商品和服务，这是最具生态效益的模式，也是切实可行的最佳可持续经济模式。向接近于零边际成本的目标迈进，就是为人类在地球上创造一个可持续发展未来的最终基准。[①]

(三) 我们该做些什么

在人类历史上，新一轮工业革命的爆发，催生世界格局的重新构建。英国抓住了第一次工业革命的机会，美国抓住了第二次和第三次工业革命的机会，先后崛起成为世界工业强国的首领。如今，进入了新工业革命时代，中国也第一次站在了领跑者的位置。技术教育改革与发展是无法回避新工业革命带来的影响和挑战的。如今，如何开展技术教育，如何提高技术学习的质量和水平，是摆在每一位从事技术教育工作者面前的新课题。

---

① 杰里米·里夫金. 零边际成本社会[M]. 北京：中信出版社，2014：10.

在新工业革命时代，科学、技术、市场、经济、社会和文化等多层次因素及它们之间的互动更明显，构成了变化和复杂的技术教育的外部环境。由于技术进步的速度越来越快，技术教育的外部环境也在发生广泛而深刻的变化。有代表性的变化表现在以下三个方面：第一，技术变革更多以技术融合的方式进行，这是由于技术水平发展到一定程度，很难有突破性进展，往往用技术融合的方式来取得突破。融合后的技术在功能和先进性方面都是单一技术无法可比的。第二，创新活动更多表现为协同创新，通过深度合作，使创新资源和要素有效汇合，突破创新主体间的壁垒，释放彼此间的优势和活力。第三，新工业革命对人力资源需求的结构产生重大变化，社会需要与新技术对应的高技术劳动力，在以数字化与智能化为主的新工业体系中，需要大量的人操控数字化和智能化设备，需要更多的互联网＋服务商和与之相关的技术人员与此相关的知识型员工成为企业的核心资源。

技术教育环境的巨大变化，将对技术教育产生巨大的影响，我们应该采取什么样的应对策略呢？首先，环境的变化会影响和改变技术教育学习的内容，在有限的技术学习时间内，挑选什么技术学习内容对培养学生的技术素养才比较适合？是选择多一些新技术和新知识学习，还是更关注基础性技术的学习？其次，环境的变化影响和改变技术教育实践环境模式，我们是继续学习使用锤子、锯子、机械加工技术，还是挑选一些与当今社会发展密切相关的技术活动开展操作学习？再次，环境变化影响和改变技术教育的学习方式，是继续沿用传统方式学习，还是逐步实现数字化学习、合作学习和项目驱动学习等多元化学习？以上这些都是一些值得思考和探讨的问题。

思考题：

1. 如何理解技术发展对社会变迁的作用？
2. 如何理解时代不同资源利用的通用技术也不相同？
3. 通过"鲁国人卖鞋"这个故事，如何用技术的建构论解释要重视技术发展的社会条件？
4. 新工业革命对技术学习发生了什么影响？

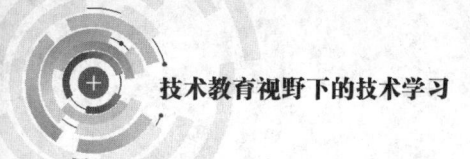

第二节

技 术 选 择

人们在解决技术问题的过程中,都会面对条件不良或资源有限等约束。如何在有效实现问题解决目的的同时,确定和控制非预期结果,做正确的选择,显得非常重要。面对竞争日益加剧的世界,有必要一般性地考察技术的社会形成过程,培养技术选择能力。可以说,技术选择已成为国家、地区、企业直至个人赢得生存空间和持续发展的关键。

一、对选择的基本认识

技术选择是一个过程,选择者为实现一定经济的、技术的和社会的目标,考虑多个因素,考虑各种约束,选择技术思想、技术方法、技术策略和技术方案等,为正确决策提供有效依据,使技术活动得以顺利进行。

(一)为什么要做选择

在美国亚利桑那州图森市附近,沙漠和草原生态学家顶着酷热,长期以来一直监测着一块沙漠地带。几代科学家在此进行了持续80年的测量和拍摄,对这块土地上的观察是所有无间断生态学观察中时间最长的。根据研究得到的沙漠变化的数据,生态学家得出结论,多变的降雨量是沙漠生态延续的关键。每年降雨的情况稍有不同,才能使每个物种略微脱离平衡态。如果降雨量变幻多端,那么物种的混合群落就会增加两到三个数量级。反之,如果每年的气温循环周期和降雨量保持不变的话,美丽的沙漠生态总是向着单一乏味溃缩。"均衡即死亡",这个观点在生态科学圈内流行时间还不是很长。[①] 生物的多样性给选择带来了更多的可能,选择的结果表现出生物进化的一种强大趋势,带来了欣欣向荣的大自然。与生物进化论中物种多样性导致环境对物种的选择一样,在技术体系中,由于技术的多样性,各种选择过程就会发生。技术常常带给我们的是不断变化的差异,多样性增加了,可选性增强了。与生态学类似,由于技术的复杂性,社会活动中的选择往往是一个复杂且不太理性的过程。

一般人都会有很多选择的经验,外表的选择、梦想的选择、健康的选择、开始的选择、环境的选择、身份的选择等。通过选择,从指定关系中选择出符合条件的,并组成新的关系,以利于把握机遇,期望获得更好的收获。选择也是为什么城市比乡村更吸引人的一个主要原因,那是因为在城市可以得到更多的选择和更多的机遇。多样性增加导

---

① 凯文·凯利. 失控:机器、社会与经济的新生物学 [M]. 北京:新星出版社,2010.

致更多的选择，而适当的选择又促进了技术的进步，然后又会产生更多的机会。当机会不断涌现出来时，我们获得了差别、多样、替换、选择、机会、可能和自由的可能性，这些就是技术带给我们的东西。技术的根本在于不断扩大造成差别。因此，当我们拿着铁锤工具，我们握住的其实是技术，把握和创造出差别、自由、选择和可能。机会将创造出更多的新机会来。①

（二）技术的分类

技术按先进程度分类，可分为先进技术、中间技术和落后技术。先进技术在各种技术水平中名列前茅，代表一定时期技术发展的新方向和新高度，对社会发展和经济发展将产生重要影响。中间技术是处于中等水平的技术，如果从适用的角度综合考虑技术水平，又提出了适用技术的概念，强调的不是技术水平上的先进或落后，而是强调技术在现实条件下的适用性效果。落后技术是处于低水平的技术，往往是技术发展淘汰的对象。由于很难对技术的先进程度进行准确的区分，往往通过对技术寿命周期的分析来确定技术水平。一般来说，技术寿命周期按其发展顺序可分为四个阶段：投入期、成长期、普及期和衰退期，如图 3-1 所示。一项技术的先进水平是相对的，在投入和成长阶段，这项技术属于先进技术，而在成长普及阶段，这项技术就变成了中间技术或适用技术，而到了衰退阶段，这项技术就变成了落后技术。

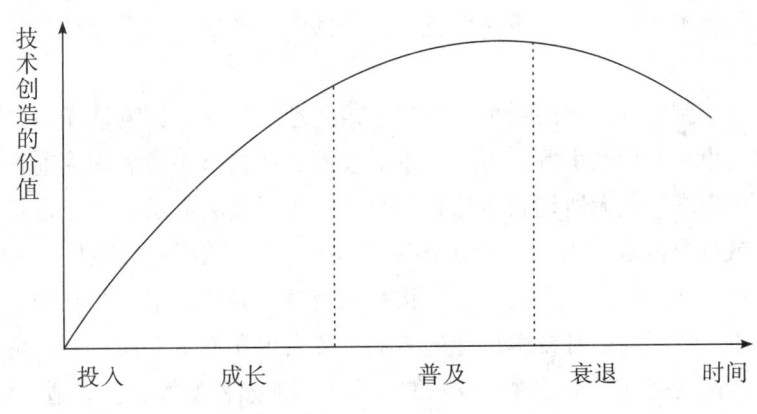

图 3-1　技术寿命周期图

技术生命周期对技术的选择有很好的指导作用。要把握好技术生命周期，不但要重视好的技术创新，更要重视恰当的技术运用和对市场的把握。对技术的使用者来说，技术水平的高低和使用水平往往是矛盾的两个方面。例如，对于发展中国家或地区，由于资金与技术短缺，而劳动力丰富，引进劳动密集型技术比较适合现状，而且有利于技术的消化和推广。但是，这些中间技术往往相对效率低，将严重影响市场竞争力。同样，

---

① Kevin Kelly. How Technology Evolves [EB/OL]. http://www.ted.com/talks/kevin_ kelly_ on_ how_ technology_ evolves.html.

一个公司的技术部门是以技术为导向的,他们倾向认为没有技术部门的成果,公司将不会存在。而市场部门则是以盈利为导向的,他们倾向认为公司的产品是市场部门卖出的,如果不卖出产品,不用说搞研发,连正常维持也保证不了。对个人来说,也会遇到类似的问题。例如,一个专业摄影师,装备了许多昂贵的摄影器材,而且能熟练使用,自我感觉似乎很不错。但不知不觉,数码产品发展太快,不但有产品更新换代的问题,更要命的是业余摄影师也有了很好的装备,也可以参与本来很多专业摄影师才能玩的游戏。技术的进步促使技术使用者不得不面对技术的先进程度和适用问题,其根本问题之一就是技术水平的选择问题。

(三)技术选择的主要因素

选择是有目标的,从这个角度理解选择,影响选择的主要因素有经济目标、社会目标和文化目标等。经济目标影响技术选择,常表现为人们以较少的资源投入获得更大的效益。于是,消除经济活动中的负面和低效影响,提高资源的利用效率,发挥现有资源作用。社会目标影响技术选择,常表现为技术活动的结果应首先满足人们的基本需要,有利于社会稳定,促进社会进步。文化目标影响技术选择,常表现为技术活动的结果应满足特定人群的人文需要,有利于文化的发扬光大,促进社会和谐。对于微观技术选择,主要考虑的是经济目标。而对社会的目标和文化的目标,往往要依赖法令、准则和习惯做保障。而宏观技术选择,则在考虑经济目标的同时,必须同时考虑社会目标和文化目标等。

选择往往还受到各种各样的约束,从这个角度理解选择,影响选择的主要因素有需求约束、资源约束和环境约束等。需求约束对技术选择的影响常表现为前提性的,没有经济方面产生的需求,就无所谓技术选择,只有产生了实际需求,才有选择必要,才会有为满足效益或解决问题的努力。资源约束主要有物质、能源和信息三个方面。现在,最为关键的资源往往是信息,更具体讲是指掌握信息的人,做选择受到的最大约束,是人才有限的约束。环境约束对技术选择的影响主要表现在三个方面。第一是技术环境约束,是指技术应用的基础设施条件、技术能力和市场成熟程度等,没有适当的技术环境,谈不上技术应用,技术也就不能作为被选择的对象。第二是社会文化环境约束,既包括制度、习惯、价值观念等对技术选择的影响,也包括社会文化、组织文化和个人文化对技术的影响,而人的自主意识和想法以及所做的选择往往可以摆脱这方面的约束。第三是自然环境约束,在环境保护意识和可持续发展观已经深入人心的今天,对技术的选择,往往是强制性的,以保护人类赖以生存的环境。

(四)选择促进发展

考察人类历史,我们可以看到,技术选择深深影响着社会进步和技术进步,选择什么意味着有怎样的机会。例如,早期人类可供技术选择的余地十分有限,而且原始技术并不都是选择的产物。但是,一些划时代的技术选择,深深影响着人类历史的发展。很早以前，人类就学会了使用火，为自己提供光明的同时，不经意间选择了吃熟食。人们生火做饭，就有很多种东西可以吃了，而且很多东西必须要用火烹调，不然是不能作为食物的。于是，人们渐渐习惯于依赖熟食，如果没有火，那么我们根本无法生存。吃熟食的习惯使人的营养提高了，疾病减少了，寿命延长了，使技术的传承更有效，进一步促进了技术进步和社会进步，人类也越来越兴旺发达。但是，早期人们利用火的技术水平还很原始，往往一不小心就导致森林和草原大火，对整个生态系统造成极大的影响。考察技术选择对社会进步影响，我们得到的结论是，选择的作用越来越明显。考察具有时代代表意义的技术发展和技术选择的速度，石器时代经历了数万年，铁器时代经历了几千年，而在近几百年间经历了蒸汽机时代和电气化时代，近几十年，出现了众多具有时代意义的高新技术，人们在生产和生活上，可供选择的技术越来越多，对技术和社会进步也产生了今非昔比的影响。

二、选择的路径

（一）技术自身发展逻辑

我们说技术的进化与生物进化相似，技术在其发展过程中具有三个宽泛的特性，即多样性、继承性和选择性。技术的多样性表明，技术作为体系和过程存在并不是静止的、孤立的，技术间有可能发生相互作用，衍生出新的技术意义。随着技术的不断积累，产生出的技术可能空前膨胀，多样性既是技术演化的结果，同时也是技术选择的前提；技术的继承性表明，在人造世界出现的新事物都是以现存事物为基础的，技术演化体系化具有持续性，技术不断由环境来塑造，可以延绵不绝地持续演进，不仅仅是自我重复，而是在各种因素促使下不断革新，引起技术进步的突变，是引起技术选择需要的关键所在；技术的选择性表明，与生物进化主要决定于环境对物种的选择作用不同，技术选择是人们追求某种目标时所做的努力，在技术多样化的前提下，选择是不可避免的。

解释技术演化的理论有好多种，其中有三种典型的说法。第一种是技术发展动力说，认为技术的演化动力来自技术系统的内部，或者认为是技术和科学相互作用的结果，或者是由于需求拉动，技术就在这三种力的作用下不断由低级向高级发展。第二种是新熊彼特主义关于技术演化的理论，认为变迁是一个演化过程，会受制于多种因素的影响，有经济因素、制度因素和社会因素，技术形成存在多种可能的方案，需要通过选择机制来确定演化方向，技术创新和技术融合是导致技术演化非线性的动力。第三种是社会建构的技术演进理论，与第二种理论相同的地方是认为技术发展是一个演化的过程，都需要做选择，但强调技术进步是多种因素所决定的，而不是由一元主要因素促动的过程。对于某一项特定的技术，它的发展逻辑首先是由它存在其中的技术体系决定的。

上面提到的体系，其实是与系统对等的一个概念，所谓系统，是指由多个要素组成的具有特定功能的整体。技术体系作为社会系统的一个子系统，从这个框架出发，我们可以看到技术的发展更大程度上取决于体系自身的动力，选择就是其中一种基本的动力。与过去手持工具的人就是技术个体不同，今天的技术特性越来越多以机器的形式体现出来，人不再是技术个体的主要形式，人与机器组合构成技术个体，人和实物技术的关系发生了根本性的变化，技术体系化的思想就产生了。从技术体系的观点理解技术发展，那么技术体系就应该是一个自组织结构，技术体系应该具有某种内在的目的性，技术的发展不是简单的逻辑因果关系，也不是线性的简单积累，而是技术、科学、社会、经济、政治、文化、意识等各方面的非线性相互作用结果，也是一系列选择的结果。

（二）技术的社会选择

社会选择是技术发展的一个主要因素。通过社会做技术选择主要有两种路径：一种是人为干预，通过分析、计划、投票等来做选择；另一种是靠市场机制，通过供需、价格、竞争、风险等要素间的互相作用实现选择。技术发展的社会选择，是社会对技术发展施加作用的重要环节，是构成决定技术命运的一种社会活动，也是社会塑造技术的具体表现。在具体选择过程中，产生技术与社会的相互认同，技术就得以发展。技术发展困难，往往表现为技术在社会选择中出现了问题，如对选择的认识模糊、选择能力不高或技术选择的途径不正确等。社会对技术的选择结果表现为技术发展的社会调节，人们要努力完成的任务是建立其适当的技术社会体系，形成调节机制，借助适当的市场机制和人为干预机制，对技术的发展进行有所侧重的调整和引导，以促进技术的发展。

技术选择往往与技术创新相关。在一个技术体系中，会发生两类创新的尝试。第一类是一种持续性创新的尝试，技术创新对技术体系自身没有引起危机，也就形成无突变的技术发展，技术体系还是原来的，只是功能更完善了，是一种渐变过程。但是，如果技术发展表现为对原有体系的破坏，要在一个新的平衡点上重构一个新的技术体系，那么，具有突变性意义的技术选择和技术进化就会产生。也就是说，不同的条件决定了技术选择的结果，一旦条件具备，通过选择，技术进化或技术突变势在必行。

社会选择的参与人是技术选择过程中能动的主体，是选择规则的制定者，是技术体系建构和重构的实施者。人参与选择，包括个体、组织和国家行为，在选择时要受各种约束条件的限制，同时他们常常表现出创造性的力量，能够建构和重构体系的环境、结构和相关规范。人的参与，人与人之间的相互关系，社会选择机制，技术体系结构化的过程等共同构成了社会系统。社会选择的参与人受各种因素的影响，在彼此间的交往过程中，受理性和情感的驱使，为了在特定社会结构中表现他们的作用，通过做选择，追求他们的利益。

（三）技术发展不仅仅源于科学

古代技术相对简单，人们没有认识到科学对技术的重要性，科学和技术的分离符合古代人的认知发展水平。从狭义上看，那时候的科学演绎逻辑、科学实验装置、人们对知识的认知程度、自然知识的积累程度都远未达到科学与技术的融合程度。从近代到现代，科学与技术的关联越来越密切。18世纪瓦特改良的蒸汽机，是将能量转换原理和往复式动力机械的结合，很大程度上受沸腾与汽化知识相关的热力学影响，被认为是科学开始与技术结合的标志。现代，科学技术连接紧密度如此之高，以至于人们认为科学与技术共同推进了人类社会的进步。

尽管现代技术与科学的联系越来越紧密，但不可认为技术进步只来源于科学的进步。持这一观点的人认定现代技术源于基础科学研究，从基础科学研究到应用开发，再到产业化，这是一个线性的关于现代技术的发展逻辑，其他因素的影响会很小。在这种思想引导下，技术产生于科学，技术发展必须遵循一定的逻辑，受到科学规律的限定。就这个意义来说，在技术发展过程中，如果要做选择，那么只能选择那些符合科学规律的技术，否则选择对发展来说就没有任何意义。事实上，这仅仅是技术发展的一个方面，科学与技术间的非线性关系表明，社会因素和社会选择对于技术发展来说也是不可忽视的。强调科学在很大程度上促进了技术的发展，并不等于说当今世界技术高度发展仅仅是依靠科学的理性，技术的发展并不完全直接源于科学，而有更多的社会原因，社会发展和社会选择也是技术发展的一个根本动力。

三、循环经济视野下的选择

人类对环境污染的关注，源于对人与自然关系的认识和处理。20世纪60年代出现的循环经济，是人类社会发展到一定阶段的必然选择。循环经济作为一种技术发展观认为，循环经济系统是由人、自然资源和科学技术等要素构成的大系统，要求要像资本循环和劳动力循环那样形成自然资源循环，形成生态系统的平衡发展。要做到这一点，经济活动不能像传统工业化生产那样不考虑技术活动对生态的承载能力，要设法维持生态系统的良性循环。于是，循环经济的生产不是为了获取最大的利润，而是要考虑提高自然资源的利用效率，循环使用资源，遵循所谓的3R原则：资源利用的减量化（reducing）、产品的再使用（reusing）和废弃物的再循环（recycling）。即使是消费环节上，循环经济也提倡物质的适度消费、层次消费，在消费的同时就考虑废弃物的利用，建立循环生产和消费的观念。为了处理好技术与自然的关系，确保包括人类在内的生物及其环境的协调发展，就必须对从工业社会发展出来的技术进行评价、调节、控制和转换，选择与循环经济相协调的新技术。换句话说，循环经济的关键就是要做好技术选择。

联合国经济和社会事务部在《2011年世界经济和社会概览》中，分析了在以下方面遇到的挑战和可选办法：如何转向更有效率的技术和可再生能源技术；如何改造农业技术以保障粮食安全，而又不进一步造成土地与水资源退化；以及如何采用所需的技术以适应气候变化，和减少世界各地人口遭受自然灾害的危险。在过去的两个世纪，人类在提高物质福利方面取得了巨大的进步。但是，这种进步有其持久的代价，就是我们自然环境的退化。如果沿着过去所走的经济增长道路继续走下去，只会进一步加重对全世界资源和自然环境的压力，而这种压力已经快要达到不再能维持生计的极限。所以，不能再"一切照旧"了。因此，需要一种彻底不同的全新经济战略。① 2014 年 11 月 12 日，中国和美国在北京发布中美气候变化联合声明，宣布 2020 年后两国各自应对气候变化行动，中国计划 2030 年左右二氧化碳排放达到峰值且将努力早日达峰，并计划到 2030 年非化石能源占一次能源消费比重提高到 20% 左右，美国计划于 2025 年实现在 2005 年基础上减排 26%~28% 的全经济范围减排目标，并将努力减排 28%。双方均计划继续努力并随时间而提高力度。

近年来，"绿色经济"被当作一个基本技术思想来提倡，这体现一种新的发展模式的许诺，予以实施就有可能确保地球生态系统得到保全，经济增长走上新的道路，而且同时对减少贫穷做出贡献。然而，现有各种经济体系的许多构成部分都"锁定"了要使用非绿色、不可持续的技术，放弃这些技术的成本很高，所以风险很大。发展中国家，特别是低收入发展中国家，由于用电量相对比较少，也许能够"跳跃式"前进，例如用可再生的一次能源来发电。问题是怎样帮助这类国家，使它们能够获得、利用以及最重要的，买得起这些绿色技术。②这里说的绿色技术，至今还没有一个比较正式的定义。可以这样理解绿色技术：是指有助于增进人与自然、人与人、人自身三大和谐，促进人类社会持续发展的技术。③ 按照这个意义，绿色技术是指能减少污染、降低消耗和改善生态的技术体系。环保和生态知识是绿色技术不可缺少的要素，在绿色技术领域的创新，是环保和生态知识的应用，是为了普及绿色技术。于是，绿色经济的关键在于循环经济模式下的技术选择，人们要选择合适的技术作为绿色技术。例如，可再生的一次能源有太阳能、水力、风力、生物质能、波浪能、潮汐能、海洋温差能等。如何通过技术创新，让这些能源变成用得起的能源，这是技术选择的一个重要原则。绿色技术选择包含了许多技术努力和尝试，有专门绿色技术的开发，相关技术体系的建立，相关技术升级和结构改变，相关技术的推广等。在我们身边，感受比较深刻与技术选择相关的一个具体事例，就是新能源汽车的使用和推广。

四、技术选择事例

技术选择是一个多层次、多因素的决策过程。舍去具体的技术问题不谈，从普遍意义出发，选择的技术思想应包含以下三层含义：第一，技术选择不仅是具体工具、工艺和方法的选择，还有关于技术指导思想、原则和规范的选择。第二，技术选择不仅是单纯技术活动的因果关系及效益的比较，还要考虑到社会和人们的一般需要，应符合一定的经济的、社会的和环境的目标的要求。第三，技术选择并非是纯粹寻求解决某一具体问题的计划和措施，还会涉及选择适合一定社会经济、资源、环境和文化条件的技术类

---

①② 联合国经济和社会事务部. 绿色技术大改造 [R]. 2011. http://www.un.org/en/development/desa/policy/wess/index.shtml.

③ 赵定涛，王士平. 绿色技术与自然、社会的协调发展 [J]. 安徽大学学报. 1997 (4).

型、技术结构和技术体系。值得指出的是，以上这些思想都属于技术理性范畴，而非理性因素对于技术选择往往也会产生极大的影响。

（一）选择麦穗

有一个"选择麦穗"的故事，可以说明选择不仅是具体工具、工艺和方法的选择，还有关于技术指导思想、原则和规范的选择。

传说古希腊哲学大师苏格拉底的3个弟子曾请教老师，怎样才能找到理想的伴侣。苏格拉底于是带领弟子们来到一片麦田，让他们每人在麦田中选摘一支最大的麦穗——不能走回头路，且只能摘一支。第一个弟子刚刚走了几步便迫不及待地摘了一支自认为是最大的麦穗，结果发现后面的大麦穗多的是；第二位一直左顾右盼，东瞧西望，直到终点才发现，前面最大的麦穗已经错过了；第三位把麦田分为三份，走第一个1/3时，只看不摘，分出大、中、小三类麦穗，在第二个1/3里验证是否正确，在第三个1/3里选择了麦穗中最大最美丽的一支。①

麦穗理论可做推广运用，其技术指导思想就是"不求最好，但求更好"。在故事中，三个弟子采用的指导思想各不相同。第一个弟子想抓住青春的尾巴，把握遇到的合适机会。第二个弟子比较挑剔，不明白自己要的是什么，不但会错过最好的机会，连相对比较好的都错过了。最后一个弟子面对复杂性事物，有一个比较明白的心态，还形成了三个三分之一的选择方案，实现其技术指导思想。故事中前两个弟子的选择显然是非理性的，而第三个弟子的选择是技术理性的成功。

（二）比较两种选择

做选择，不仅是单纯技术活动的因果关系及效益的比较，还要考虑到社会和人们的一般需要，应符合一定经济的、社会的和环境的目标要求。为了说明这个问题，我们比较一下西汉开国功臣韩信和水浒杨志的选择。第一个选择故事是"韩信胯下之辱"：

汉代淮阴人韩信从小家境贫穷，不能被推荐去做官，又不会经商做买卖谋生，常常到别人家里讨饭吃，人们大都厌恶他。但其自幼心怀大志，只是无奈没有机会得以出人头地。有一次，淮阴有个青年屠户辱骂韩信，他说："你虽然身材高大，好佩戴刀剑，内心却是胆小如鼠的。"并当众羞辱说："韩信，你要真的不怕死，就来刺我，若是怕死，就从我胯下爬过去。"韩信仔细地打量了那青年一会儿，便俯下身子，从他的双腿之间钻了过去。②

第二个选择故事是"杨志卖刀"：

杨志因失花石纲被太尉高俅赶出了殿帅府，身上没钱，只好卖祖传宝刀。在街上遇到了叫牛二的流氓。牛二问刀价，杨志说要三千贯。牛二问刀的好处，杨志便介绍有三

---

① 左贻. 老张的"麦穗理论"[N]. 山西日报，2003-11-22.
② 张王强. 从"胯下之辱"谈两难问题的抉择[J]. 公共关系，2004（10）.

件好处。第一件，砍铜剁铁，刀口不卷；第二件，吹毛得过；第三件，杀人不见血。第一、第二件试过之后，果然应验。到第三件，牛二坚持要用刀杀人。俩人争执，牛二要硬夺杨志手里的刀。杨志"火从心上起，怒向胆边生"，只见寒光一闪，流氓牛二倒在刀下。杨志对围观的众人说："我杀了人，你们陪我去自首吧。"于是众人跟杨志来到开封府。官府上下都佩服杨志，也庆幸东京街上从此少了一害，所以没要杨志偿命，从轻发配充军。

韩信和杨志做选择，有相同的和不同的地方。相同的是，韩信和杨志都体格强健，都在大街上遇到泼皮出难题，都要做出超出常理的选择。不同的是，韩信遇到的泼皮是认识的，而杨志遇到的牛二是原先不认识。韩信做选择是基于信息良好的选择，是理性的选择，选择时考虑到社会的和环境的目标，能冷静考虑各种制约条件，做出了忍辱负重的选择；而杨志做选择是基于信息不良的选择，是非理性的选择，选择时没有这么多时间去考虑社会的和环境的目标，结果一下子杀了牛二，导致了发配充军的后果。

（三）支持选择的非理性因素

其实，非理性因素对做选择也有重要意义。在特定的情况下，依靠非理性因素做选择，以适应一定社会经济、资源、环境和文化条件，选择合适的技术方法、技术结构和技术体系，有助于问题解决。东汉应劭《风俗通义》记载一个"二母争子"的佚文，故事情节是：

汉朝时颍川有个富有的家庭，兄弟住在一起，两人的妻子同时怀孕；之后长嫂流产，弟妇生男孩，长嫂便把男孩偷走。诉讼了三年，州郡都不能决断。丞相黄霸命令小卒抱着小孩，离两名妇女各十步，命令她们自己来取，长嫂抢得很急，小孩大声哭叫，弟妇唯恐伤了孩子，只好放手，但是心里很悲伤。黄霸说："这是弟弟的儿子。"加以追问，长嫂才认罪。[1]

"二母争子"的故事，是一个根据因果逻辑关系不好判断的案例。对于黄霸的判案，长嫂可以辩解：因为小孩是自己的，即使是有所损伤，也要抢到手。也可以指责弟妇是因为小孩不是自己的，没有这么急切将小孩抢到手。只是这些假设虽然有一定的可能性，但比起判案的主要依据，也就是母子心连心，其可信程度就大打折扣。在没有必然的逻辑的因果关系作为判断的依据时，黄霸采取的选择技术是创设条件，从技术文化条件出发，依靠母子情等非理性因素，根据或然因果关系判案成功。

（四）"快农业"和"慢农业"

"慢农业"，又称为生态农业，是相对于"快农业"而言，"快农业"或称为非生态农业。现代种植业和养殖业都带有越来越明显工业化的特色，其产品的科技含量也越来越高，大量使用化肥、农药、添加剂等农用化学品。要高产高效，意味着向耕地多撒化

---

[1] 芦笛. 对二女争子故事起源和演变之推测[J]. 文化艺术研究，2011（2）.

石燃料及其制品，多普及种植科技或养殖科技。受消费动机的驱使，大众往往选择相貌好又具有价格优势的农牧产品，变相促使"快农业"兴旺发达。但是，农业发展也应该有一个"度"，太快了，令人怀疑，越来越多的人开始担心舌尖上的安全。有很多理由使人们相信，"快农业"应该慢下来。开展生态农业，不使用或少使用化肥和添加剂，使用养殖场的粪便、污水作为肥料投放到耕地。不但种出来的农产品是安全可靠的有机食品，口感好，味道香，还能解决工业化养殖带来的粪便堆积处理困难的问题，解决了粪便污染问题，有利于耕地新陈代谢，一举多得。问题是，"慢农业"似乎回到了低科技年代，而在工业化时代，"慢农业"生产的农产品价格高，只有少数有能力的人才够格消费。作为管理者、生产者或消费者，选择"快农业"还是"慢农业"，其实由很多因素决定。不同的人做不同的选择，不会仅仅是以科技含量的高低作为选择依据。

思考题：
1. 为什么要做选择？
2. 影响做技术选择的主要因素有哪些？
3. 技术选择的主要路径有哪些？
4. 为什么说循环经济的关键就是要做好技术选择？

第三节

技术标准化

技术标准主要是指重复性的技术事项在一定范围内的统一规定。事实上，有成百上千个关于技术标准的定义，人们还难以达成广泛的认同。我们常说的标准往往就是指技术标准，包括产品标准、工艺标准、检测标准、安全标准、卫生标准和环保标准等。至于技术标准化，不仅仅是指技术标准的制定过程，更重要的是，这是一种普遍化的努力，即力图突破约束，将技术知识普遍化。从这个意义上说，技术标准化涉及一类典型的通用技术，也是本节关心的重点。

一、游戏规则

技术标准或称技术规范，往往是一系列的说明、规则或规定。有规则的游戏才能吸引人玩。规则性游戏是指一个由个人组成的团体按照博弈规则，在有限的时间内，依照一定的手段与对手进行游戏或竞争性活动。要让一个带有规则的游戏能够合理地玩起来，就必须要有一套完备的游戏规则作为游戏指导。游戏规则体现了游戏者之间的约定，一般游戏规则的内涵包含四个方面，如图3-2所示。

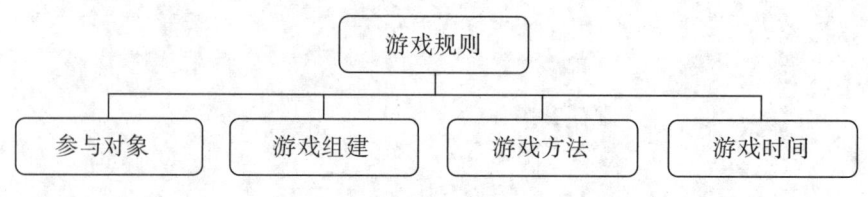

图3-2 游戏规则的内涵

说到游戏规则，我们还是来谈谈"田忌赛马"这个故事。

战国时期，齐威王和大将田忌赛马。双方各有上、中、下三种等级马各一匹。马的等级是根据马奔跑的速度确定的。但是，田忌的马比同一等级齐王的马跑得慢，但比齐王低一级的马跑得快。比赛规则是三局两胜制，每局比赛各方出马一匹。相比之下，齐王的马占明显优势。在第一次比赛中，双方的上等马对上等马，中等马对中等马，下等马对下等马，结果田忌连负三局。在第二次比赛中，田忌采纳孙膑的策略，以下等马对齐王的上等马，以中等马对齐王的下等马，以上等马对齐王的中等马，结果田忌获胜。

在第二次比赛中，田忌之所以获胜有四个前提。首先，游戏规则没有规定博弈双方必须是同等级的马进行比赛；其次，属于田忌的马每个等级都次于齐威王同等级的马，但又强于齐威王下一个等级的马；再次，齐威王赛前不知道田忌改变了马的出场顺序；最后，齐威王不知道马的出场顺序其中的奥秘。显然，"田忌赛马"不但是一个非完全信息动态博弈事例，更重要的是一个没有将游戏规则制定好的游戏。如果，必须用同等级的马进行比赛是默认的规则，那么，田忌、孙膑二人在第二次赛马中违反了"游戏规则"。有人认为，齐威王不会愚蠢到忽视第一个前提，明知田忌、孙膑二人在第二次赛马中违规，却并不指出，还是让田忌、孙膑二人赢，是为了笼络人心。

"田忌赛马"这个游戏很吸引人，但博弈中涉及的逻辑在现实中并不典型。随着技术的进步，新版"田忌赛马"的故事却不断出现。现代经济的发展改变了人们对单纯性竞争的认识，竞争与合作成为现代经济发展的两大动力。有的企业，拥有优势产品，还能够通过与竞争对手合作的方式，使自己的优势更突出，同时竞争对手也有了新的发展空间。原厂委托制造（OEM），是受托厂商按来样厂商的需求与授权，按照特定的条件进行生产。通过委托加工，既能保证知识产权的完整性，保证品牌优势，还能避免纠纷或重复开发带来的社会资源浪费。在玩原厂委托制造游戏中，重要的是要依据一系列的技术标准，或依据利益相关人联盟事前制定的标准，使无序竞争变得相对有序。

原厂委托制造有很多成功的案例，但在复杂的现实社会中，又演绎出一些新游戏玩法。现实中有一个并非完全杜撰的故事：

家具企业联盟有三个不同规模的加工厂，A厂年加工能力5 000万，B厂年加工能力3 000万，C厂年加工能力2 000万。委托商是一家外资公司。家具企业联盟和委托商进行了三年订单博弈。第一年，外资公司分别按照厂家的规模下委托订单，A厂5 000万、B厂3 000万、C厂2 000万，三个厂都可以获得25%的利润，三个厂都很高兴。到第二年，外资企业说，B厂和C厂代工产品质量好，于是给B厂和C厂分别下订单4 000万和3 000万，A厂没做好只下3 000万订单，利润还是25%。B厂和C厂很高兴，马上扩大生产规模。A厂在第二年也只能保留生产规模，努力把家具订单做好。到了第三年，外资公司说，我只有1亿的订单，而你们有1.2亿的生产能力，而且做得都不错，现在只需要你们任意两家就可以了。当然，三个厂子谁也不愿意这个时候出局，于是只好竞相压价，三个厂子在订单博弈中失去了主动权，出现了赔本定价的恶性竞争。

上面这个故事，作为获利的外资企业，他明白怎样通过玩弄厂家来获得定价话语权。在第一年，做委托加工能保证知识产权的完整性，能保证品牌优势，能避免因为过剩产能和落后产能带来的风险。第二年，外资企业有意无意提高了家具企业联盟的产能，制造产能过剩。到第三年，似乎原厂委托制造游戏规则都没发生什么变化，是被委托加工的厂家自己主动要减少利润，甚至亏本也干。在这个故事中，从狭义看，游戏规则显然包括了一系列的技术标准，委托加工合同，会计规范等，只有了解并遵守这些游戏规则才能玩游戏。但从广义看，狭义的游戏规则没有包括产能过剩问题，一旦出现了产能过剩，风险由生产厂家承担。从这个故事可以看到，现代社会出现了从游戏规则出发设计玩法的新思路。在新版"田忌赛马"游戏中,马还是那些马,人还是那些人,规则还是那些规则,但结果出现了明显的变化。玩游戏,重要的是对规则的制定和理解。同样,在现代技术活动中,技术标准的制定比理解标准和执行标准更重要。

二、身边的技术标准

从技术发展的角度看,不同时期,人们对于技术标准的认识有一个不断提高的过程。身边的技术,那些在日常生活就能接触到的技术标准,或者技术标准化的事例,对我们学习和理解技术大有裨益。

(一)早期的技术标准

中华民族有着五千年悠久的历史,我们的祖先给我们留下了源远流长、博大精深的中华文化。在历史的长河中,中华文明曾经有过丰富的技术标准的实践。秦朝是中国历史上第一个统一帝国,不但确立了中央集权制,而且在技术标准化的事业上也取得了巨大的成绩,确立了中国古代技术标准的框架和制度体系。

为了使经济、文化等诸多方面与政治的统一相适应,秦始皇采取了统一度量衡、统一文字、统一货币、统一车轨、统一农田亩制等一系列措施来强化他的中央集权制。在对这些制度的改革中,对手工业生产的产品(如兵器)、工艺、建筑工程等,制定统一的规格或标准件(样板、模板)。通过政令实施全国统一的技术规范,进行原始的标准化活动,这对提高生产的有序化程度和社会效益,成效十分明显。

统一度量衡制是秦始皇推行古代标准化的基础和前提。因为只有度量衡单位量值统一、准确、可靠,才能保证货币、车轨、田亩、兵器的规格、尺寸、重量等的统一。在统一全国的当年,秦始皇就下令"一法度衡石丈尺"。统一度量衡制,主要是把一百多年前商鞅制定的秦度量衡制颁行全国,颁布了统一度量衡诏书,如图3-3所示。全文是:"廿六年,皇帝尽并兼天下诸侯,黔首大安,立号为皇帝。乃诏丞相状、绾,法度量则不一,歉疑者,皆明壹之。"其大意是:秦二十六年(公元前221年),皇帝兼并了诸侯各国,天下一统,百姓安宁,立皇帝称号。颁诏书

图3-3 统一度量衡诏书

命丞相隗状、王绾，制定统一度量衡法令，凡使用不合标准的度量衡器，都必须明令统一起来。短短40字，简要地说明了历史背景和统一要求。诏书大多铸刻或镶嵌在度量衡标准器具上。①

(二) 技术标准和技术标准化

西方近代科学思想对技术的理性认识，推动了人们对技术的理解和技术的应用。理性是一种以概念、判断、推理等形式逻辑为基础的思维方式。理性主义强调理性是知识的重要源泉，是规范知识的重要方法和标准，主张重理性知识和理智控制。理性主义认为知识的源泉来自于某些不言自明的"公理"，可以将这些公理作为起点，通过逻辑推理、演绎论证，建立一套庞大的知识体系。理性主义进一步认为，理性思维能使世界更加有序、未来更加美好。于是，在一个追求理性与客观精确的时代，在普遍性、统一性和规范性指引下，标准和标准化开始深入人心，不断扩张。与思想理性化伴随的工业化，其生产方式是集中化、规模化和标准化。技术标准和技术标准化是理性化的产物。

技术标准和技术标准化是两个相互纠缠概念。依据国际标准化组织（ISO）的解释，技术标准是指一份记录了要求、指标、指引或特性的文档，它将可以被一直沿用以确保材料、产品、过程以及服务能与它们的用途相适应。② 到2014年，ISO发布了超过19 500个国际标准，可以从ISO商店或ISO所属成员处购买。技术标准的实质是技术活动设立的必须符合要求的条件，以及能达到此标准的实施技术。工业社会之前，技术标准往往是松散的、零星的、局部的规范化。到了工业社会，才逐步形成普遍化、社会化和制度化。技术标准化主要是指一种普遍化的努力，突破区域性情景的约束，将区域型知识普遍化，而并非仅仅是"技术标准的制定过程"。通常意义的标准化主要是指技术标准化，我国国家标准化基本术语将标准化定义为"在一定范围内获得最佳秩序，对实际的或潜在的问题制定共同的和重复使用的规则的活动"③。

技术标准化对人们的生活和生产产生了很大的影响。例如，历法的制定就是一种典型的与计时相关的技术标准化。所有古老文化的国家如埃及、印度、希腊和我国，最初使用的是阴历，是根据月亮的盈亏朔望周期确定天、月和年。但是月亮绕地球周期约为29天半，与太阳年比较，阳历和阴历相差几乎11天。阴历没有指导四季更替的作用，如果长期使用，有可能会出现六月飘雪，腊月挥汗的现象。为了解决阴历和阳历的矛盾，只好用闰月来解决问题。古代国家以农业为主。历法的产生和发展，不但方便了计时，还给出了节气和节日的时间坐标，导致农耕周期的节日系统和庆典周期系统的形成。

中国古代，人们发现纯粹用阴历历法、月份和春、夏、秋、冬四季与农业节气不甚

---

① 邓学忠. 秦始皇统一大业中的度量衡和古代标准化 [J]. 中国计量, 2008 (8).
② ISO. Standards [EB/OL]. http：//www.iso.org/iso/home/standards.htm.
③ 中国电力企业联合会标准化部. 电力工业标准汇编：综合卷 (1996) [S]. 北京：中国电力出版社，1997：12.

配合，到了战国末年建立二十四节气，和阴历相辅而行。在阴阳历中，为了调整回归年与朔望月之间的关系，必须设置闰月来调整季节。为了合理置闰必须掌握节气，准确地反映季节的变化。因此，节气与置闰成为我国传统历法的基本要素和重要特点。① 将"一个岁周"365.25 分成十二份，将圭表上的表影在一年中一个伸缩周期划分出十二个刻度，这十二个刻度称为十二个"中气"，它们代表着"岁周"中的十二个特殊状态。在两个"中气"的中点再设一点称为"节"，这样就有了十二个"节"，十二个"中气"加上十二个"节"为二十四"节气"。古代人重视"中气"，从字面上也能看出其重要性。月份从一月到十二月反映了地球在太阳轨道处在什么位置上，是"岁周"的一个参量，每个月都有一个自己的"中气"，如表 3-1 所示②。

表 3-1　一年中的月份与"中气"名称对照表

正月	二月	三月	四月	五月	六月	七月	八月	九月	十月	十一月	十二月
雨水	春分	谷雨	小满	夏至	大暑	处暑	秋分	霜降	小雪	冬至	大寒

在这种历法中，每个节气相隔15天左右，有着大体固定的日期。二十四节气可表明气候变化和农事季节，在农业生产中占有极为重要的作用。即使到了工业化的今天，二十四节气对一般的生活还有影响。例如，在我们日常生活中，关于天气和养生食物等话题，还不时出现传统历法的身影。

（三）面对竞争

在竞争激烈的年代，我们学习和理解与技术标准相关的知识，培养技术标准化方面的能力，一个目的就是为了更好地面对竞争。竞争是一种广泛存在的现象，也是经济学上经济发展的推动力。能够导致竞争能力提高的技术学习，理应属于通用技术学习范畴。技术标准化对竞争有多种效应，有正面效应，也有负面效应。正效应有如下几个方面：有助于维护消费者权益，有助于提高生产厂家的效益，有助于市场竞争水平的提高，有助于促进技术进步；负效应也有如下几个方面：冲击市场竞争均衡，容易形成市场垄断状态，极易产生市场进入障碍，对技术革新可能有阻碍作用。在现代社会，技术标准化已经进入到一个高层次。我国为应对加入世贸组织实施的"人才、专利、标准"三大战略，技术标准战略是其中之一。技术标准战略是组织从自身的发展出发，利用技术标准的建立和推广，在技术竞争和市场竞争中谋求利益最大化的策略。实施技术标准战略，必须理解技术标准、知识产权和技术创新三者之间的关系，这是技术标准战略实施的基础。③ 就我国目前的情况论，技术标准化水平不高，与国际水平存在明显的差距。目前，

---

① 沈志忠. 二十四节气形成年代考 [J]. 东南文化，2001（1）.
② 王霆钧. 解读中国历法 [J]. 自然辩证法研究，2001（11）.
③ 宋栋国. 推进技术标准战略的必要性 [J]. 大众标准化，2012（3）.

很多企业的技术标准化行为,仅仅要求适应规定的标准而已,制定标准的立足点与观念往往停留在"适应市场需求"方面,使我们的标准水平只能是跟随现有市场需求而难有突破和创新,从而使很多企业的市场竞争力处于弱势。

从市场竞争角度看,技术标准化就是为了使企业能够赢得市场竞争。那么,在市场竞争方面,标准化能起作用吗?能起什么作用呢?一般来说,企业技术标准化工作分三个阶段。第一阶段,制定能确切反映市场需求、令顾客满意的产品标准;第二阶段,建立起以产品标准为核心的有效的标准体系,保证产品质量稳定和生产率的提高;第三阶段,运用多种标准化形式支持产品开发,使产品适应市场变化和扩大市场。制定好产品标准是技术标准化的第一步。在市场竞争中,谁赢得顾客,谁就成功。往往有这样的事例,产品质量经过检验符合标准,但却不受市场欢迎,缺乏竞争力。这很可能是因为企业定义的标准和顾客的心目中的标准存在差距,差距越大竞争力越弱。技术标准化的主要任务就是尽量缩小这个差距。企业给出的标准,并在产品上实现的标准,只有与顾客为心目中的标准相符合,才能赢得顾客。某种意义上说,市场的竞争就是技术标准的竞争。

三、面对复杂化的技术标准

(一)由简单变复杂

长期以来,人们普遍认为,事物间存在不以人的意志为转移的客观规律,这些规律是一种"确定性规律",具有纯粹客观性、必然性和普遍性。如果把握了某种规律性,剩下的事就是把复杂的东西简单化,把简单的东西标准化。近几十年来,经典科学的总体化危机、学科专业化带来的学科间知识的分割,造成了新蒙昧主义的盛行,认定只具有确定性、客观性和因果关系,排除随机性,否定矛盾性。然而,技术活动往往是一种复杂性的社会实践活动,是有序与无序、确定性与不确定性的统一,仅仅将技术活动看作是简单的因果必然,可能会对技术实践形成某种程度上的误导。随着现代复杂性研究的深入和推进,引发了对现代科技活动的反思和批判。今天,人们越来越清醒地认识到,非此即彼的简单性的思想造成了许多危机。在很多情况下,要走出技术困局,必须要转换思维方式,批判和摒弃简单性思维范式,在客观事实基础之上,建构能反映事物随机、模糊、复杂及不确定性的复杂性思维范式。复杂性技术活动,是有序与无序、确定性与不确定性的有机统一,没有严格的必然性,只存在一定范围成立的弹性必然性。由于技术活动的复杂性,技术活动涉及的诸多关系,这些关系已不再是内在的、本质的、必然的联系,而是一系列多种稳定的和不稳定的联系。

技术标准化也是一个技术活动过程。由于标准化的过程涉及诸多不同认知背景和利益取向的利益相关者,使这个过程也呈现出日益复杂化的趋势。工业化前,农业经济时代的技术标准化相对简单,技术标准化的参与者比较少,它们之间的博弈也相对有限,技术标准的推动和制定代表了国家行为，对其他的利益相关者的影响相当有限。然而，今天，特别是在后工业化时期，技术标准化日益复杂化。主要表现在标准制定的利益相关者越来越多，科学家、思想家、工匠、官僚、利益集团等纷纷加入到技术标准化的过程中，相关行动者构成的网络变得大而复杂。此外，技术标准化活动越来越普遍化，在全球化的今天，发达国家和发展中国家要共同推动和制定一个技术标准，标准对谁有利，如何表达，都成了新的博弈焦点。

复杂化成为新时期技术标准化的重要特征。技术标准化的复杂性还表现在人们很难清楚地认识技术标准内部结构及运作过程。无论有多少人参与了技术标准化的过程，无论技术标准化的过程如何曲折，人们所能看到的仅仅是技术标准化的结果。缺少对过程的了解，加上技术标准涉及内容的复杂和表述的多样性，形成了技术标准"黑箱"现象。人们往往只能从外部去认识"黑箱"，很难将黑箱变成"灰箱"，更不用说变成"白箱"。认识技术标准，考察技术标准的形成和扩张过程，就是为了将"黑箱"变为"灰箱"或"白箱"，是一种新的技术过程。批判性思维能够帮助人们更好地认识和理解技术标准，有利于博弈，有利于技术标准规范化。

（二）制定国际标准的事例

2014年8月15日，首个由中国专家作为召集人制定的国际玩具标准ISO 8124—6：2014《玩具和儿童用品中特定邻苯二甲酸酯增塑剂标准》正式向世界发布。该标准是在国家标准化管理委员会的大力支持下，中国玩具标准化技术委员会组织协调下，由大约20位国内、国际专家组成ISO/TC181/WG6工作组共同完成。

1. 增塑剂国际标准的制定过程

自2005年欧盟首次提出限制邻苯二甲酸酯增塑剂开始，无论是国际还是国内，玩具增塑剂标准是一片空白，作为玩具出口大国，中国的玩具企业如何衡量产品是否超出限量要求，成为当时难以逾越的鸿沟。

中国玩具标准界嗅到了先机。2006年开始，中国开始研究制定增塑剂测试方法标准，并于2008年正式发布国家标准GB/T 22048—2008《玩具及儿童用品聚氯乙烯塑料中邻苯二甲酸酯增塑剂的测定》。该标准不仅填补了中国国内的空白，还是国际上首个公布的玩具增塑剂国家标准。在2011年，该标准被美国联邦公告列为《美国消费品安全改进法案（CPSIA）》官方认可标准。这是美国消费品安全委员会（CPSC）首次认可中国标准作为美国法规的检测方法。

2009年初，全国玩具标准化技术委员会通过国家标准化管理委员会向国际玩具标准化委员会正式提出制定ISO增塑剂标准的中国提案。经过近一年的讨论磋商，2009年11月，美国纽约ISO/TC181年会通过了中国的提案，正式成立一个新的工作组。该工作组由广东出入境检验检疫局研究人员担任工作组召集人，联合深圳市计量质量检测研究院和深圳出入境检验检疫局玩具检测技术中心、北京中轻联认证中心等专家组成中国工作组开展起草工作。

工作组自 2010 年开始的五年间，多方收集了玩具企业、行业组织、玩具监管机关的意见和建议，前后召开了 10 次国内研讨会、4 次国际研讨会，组织进行了 4 次验证试验，共有近 200 家企业和专业检测机构参加，共几千组数据。期间每一年均遇到不同的国际大国对标准持不同意见并投反对票的复杂情况。中国工作组经过艰苦细致的努力，终于获得各成员国的理解和支持，并在各技术要求和技术路线上取得最终统一。在 2014 年 5 月结束的 ISO 成员国 FDIS 稿投票上获得了全票通过。

2. ISO 8124—6 增塑剂国际标准概况

ISO8124—6 标准在涉及玩具范围、限制玩具增塑剂种类、控制检测成本、保证检测精度并提高方法操作便利性等方面取得了实质性突破。其中在标准最重要的限量方面，为了维护中国玩具业界的利益，同时考虑到国际各国不同的实际情况，虽然标准是按照中国期望的 0.1% 进行制定，但在限量方面暂时没有设置明确统一限量，而留给各国根据本国不同情况自行设置。该标准最大限度反映了玩具各界意见，其中特别关注和体现到了广大中国玩具制造业界的利益。

ISO 8124—6 国际标准发布后，为玩具生产商和测试实验室提供了可操作性的指引，特别是范围由传统的单一材料聚氯乙烯 PVC 材料扩充到其他玩具材料，应用更加广泛。标准参考了同类标准的要求，对单个样品中试样质量微小的材料进行了豁免，在对消费者的健康无实质性损害的前提下，减轻玩具生产企业负担。目前玩具产品是利润率低的消费品，为了降低玩具制造商的检测成本，首次在玩具国际标准中引入了混合筛选测试的概念、原则、条件、计算公式、判断、报告要求和例子，这是国际标准的一大创新。[1]

思考题：

1. 秦始皇统一度量衡有何意义？与今天技术标准化有什么关联？
2. 举例说明行业标准化与国情和市场竞争的关系。
3. 通过玩具增塑剂标准化事例，试说明当今技术活动有些什么新特点。
4. 收集身边与技术标准化相关的事物，从方便生活的角度探讨标准和标准化的必要性。

---

[1] 北京中轻联认证中心. 中国牵头制定的首个国际玩具检测方法标准正式发布 [EB/OL]. http://www.cclc.org.cn/xwzx/bzxw/253704.shtml.

第四节

创新的魅力

技术创新和社会创新是人类社会发展的两大动力,而技术创新与社会创新协同作用,将创新理论又提高到一个新的系统发展阶段。正确认识和理解创新,对于每一个人来说,都具有现实意义。创新并不神秘,也非高不可攀。创新意识就存在于每个人及社会组织中,把握创新,就把握了社会发展的关键所在。

一、打破格局的创新

"创新"这个词起源于拉丁语 Innovate,它原意是更新、创造新的东西和改变。在本节提到的与创新相关的话题和案例中,还经常提到"破坏性"这个词,注意这不是一个贬义词,更不是否认创新的重要性,而是为了对创新进行分类,更好地理解创新的意义。

(一)认识技术创新

创新涉及新思维、新发明和新描述等概念化过程,创新活动将导致新东西的开创、更新、改变等结果。今天,越来越多的人认识到创新的重要性,因此更多的人在不同场合都会说到创新,创新似乎成为人们的口头禅。熊彼特是系统阐述创新概念的第一人。熊彼特认为创新和发明或创造不完全一样,先有发明,后有创新,发明是新工具或新方法的发现,创新则是新工具或新方法的实施。发明只有当它被应用于经济活动时才是创新。

创新不仅仅是单纯的一个与技术相关的概念,还是一个与经济相关的概念。熊彼特认为新的生产方式,是提高效率、降低成本的一个经济过程,具体包括以下五种情况①:

(1)生产出一种新的产品;

(2)采用一种新的生产方法;

(3)开辟一个新的市场;

(4)获得一种原料或半成品的新的供应来源;

(5)实行一种新的企业组织形式。

按照经济与合作发展组织(OECD)的定义,技术创新包括新产品和新工艺,以及原有产品和工艺的显著技术变化。如果在市场上实现了创新,或者在生产工艺中应用了创新,那么创新就完成了。技术创新是一个科技与经济一体化过程,是技术进步与应用创新相互作用的产物。广义理解生产新产品、采用新方法和开拓市场等,都可以认为是

---

① 熊彼特. 经济发展理论 [M]. 北京:中国商业出版社,2009.

解决问题的过程,如果解决问题过程中实现了创新,那么创新就完成了。如果仅仅是一些新想法和好主意,而没有付诸实施,或者说不涉及经济活动,那还不算是创新。

熊彼特依据经济长波理论的思想,将近百年发生的创新步伐分为几个长波,并用图形表示。仿照熊彼特画的图,再将时间进行延续得图3-4。用这个浪潮图说明经济繁荣、衰退总伴随着技术创新。熊彼特认为,在经济下滑期,能够成功创新的人往往能够摆脱困境而生存下来,反之则最容易遭到淘汰。熊彼特提出了"创造性破坏"理论,并称创造性破坏的过程是生产力变革或技术变革的一种形式、方法或本质因素,是一种自我淘汰、自我更新和自我发展的动态机制。

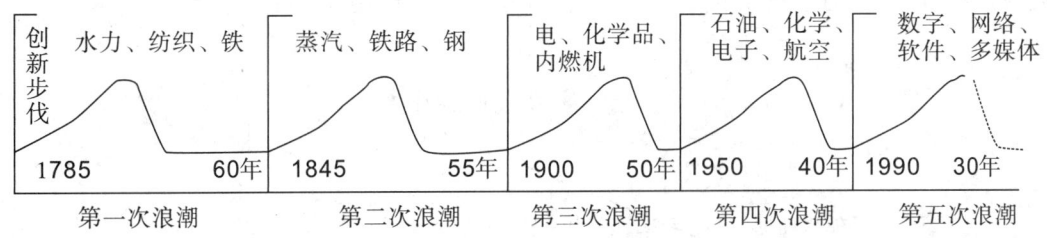

图3-4 熊彼特技术创新浪潮

(二)破坏性创新

克里斯滕森在《创新者的窘境》一书中首次提出破坏性创新的理论①。他认为有两大类创新途径,一种是延续性创新,另一种是破坏性创新。前者努力使现有产品和服务更好、更方便和更便宜;后者是通过非连续性的变化,破坏旧的结构,不断创造新的结构。

与传统创新分类方法将创新分为渐进性创新和突破性创新两大类不同,克里斯滕森根据创新所发生的客观环境进行分类,将创新分为延续性创新和破坏性创新两大类。这两种分类方法是从不同视角考察创新的过程和结果。前者是纵向思维,多注重事物发展的因果;后者是横向思维,多注重事物产生的深层原因。在延续性创新环境中,往往是先入者具有优势;而在破坏性创新环境中,往往是后来者居上。

事实上,我们总能找到这样的示范典型,通过延续性的创新鹤立鸡群,这也是许多大鱼吃小鱼事例的主要原因。但是,必须指出的是,往往我们又能看到许多事实,说明延续性创新的种种努力也会成为困境之源①。在大多数情况下,延续性创新的努力还是值得提倡的,这里隐含着大鱼吃小鱼的策略,隐含着先入为主的事实。但是,在破坏性创新环境中,延续性技术策略是不适合的。在这种环境中,竞争者面临各种挑战,试图寻找一种更简单、更方便和更廉价的问题解决方案,试图通过寻找新的要求不高的服务对象,运用某种意义上说是突破的方式取得成功,这些都不是靠延续性创新可以解决的。在破坏性创新中,隐含着小鱼吃大鱼的策略,隐含着后来者居上的事实。

---

① 克莱顿·克里斯滕森. 创新者的窘境 [M]. 北京:中信出版社,2010.

技术教育视野下的技术学习

在技术发展史中,有很多搬起石头砸自己的脚的事例。究其根源,往往这些尝试和延续性创新相关。在这样的环境中,既然用延续性创新不好使,那么我们将目光再次转向破坏性创新。克里斯滕森在《创新者的窘境》一书中曾用图表述了破坏性创新相关的三要素,如图 3-5 所示。第一,所有市场都有一个提升的空间,能够为客户所利用或承受,图中以虚线表示。第二,创新企业生产出新的改良产品时,由于技术进步的速度总是会超越对应客户的应用能力,在图中用较高的那条实线表示。第三,与之相反的是,破坏性创新不会去尝试为现有的市场客户提供更好的产品,而是更倾向于通过引入稍逊一筹的产品或服务来破坏和重新定义当前市场,在图中用较低的那条实线表示。破坏性创新技术的优势在于——简单、便捷、成本低,能迎合低端客户的需求。①

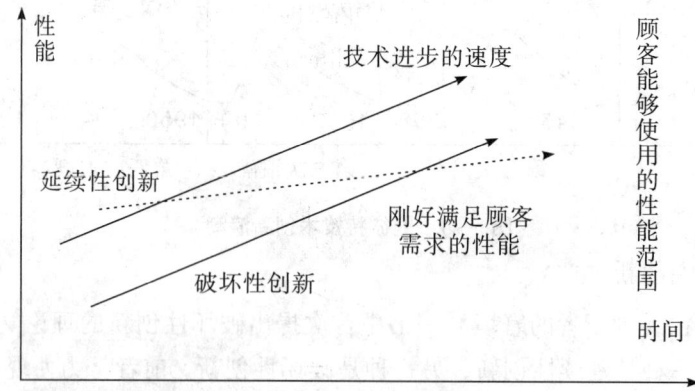

图 3-5 与破坏性创新相关的三要素

下面,有一个古代关于某街道陶器店和洗衣店兴衰的故事,有助于我们理解技术创新以及技术创新与社会的关系。

古时候,一座新建的都城,大街上有一个陶器作坊,由于要买陶器的人多,陶匠的生意红火。这时来了个新邻居,看没别的好做,只好开了个洗衣店。由于陶器作坊有名气,来这条街的人多是为了买陶器,不是洗衣服,所以洗衣店的生意一直都不太好。

都城建成后,人们对陶器的需求开始下降。而洗衣匠为人忠诚老实,勤快细致,生意越做越大,不但洗衣服,还做修补和熨烫,直至发展到三分洗,七分熨的程度。很多人都知道了这条街有洗衣店,人们更喜欢来这里洗衣服,而不是买陶器。

看到这样的变化,陶匠心里很不是滋味,想办法阻止陶器店生意的下滑,但事与愿违,眼睁睁的看着陶器街变成了洗衣街。

在这个故事中,洗衣匠开始也可能做持续性创新努力,包括想方设法招揽生意,在顾客中培养好的形象,还有为人勤快等。但是,时机不成熟,生意并不红火。但是,一旦时机成熟,洗衣匠开展了修补和熨烫等独有的新业务,也就是进行了破坏性创新,满足了人们的新需求,洗衣匠的生意也越做越大。

(三)破坏性创新及其策略

有一个"亚历山大困境",说的是一些曾经处于鼎盛时期的企业巨头,有资源,有人才,还拥有多种优势,并做了各种创新的努力,但事与愿违,企业说垮台就垮台了。破坏性创新理论不但能成功解释亚历山大困境,还给出了相关的对策。

克里斯滕森将破坏性创新又细分为两种类型:低端市场破坏性创新和新市场破坏性创新。前者是指在现有主流价值网络中处于低端,最无利可图,且服务要求最低的市场进行破坏性创新。后者是指将"零消费"群体作为目标客户,创造一个新的价值网络进行破坏性创新。这两种类型创新既可单独使用,也可混合使用,关键是创新活动要具有破坏性,在合适的时候要做破坏者而非被破坏者,这就是许多成功创新的秘诀所在。克里斯滕森在《创新者的解答》一书中以三维图展现了破坏性创新的原理,如图3-6所示。纵坐标表示产品性能,横向坐标轴表示时间,增加的第三个坐标表示低端市场破坏性创新环境和新市场破坏性创新环境,用表3-2来说明建立成长性业务的三种技术策略。

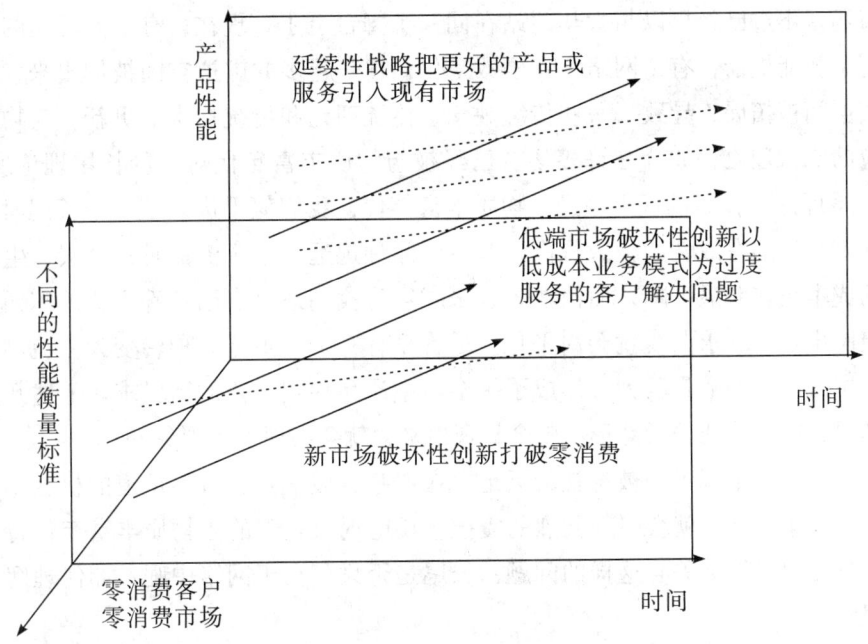

图3-6 用三维图表示与破坏性创新相关的要素

表3-2 建立成长性业务的三种技术策略

关注层面	延续性创新	低端市场破坏性创新	新市场破坏性创新
目标产品或服务质量	重视高端用户的需求	重视低端用户的需求	增加新功能特性
目标用户和市场应用	盯紧愿埋单的用户	被过度服务的低端用户	定位零消费市场
业务流程和成本结构	发挥优势,改善提高	打折促销、薄利多销	从零开始

二、做大还是做小

传统的"二八理论"认为打蛇要打七寸，好钢要用在刀刃上。也就是说只要把握占大头这个"二"中的机会，有了这个制高点之后，"八"这个小尾巴就不重要了。然而，近年来出现了一个颠覆性的理论。克里斯·安德森一直热衷于研究技术发展趋势，2004年出版了《长尾理论》一书，提出了一个"长尾理论"，显示在"八"上面也可以大做文章。用统计学的语言，长尾理论可以理解为一种"长尾分布"。得益于信息技术的发展，今天有了一个崭新的视角，一种创新性的思考，相对技术发展分布曲线头部来讲，它的尾巴特别长，还会有许多机会。

（一）长尾理论

在物质稀缺年代，为了提高效能，要尽可能利用有限的资源，于是非热门产品不受重视。如今，在物质丰富年代，随着技术有效性的提高，非热门市场尽管没有取代传统的热门市场，不过已经可以与大热门站在同一个舞台上了。现在，有了大规模的工业化生产，有了智能机器，有了网络，有了数字化，越来越多的虚拟空间被创出来，越来越大的真实空间被拓展，导致了一些传统观念、传统理论和传统技术的更新。与物质稀缺年代对应的二八理论，如今在许多场合已经被与物质丰富年代对应的长尾理论所替代。按照《长尾理论》作者的观点，进入物质丰富年代，我们似乎进入了一个长尾时代，其基础是随着生产的有效性的极大提高，非主流品种远远多于主流品种；今天，生产非主流品种的成本正在明显下降，而消费者越来越容易找到适合自己特殊需要的东西；一旦大规模定制出现，需求曲线就会扁平化。尽管没有一个非主流品种转变为主流品种，但是由于非主流品种的数量巨大，形成了一个与主流品种相抗衡的新供求。上述几点全部实现的结果，需求曲线的天然形状就会显现出来，就会出现长尾现象[①]。

人们开始重新重视曾经被忽视的天地，在那些看似平凡、微不足道的机会中，寻找新的机会，汇集起来，就会引起剧烈的震撼。长尾现象表现的是物质丰富年代特有的文化。技术学习很自然会关心这样的问题：长尾是否只存在于网络中呢？如何理解长尾处处存在呢？

可以用一句话简单表述长尾理论：我们的文化和经济重心正在加速转移，从需求曲线头部的少数大热门（主流产品和市场）转向需求曲线尾部的大量非热门产品和市场。那靠什么维持力量支撑这种趋势呢，其答案：一是降低非主流品种的成本，二是降低成本往往与长尾的三种强大力量相关。克里斯·安德森在《长尾理论》一书中，详细介绍了这三种力量。第一种力量是生产工具的普及，最好的例子就是个人电脑。第二种力量是通过普及传播工具降低消费的成本。典型的事例是互联网把每一个人都变成信息和知

---

① 克里斯·安德森. 长尾理论 [M]. 北京：中信出版社，2009.

识的传播者。第三种力量就是有效地连接供给与需求,让使用者能找到和选择产品,具体的实例是使用搜索引擎、专业网站或博客等功能的消费群体。①

表面上看,这三种力量都与信息技术有关。值得指出的是,三种力量还有一个共同的特点,就是三种力量都将导致长尾现象,每一种都代表着新兴长尾市场中的一系列新机会。长尾的奥妙在于,生产工具的普及和生产力的提高产生了生产者长尾;传播方式的普及产生了传播长尾;供需连接的普及产生了供需连接长尾。关注信息技术的运用和三种力量导致的长尾现象,这些才是具有普遍性意义的技术问题,是通用技术关心和研究的主要对象。

(二)科技长尾

许多人都认可发展必须以科技发展趋势为根据,于是人们必须了解所关心的科技是什么,其趋势如何。但是,有一点很关键,就是从何时开始?时间才是一切的关键。如何正确把握时机?把握时机的通用技术有哪些?在物质丰富年代如何做?要回答这些问题,我们马上就会意识到这些都与长尾理论的应用相关。克里斯·安德森指出,观察科技趋势往往可以用技术寿命的四个阶段来表述。观察科技趋势的第一阶段是临界价格,科技进展的第一阶段就是它终究会落到临界价格以下;而如果它落到临界价格以下,又足够成功的话,就足以上升到临界质量以上,这是第二阶段。许多科技在这个阶段会进一步发展到取代另一个科技,也就是第三阶段,而这是另一个关键点。最后阶段是,大部分的科技将会商品化,在产品寿命的末期,则会倾向廉价和免费。①

(三)一个关于创新的新视角

当今世界正从物质稀缺时代走向物质丰富时代,创新逐渐显现出新的内涵,认识新需求,把握新需求与创造需求同样重要。在买方市场,买家做主,买家会有更多的选择,这也意味着非必需的消费会越来越多,这样的消费更多体现的是随意性。需求改变了,市场变化了,为创新预留了新的空间,长尾就有了更多存在的价值,人人都可以做属于自己的小生意,而今天的小生意或许就是明天市场集聚下的大生意。在一个开放世界中,开放会形成更多的创新,开放会导致更好的未来。对大多数人来说,真正的机会不在新事物崭露头角时,而是把握技术发展必然产生的三个机会,也就是机会丰富了长长的尾巴,这是在物质丰富年代的一种通用技术。

说到把握时机,科技发展的每一个阶段都会有机会,即使你错过了一次机会,还有下一次机会。了解科技发展一般趋势,一个主要目的是为了把握机会,这也是关心科技长尾的主要原因。当今技术发展步伐越来越快,社会关系不断变化的大背景下,人们往往不得不面对许多重新思考、重新教育与重新发明的课题。提高分析预测技术趋势的能力,掌握科技长尾理论及其应用的方法,就能把握机会,迎接挑战。用技术寿命的四个

---

① 克里斯·安德森. TED 演讲:科技的长尾 [J]. 连线,2007(4).

阶段来观察和预测技术趋势，了解在技术长尾处还大有可为。长尾意味着有丰富的创新机会。

服装长尾是一个很好的例子。在物质缺乏年代和物质富饶年代，服装技术活动及其结果可分别用"二八理论"和"长尾理论"去解释。我们关心服装长尾，其实是在关心一种产品长尾，或者是一种品种长尾。品种长尾这个概念还可以进一步推广，具体到服装技术活动，还可以细分为服装的样式长尾、服装的结构长尾、服装的颜色长尾、服装的制作方法长尾和服装的销售渠道长尾等，如图3-7所示。

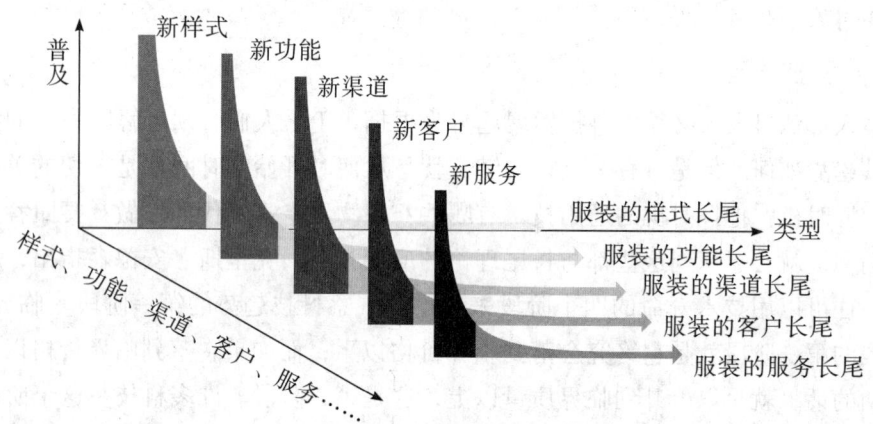

图3-7 与服装技术活动的各种技术长尾

设计师关心服装设计、厂家关心服装制作、商家关心服装的营销渠道、消费者关心如何买到合适的服装。人们努力的结果与他们的想法和行为是否符合时代发展密切相关。例如，做服装营销的，以前物质缺乏，没有互联网什么的，讲究的是做名牌、做品牌，做大生意，才能赚大钱；而现在，由于物质富饶，还有威力强大的网络工具，不但"二"可以做，还可以做"八"，而且"八"会有更多的机会。现在，文化追求多样化，可以追求品牌服装，也可以接受微品牌服装，都可以实现服装的精彩。

三、有效创新的实现

（一）众包的力量

杰夫·豪提出"众包"概念，出版了《众包：大众力量缘何推动商业未来》一书，对长尾之所以成为可能的基础做了详细的解读，使人们对长尾无处不在有了更清楚的认识，并且对该理论的具体运用有了更好的理解，还给出了一些应用长尾理论的典型做法，使长尾理论的应用带有普遍性意义。

仔细观察我们身边的现象，有一个不能忽视的事实，就是部分大众创意的产品已经超越世界公司创造出的最好产品，社区比公司更有效，群体智慧大放异彩，众包成为一种意想不到的成功经济方式,还有化整为零的革命等。不仅如此,众包还提供了一种假设:人人都可能是艺术家、科学家、建筑师、设计师……在各种与长尾现象相关的技术活动中,众包使人释放出无限潜力,使每一个人得以在不止一种职业上追求卓越的表现。从存在的普遍性和运用的广泛性看,众包技术的运用是一种新的通用技术,是一种在物质丰富年代开始流行的新技术。

在我们这个时代,众包是一种新的和有效的问题解决组织形式。众包提出人采用多任务的问题解决模式,将要解决的问题在互联网上公示,以公开招标的方式告知潜在的问题解决方案提供者,发现热心群体的创意和他们所提供的技术解放思想,组织自告奋勇的参与者,分配任务,做好众包管理工作,利用大众的创意和表现出来的能力,解决问题。潜在的问题解决方案提供者在线了解和明确问题,接受任务,提交方案,评价方案,而最好的问题解决方案由众包提出人所有。在这些技术活动中,参与者具备完成任务的技能,愿意利用业余时间工作,不计较提供服务所收取的小额报酬,或者暂时性的零报酬,看重的是未来获得更多报酬的前景。

众包和通常意义上的外包不同,前者制定的任务是分配给不确定的群体,而后者是分配给确定的个体。作为一种全新的组织劳动力方式,众包具有明显的好处:由于能听取大众的意见,众包的提出者和组织者可以更好地洞察需求或确定问题所在;由于倚靠更广泛的人才,能进行有效地沟通,众包一般可以提高成功的机会;由于可以集中大众的智慧和能力,众包一般可以更快地解决问题;由于有了结果才付费,有时甚至可以不用付费,众包一般能做到少花钱,多办事,办好事。

分布式创新是一个崭新的创新模式,是指在跨组织、跨地域运营中,汇集多个创新理念、创新技术和知识,然后加以整合,通过协同的方式,优势互补,形成创新优势。这种创新适用于产品和商业模式,带有普遍意义,或者说分布式创新是许多问题解决方式中的一种选择,甚至是必选的。有一个颇耐人寻味的故事:有一天,一个瞎子和一个瘸子不约而同来到小河边,都想过河,但都很为难。瞎子看不见,不知道深浅;瘸子不方便行走,也蹚不过去。瞎子和瘸子通过一番协商,决定由瘸子指路,由瞎子背瘸子过河,结果顺利地渡过了这条河流。将瞎子的行走的优势和瘸子的看得见的优势有效地组合在一起,结果是一加一大于二。在这个故事中,瞎子和瘸子通过沟通协商做出了明智的选择。但是,如果两人对协同创新的认识不足,或者两人沟通存在问题,那就谈不上分布式创新。事实上,具有传统优势的人,比较不容易充分认识来自弱势人才资源的潜力,甚至还有许多偏见。在过河故事中,我们并不在意瞎子和瘸子协同会具体发生了什么,在意的是借助协同创新解决了问题。这里要强调的是,在跨组织、跨地域运营中,协同创新并不强调原来组织或区域的优势,在各组织或各地域对创新都同等重要,重要的是从单点式创新走向分布式创新。

分布式创新的新意是使游戏引入了新的玩家,意思是说创新要吸引"局外人",创新的动力来自"局外人",这对习惯玩封闭游戏的人来说,确实是一个脑筋急转弯的问题。在分布式创新系统中，组织者和管理者的工作重点不再是招募好员工、制定激励措施、做好分工计划等方面，而是关注个体参与者，设法使更多局外人参与创新。这样做意味着大多数解决问题的相关知识都深藏在组织边界之外，组织的管理者肩负创新使命，面临的首要挑战就是找到途径挖掘这些知识。在知识爆炸的今天，很多组织都难以适应这种趋势，很难识别并抓住关键知识以赢得竞争优势，正是源于传统的封闭式和独占式运作方式，难以胜任完成知识密集型领域的任务。分布式或开放式的创新能改变这种窘境，分散解决问题、自我选择参与、组织协调与合作、低成本的知识披露等都成为取得成功的关键。

为何能实现低成本？为什么会免费工作？引入局外人参与的优势的基础是什么？研究发现，参与者的动机可以分为两类：其一，是外在动机，是为了获取直接或间接奖励，例如相比较金额不大的现金奖励，或者是仅仅为了获得表扬和认可；其二，是内在动机，动力来源于自身的需求，例如参与工作的乐趣，以及对问题解决的认同。除了个人动机外，更重要的是低成本创新的基础，也就是在我们这个时代，有了低成本的创新工具。今天，创新工作主要是知识挖掘和处理方面，人们主要通过智能机器和网络进行，这样做可以明显提高解决问题的效率，可以极大地减低成本。建立分布式创新系统是为了降低参与创新的成本，是创新成本下降的一条必由之路。创新门槛的降低或消除，使得自主加入社区的人不断增多。协同创作不仅有效地控制了每个人的成本，而且在创作过程中形成了更加宽广的知识基础和视角，从而有可能产生更强大、更持久的创新活动。

凯文·凯利在一次"想法何处来"的演讲对话中提到：大多数人看发明家，可能都会认为是一些在地下室里独自忙碌的天才。凯文·凯利认为，伟大的发明基本上不是从个人思想中萌发，而是产生于群体思维。明白了"好事哪里来"的答案，按照这个思路，集合群众的智慧，也就是采取群愚成智的策略，只要条件和时机成熟，就会发生一系列的好事，引发一系列的创意，促成有效创新的实现。

（二）对创新的新理解

技术创新理论已经深入人心，尤其是在经济和管理层面上，技术创新取得了巨大的成功。随着创新理论的进一步发展，其所存在的局限性逐步显现出来。创新不仅仅是在经济或管理层面上进行，创新的实现需要技术创新与组织创新、管理创新和文化创新等社会创新的协同，创新的演化不仅仅是在技术层面上，更不是一个单纯的经济问题，而是一种技术与社会的关系问题。对创新的认识，不仅要重视经济和技术层面的因素，而且要注意社会层面的因素。德鲁克提出并阐述社会创新概念，创新的本质是满足和创造顾客需求，这一直是德鲁克创新和创业思想的核心。德鲁克从美国中小企业的快速发展中得到了启发，那就是企业必须要有创新与创业精神，通过有意识地应用"管理"这项社会技术进行有价值的创新。更进一步，德鲁克认为，创业精神绝不应该仅局限于经济活动或企业领域，政府、非营利组织等也需要创业精神。① 只有结合技术、经济和社会等诸多因素，引入社会创新概念，将创新看成是一种社会过程，即技术与社会创新的协同演化过程，才能超越传统技术创新理论的局限性。

对于社会创新，近年来世界各国的政府和非政府组织的报告以及学术文章都会提及。但是，何谓社会创新，不同的机构和文章给出了有差异而又相互联系的一些定义。有一种有代表性的说法，所谓社会创新是指非科学技术的创新，以非营利组织为主体，以社会公正与和谐为导向，采用新的可复制和可模仿的社会程序或组织，进而提高社会能力，解决有关社会问题，实现新的社会目标，满足人们尚未满足的需求并改善人们的生活。它包括管理创新、制度创新、组织创新以及政治创新、法律创新和文化创新等。②

当前社会创新越来越受人重视，是因为目前的许多社会问题在现有的架构下无法得到解决。在可以预见的将来，这些问题会成为未来公共预算和私人预算的极大挑战，如果不进行社会创新，旧的机制是不能应对这些挑战的。按照传统的做法，这些问题都是由政府或个人来解决，市场方法是不合适的。而且，在不同的经济形式中，各自拥有不同的资源，有各自的规则、控制和合作的机制，技术创新无法打破这些框架。而在如今的情形下，社会创新不再特指某个经济领域中的创新，而是指更多的经济领域乃至整个社会，在更宽泛和更深层次的创新。

我们还可以从四个方面理解社会创新。首先，创新的核心在于效果的实现，与创造和发明比较，创新带有更多的社会属性，它把发明和创造与现有条件进行整合，产生一种社会新机制，从而实现经济效益、社会效益和生态效益。其次，创新导致整体提升，强调一种社会性的提升效果，不仅把创造和发明转化为新的社会价值，而且为创造和发明构筑新的前景，促进创造和发明的社会效益的提升。再次，重大创新依赖原创技术、具有知识产权的发明和基础科学的进步，但更重要的是，重大创新会导致一系列创新，重点则在优化组合，形成新的合作功能。最后，创新很明显带有人文因素，一方面，体现在创新过程必须关注人文关怀和社会价值；另一方面，创新的主体虽可以是组织，但创新的行为更多的是以个体的方式得到体现，只有通过集体行为和社会行为，创新才能实现。所以说，即使是技术创新，也与社会创新相关。好的技术创新，会引发社会创新；同样，好的社会创新，是技术创新的温床。

（三）身边的创新

在这里，谈论社会创新问题，是为了理清对创新的认识。一方面，要认识到创新绝不是传统意义的技术创新，还有内涵更丰富的社会创新；另一方面，还要认识到社会创新将引发新的技术创新。事实上，对一般人来说，创新更多是一种精神。创新其实存在

---

① 纪光欣，岳琳琳. 德鲁克社会创新思想及其价值探析 [J]. 外国经济与管理，2012（9）.
② 孙启贵，黄志广，徐飞. 技术创新与社会创新——社会发展的原动力 [J]. 未来与发展，2007（10）.

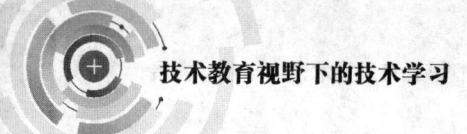

于每个人的体内,是一个人行动的一种动力,或是一种行为的向导。创新精神是指一种能够激起思想火花的特殊机制,在这个机制里,人们通过有效的信息加工,不断孕育新的思想,培育新的知识。

今天,创新的重要性家喻户晓,处处谈创新,无论说什么事情都喜欢带着创新两个字。创新被滥用了吗?有人指出,创新不是简单的事情,要有真正的创新很难。创新真的就是高不可攀吗?例如,有人说,大部分为客户制定问题解决方案不算创新,服务外包也不是创新,因为那是有一套按部就班的做法,无非就是明确问题,选择资源,设计方案和标准,实施,评价,验收的过程。重要的不是创新,而是规范标准。也有人说做同样的事情,采用了一些新方法不算创新,总之小打小闹不能算创新。确实,从熊彼特关于技术创新的定义出发,上面说法确实有道理。但是,从社会创新的角度看创新,创新的平实阐述提出了新问题,而且能解决新问题,或者用一个新的方法解决老问题,也是创新。如果加上一条,解决问题能带来更多的经济价值,那就是技术创新。从这个角度理解创新,解决问题不但要提创新,而且还应该强调创新。这些创新不是天马行空的想法,而是为解决问题创造更多的、超出预期的价值。这种价值就建立在对问题更深刻的理解上。创新并不神秘,也不是高不可攀的东西,我们要更多的关注身边的创新。

思考题:

1. 什么是破坏性创新?
2. 在陶匠和洗衣匠故事新编中,如何用建立成长性业务的三种技术策略解释陶匠和洗衣匠应对社会发展的行为及其结果?
3. 一般来说,好点子与新意、创意和创造力有什么关联?
4. 有效创新的实现有哪些有效途径?

第五节

面对技术困境

当今世界技术无处不在，技术已成为人类社会生活的一种决定性力量，对经济、社会、政治、文化等方面产生巨大的影响。技术的迅速发展，一方面，极大地推动了人类社会的进步，深刻地影响着人类的生产和生活方式；另一方面，加速发展的技术也带来了一系列严峻挑战，给人类带来了许多负面影响。如何正确地理解技术困境，如何应对技术困境，如何超越技术困境，这是人们普遍关心的问题。

一、两难问题

两难问题导致的两难处境，是一种技术困境。之所以称其为"两难"，难就难在有两种可能的选择，无论哪一种选择，都有利有弊，让人们处于进退两难的困境。通常情况下，在两难问题中，做两种选择都不是轻而易举的事情。

（一）囚徒两难

有一个关于囚徒两难的故事，说的是警方逮捕甲、乙两名嫌犯，但苦于没有足够证据指控两人。警方想了一个办法，将两名嫌疑犯分开囚禁，并分别和两人谈话，向双方提供以下相同的选择：

如果一人认罪并作证检控对方（一方不合作），而对方保持沉默，此人将减刑，沉默者将加刑。

如果两人都保持沉默（合作），则两人同样判监半年。

如果两人都互相检举（双方都不合作），则两人同样判监2年。

两个囚徒面对的相同的问题，理性思考将会得出相同的结论：选择不合作，这是两种策略中的支配性策略，结果是两人同样服刑2年。

在现实中有许多与"囚徒两难"相似的事例。例如，有两个相互竞争的公司都需要做广告，否则生意会被对方抢去。但是，他们的广告会产生互相影响，一个公司做广告所获取的收益会夺取另一个公司的部分收入。二者同时期做广告，收入增加很少成本却增加了。

两个公司都有相同的两种选择：其一，选择合作，互相达成协议，减少广告的开支；其二，选择不合作，增加广告开支，压倒对方。事实上两个公司往往会相互不信任，不合作成为支配性策略。于是两个公司陷入广告战，而成本增加将损害两个公司的利益，陷入囚徒两难的困境。

(二)资源两难

资源两难指个体从一个公共资源库中"获取"资源,资源库本身会以一个预先决定的比率得到补充。如果成员过度"获取"(提取速率大于补充速率),资源库便会枯竭。因此使用者必须调整自己的行为以维持公共资源库正常运作,否则在资源两难中,个体的行为通常导致负面结果发生,造成相当大的危害。现代人过度使用资源的后果,与大草原上奔跑的羊群一样,走在前面的羊群总能够吃到草,而走在后面的羊群总是只能吃剩下的,于是后面的羊在前面羊吃草的时候就会跑到队伍前面。羊群为了争夺食物,都不愿意落在后面。羊群开始不断地往前奔跑,全然不管草原的尽头有一个悬崖。在信奉公用的自由化的社会中,每一个人都追求各自的最大利益。每个人都被锁在一个迫使他在有限范围内无节制地增加牲畜的制度中,于是毁灭是所有人都奔向的目的地。①

图 3-8 羊奔跑的目的是为了吃草

在资源两难中,对于个人来说,如果公共资源使用越多,个人获益也越大;但是,人人都这样做的话,就会导致公共资源的短缺。水资源就是一种公共资源,同样存在资源两难问题。作为公共资源,水的价格不应该太贵,是人人都可以享受的福利。但是,水价太便宜,于是就会有很多人不重视节约用水,还可能为了营生会尽可能多用水。为了节约用水,城市用水水价不断提高,其中一个重要的考虑就是借助提价促使人们节约用水。如果这个逻辑真的成立的话,那问题就简单了。问题是提高水价真能带动居民节约用水行为吗?有许多调查研究的结果表明,提高环境保护意识,宣传低碳生活的理念等还是很有必要的。近年来,人们还发现,人们的信息加工能力有限,也是导致人们不能够很好理解两难问题的原因,认知因素对资源两难情景中的行为选择有很大影响。在一些场合,水资源两难问题,很可能是使用者不容易了解他们使用资源的量,重要的是

---

① Hardin G. The Tragedy of the Commons [J]. Science, 1968 (162).

用有效手段提醒使用者用了多少立方水。于是,安装水表,按用水计量,实行阶梯水价,同样也会起到节约用水的作用。

(三)城市发展的两难

城市化大趋势,是不以人类意志为转移的。一般人在感受到一系列城市化好处的同时,也发现了许多问题。由于大城市发展机会比较多,薪酬比较高,教育和文化条件比较好,医疗比较有优势,不少民众涌向大城市,形成了超级城市群,城市化发展速度远超人们的预期。但是,生活在大城市中的人们,面对大气污染、交通拥堵、房价昂贵等大城市病,城市的管理者必须面对这样一个问题:是冒被指责对外地人实施"准入"制度有失公平风险,还是继续承受人口异常膨胀给城市资源带来的过度压力?

城市化面临着一系列的两难问题。在城市化过程中,城市规模扩大,就会发生农用地的流转与转让,工业用地、商业用地、居住用地的解决主要靠农用地转用方式解决。农用地的减少实际上是城市扩张的结果,城市化的推动力量更多来源于农村,来源于广大农民对改变自己生活方式的追求。在城市化趋势中,农民纷纷离开土地,离开家乡进入城市,进入工厂企业。在我国人多地少尤其是耕地相对稀缺的国情下,既要保证城市化土地的需求,以促进社会经济的发展,又要保证拥有一定的耕地总量,以保证粮食安全,成为我国城市化进程中一个两难的问题。许多地区,为了发展经济,纷纷提出工业立市的发展战略,但发展工业的后果又面临着在工业污染和资源环境受伤害的问题。还有,按照产业发展的规律和趋势,工业化需要推动技术进步和产业升级和转型,但人们又不得不大力发展劳动密集型产业以吸纳劳动力,降低失业率,以减少社会冲突。如此种种城市发展两难问题,不胜枚举。

面对种种两难问题,我们的城市发展道路仿佛出现了一个又一个十字路口,何去何从,要做出抉择。理论上说,可以给出最优选择,但实际上更多的是只有次优选择。人们怎样才能做得更好呢?

(四)社会两难

无论是上面介绍的囚徒两难问题,还是资源两难问题,或者是各种与城市发展相关的两难问题,其实都属于社会两难范畴。在社会活动中,由于资源的制约性,社会个体在追逐自我利益的过程中,往往因为最大化个人利益更有利可图,导致大众倾向选择个人利益最大化,使个体利益与集体利益发生冲突,眼前利益与长远利益发生冲突,从而导致资源耗竭,导致生存环境和可持续发展的破坏。

有一种搭便车效应,说的是开车的人为这趟车所做的努力,使得搭便车的人都有可能得益,但如果成本只是由开车的人承担,那就会抑制开车的人做努力的动力;如果人人都想搭便车,那么这趟车就会陷入困境。但是,如果把搭便车仅仅是理解成两难,那就是一种狭隘的理解。事实上,搭便车导致两难的前提是车上的人都采取了最大化个人利益的选择。如果换一种思路,开车的人和搭便车的人都采取积极合作的思路,以负责任的态度做负责任的事情，比如说，搭便车的人出一部分路费或油费，这样做的结果，不但搭便车的人感到方便，开车的人积极性也会加强，那么搭便车就可能演变成双赢或多赢。重新理解搭便车效应，对解决社会两难问题，将两难局面转变成双赢局面，是一种具有普遍意义的技术思想和方法。

二、博弈与妥协

博弈本来是指下棋，但现在是指根据情况做行为或策略选择并加以实施的过程。按照参加博弈方的目的和处境分类，博弈可以分为：合作博弈、非合作博弈、完全信息博弈、非完全信息博弈等。妥协是适应环境的一种选择，是用让步或放弃的方式避免冲突或争执，是人在一生中必须学会的一种本领。在完全信息博弈中，放弃是一种知己知彼的理性选择；在非完全信息博弈中，放弃是一种低风险、低收益的选择，总之退一步海阔天空。

（一）空城计中的智慧

在《三国演义》第九十五回，罗贯中写道：司马懿引大军十五万，往西城蜂拥杀来，此时诸葛亮身边别无大将，只有一班文官，所引五千兵，已分一半先运粮草去了，只剩二千五百军在城中。当时众官尽皆失色。此时孔明传令，"将旌旗尽皆隐匿；诸军各守城铺，如有妄行出入，及高言大语者，斩之！大开四门，每一门用二十军士，扮作百姓，洒扫街道"。他自己则"披鹤氅，戴纶巾，引二小童携琴一张，于城上敌楼前，凭栏而坐，焚香操琴"。司马懿看到如此景象，心中大疑，便传令退兵，次子司马昭问之，司马懿道："（诸葛）亮平生谨慎，不曾弄险。今大开城门，必有埋伏。我兵若进，中其计也。"遂退兵。

诸葛亮的空城计，可以解释为一个信息不对称博弈，是诸葛亮在不得已的情况下被动设计的一个脱身的方法，凭的是诸葛亮对司马懿的了解。应对诸葛亮设计的博弈，司马懿做出的选择是"走为上"，其中应该有深刻的思考。在"空城计"这个故事，单从这一次博弈的结局看，诸葛亮和司马懿是敌对双方，是非合作博弈，但是二者对对方的了解和当时的形势形成了默契，达成了"空城计"和撤退的策略组合，使得一方得以解危并得到赞誉，另一方得以保住兵权并为以后成为帝王做铺垫，从而达到双方的利益最大化。司马懿选择"走为上"是一种妥协的做法，可见妥协策略的运用是一种艺术。政治智慧包括妥协艺术，谈判能力包括妥协艺术，领导力的魅力也体现妥协艺术。生活本来就是一种妥协的艺术，学会妥协就是学会生活。

（二）智猪博弈

1979年，Baldwin等做了一个著名的"智猪博弈"实验。这是一个著名的纳什均衡的例子。"智猪博弈"讲的是猪圈里有两头猪，一头大猪，一头小猪。猪圈的一方有一个猪食槽，另一方安装着一个机关，控制着猪食的供应。按一下机关会有10个单位的猪食进槽，但按机关的劳动将消耗相当于2个单位的猪食。若大猪等待，小猪按，大猪吃9

个单位，小猪只能吃1个单位；若大猪按，小猪等待，大猪吃6个单位，小猪吃4个单位；若两头猪同时按，大小猪分别吃7个单位和3个单位；若两头猪同时不按，大小猪吃不到任何食物。分析表明：如果大猪按的同时，小猪按，则小猪收益1个单位，不按，则小猪收益4个单位，所以小猪选择不按；如果大猪不按的同时，小猪按，则小猪收益为-1个单位，不按，收益为0个单位，所以小猪选择不按。综上所述，不管大猪按还是不按，小猪的最优策略就是选择不按。如果小猪不按的话，大猪按，则大猪收益为4个单位，不按，则大猪收益为0。"智猪博弈"的均衡解就是大猪按，小猪不按，出现了"小猪躺着大猪跑"的现象。[1]

智猪博弈的结果是"小猪躺着大猪跑"，这主要是事先定下来的规则决定的。这些规则是智猪博弈存在的基础，就是双方都无法摆脱共存局面，而且是必有一方要付出更多的代价换取双方的利益。如果改变一下规则的指标，猪圈里就会出现其他景象。玩游戏，规则制定很重要，于是要求规则的设计者应清楚、慎重地考虑规则制定的前瞻性、适应性和高效性。对于弱者来说，关键不但要理解规则，还要找到有大猪的那个食槽，并等到对自己有利的游戏规则形成时参与游戏，也就是所谓的搭便车。

在智猪博弈中，大猪获得成功，但也有无奈，感觉小猪简直就是不劳而获，不公平。其实小猪心态不是不想去按动机关，而是小猪知道去按动机关会得不偿失。是行动还是等待，这种选择在现实中比比皆是。例如，技术创新成功了会有美好的前景，问题是，在技术创新道路上，创新者需考虑自己的身份，如果有强大的竞争对手，弱者选择对对手有利的技术创新，往往不是明智的，强大的对手可以坐享其成；如果没有强大竞争对手，创新者通过技术创新迅速强大起来，则另当别论。

（三）纳什均衡

所谓纳什均衡，是指参加博弈的各方单独改变策略都不会得到好处时，博弈形成的一种僵局。换句话说，如果在一个策略组合上，当所有其他人都不改变策略时，没有人会改变自己的策略，则该策略组合就是一个纳什均衡。[2]

纳什均衡具有普遍意义，在社会各界的技术活动中司空见惯。价格战，污染与治理的博弈，自由贸易和贸易壁垒的博弈等，都会导致纳什均衡。例如，人们常常可以在市场上看到彩电大战、空调大战、洗衣机大战等，各色各样的家电价格大战引发到经销商大战，甚至进一步扩大到厂家、经销商和卖场的价格博弈。这些博弈的受益者首先当然是家电消费者，消费者得到实惠是由于价格战博弈的各方采取的策略，导致结局形成一个"纳什均衡"，而且价格战的结果使博弈参与者谁都没钱赚。竞争削价的结果导致"纳什均衡"，可能导致厂商零利润结果，打价格战对厂商而言无异于自杀。如果不打价格战，每一个商家都考虑采取正常价格策略，这样的情况不会长久，否则就不叫市场经

---

[1] 翟志芳. "智猪博弈"对公司绩效管理的启示［J］. 现代经济信息, 2013 (9).
[2] 高鸿业. 西方经济学: 微观部分［M］. 北京: 中国人民大学出版社, 2011.

济了。事实上,博弈者还是可以采取合作方式,每一个厂商都实施已确定的高价格,转向高价格策略,形成垄断价格,获取垄断利润。如果能够形成垄断,则价格博弈者的共同利润就会趋于最大,受伤害的就是消费者,垄断使社会的经济效率遭到损害。即使厂商选择了垄断做法,要维持垄断,就必须采取对那些尝试采取低价策略的厂商给予处罚,同样也会导致形成"纳什均衡"。

(四)合作博弈

合作博弈是指博弈的参与方在事先就收益的分配和努力的选择上达成了有约束力的协议,强调集体理性,产生合作剩余。虽然竞争是一切社会、经济关系的基础,不合作是主要的,合作是有条件和暂时的,绝大多数的博弈问题其实都是围绕非合作博弈展开。但是,随着社会的进步与需求的膨胀,现在越来越多的问题需要寻求合作解决。例如,面对气候变化这种非传统的国际安全性问题,人们越来越认识到树立合作博弈思想的必要性。可以说,合作博弈思想是非合作博弈的深化。囚徒困境和资源两难等案例表明非合作博弈低效的同时,也提高了人们对合作博弈可能性和必要性的认识。今天,主张合作,用合作的方式解决问题,是一种新的技术思想和方法。

与非合作博弈不同的是,合作博弈更多的是侧重于思考和选择可行的博弈结构,而不是参与博弈的个体选择策略。对类似气候变化这样的全球性的环境问题,合作博弈意味着要采取一定的规则和约定更好地促使各国合作应对挑战。每一个国家作为博弈的个体,只有各自的最大利益与国家间共同利益趋于一致时,才会发生合作剩余,而非合作博弈则相反。

关于气候变化问题,国际上关注的焦点主要有三:科学认知、经济活动和政治角逐。三者并不是彼此独立的,而是相互关联、相互影响的。围绕气候变化问题,随着人们对气候变化认识提高,以及其中的经济利益越来越明显,政治角逐也从没多少关心演变成国家利益集团角逐的主战场。从1992年制定了《联合国气候变化框架公约》,到1997年《联合国气候变化框架公约》第三次缔约方大会上达成了《京都议定书》,再到2009年哥本哈根气候变化大会,气候变化的焦点似乎从集中在科学层面过渡到经济层面,关于气候变化的国际谈判,已从单纯的环境问题,演变成了经济利益的角逐。全球化的过程,是一个不断整合的过程,如果要解决气候变化问题,各国采取真正意义的合作,与资金和技术突破具有同等意义。合作将使世界更精彩,古人说的"和为贵"多少透露出博弈的智慧。其实,合作博弈与非合作博弈,它们构成了博弈的两大方面,但是它们早就是"你中有我,我中有你",人们应对气候变化问题的博弈也是如此。

(五)"碳排放"的博弈

关心环境问题的人都知道有一个《京都议定书》。它是在《联合国气候变化框架公约》下,将大气中的温室气体含量稳定在一个适当的水平,以保证生态系统的平滑适应、食物的安全生产和经济的可持续发展为目标的补充条款,是旨在世界范围内控制碳排放的一份重要条约。《京都议定书》要求30多个国家（包括发达国家和经济转型国家）在2008—2012年间，温室气体的排放量平均比1990年削减5.2%以上。在得到占发达国家1990年二氧化碳排放总量55%以上的缔约发达国家批准后，《京都议定书》于2005年2月正式生效。此外，在2002年12月，欧盟还建立了一个排放交易系统，交易配额包括六种关键行业：能源、钢铁、水泥、玻璃、制砖和造纸，该交易系统允许难以达标的国家通过购买碳排放权来最终达标，而碳排放权富裕的国家也可以通过出售排放权获利。

出于环境保护的考量和可持续发展的需要，中国已于1998年5月签署《京都议定书》，并于2002年9月核准。由于中国是发展中国家，属于条约控制框架以外的国家，所以对中国的限制并没有像对发达国家那样限制排放绝对总量这种强制性的规定，而是采取逐步减少"单位国内生产总值二氧化碳排放"的方法，是一种相对的减排。

从客观的角度看，中国控制碳排放是有相当大的意义的。根据全球碳计划2013年度全球碳排放量数据，全球人类活动碳排放量达到了360亿吨，其中中国占29%，也就是104亿吨。而中国的人均碳排放量也高达7.2吨，虽然离美国和澳大利亚的人均水平依然相去甚远，但已经超过了欧洲人均排放的6.8吨。控制并减少中国的人均碳排放量无疑能为减少世界的碳排量做出重大贡献。

然而，在这一表象背后，有着复杂的因素，使我们不能片面地看待中国的碳排放量问题。第一，与70%的电力是核电的法国以及大量使用天然气发电的美国等发达国家不同，中国在核能、天然气等方面受到资源限制，在不能大量使用太阳能、风能等发电量不稳定能源的前提下，只能依靠国内较为丰富的煤矿资源进行火力发电，这对控制碳排放是一大不利因素。

第二，发达国家已经以历史上大量的碳排放为代价，完成了大量的建设工程，今后的建设趋于平缓，水泥钢筋等高碳排放的产品需求量很小。而中国则是发展中国家，现代化建设刚刚起步，很多楼房、工厂等建筑都还在兴建中，对钢铁、水泥等的需求量自然相对较高。因此产生的碳排放量自然也处在较高的水平上。如英国、美国的历史人均碳排放均在1 100吨以上，而中国的历史人均碳排放则不足英美人均的十分之一。

第三，相对于发达国家人均较高的现有钢铁产品储备来说，中国人均钢铁产品储备相对比较低；发达国家的钢铁有很大一部分可以通过回收再利用废旧钢材来生产，而中国则大部分需要从铁矿石开始，使用大量焦炭进行冶炼，这无形中也增加了中国的碳排放量。

第四，从发达国家和发展中国家的经济结构这个角度看，简单比较人均碳排放是极不合理的。发达国家为了减少污染控制碳排放，纷纷将高碳排放的工业转移到发展中国家，然后通过进口发展中国家的产品来满足本国的需要。东英吉利大学Corinne Le Quere教授表示，中国目前巨大的碳排放量也与欧美消费者的需求有关。她说："中国碳排放量的20%主要来源于服装、家具生产，甚至还包括太阳能电池板生产，而这些产品都销往欧洲和美国。如果把其他地方销往欧洲的产品碳排放量算进去，欧盟碳排放量将高出30%。"

考虑到以上因素后，可以说中国的碳排放还是处在一个十分合理的水平。而就是在这个合理水平当中，中国在节能减排方面做出了自己的承诺。2009年9月，时任国家主席胡锦涛就曾在联合国气候变化峰会上承诺，中国到2020年将比2005年大幅降低碳排放强度。那么中国有没有履行承诺呢？我们可以从中国国务院2014年批复的《国家应对气候变化规划（2014—2020年）》中找到答案。该文件指出，中国高度重视气候变化问题，在应对气候变化工作上取得了积极进展。截至2013年，中国碳排放强度已下降28.56%，相当于减少了25亿吨二氧化碳排放。

三、走出技术困境

如何破解诸多"两难"问题，如何才能走出技术困境，往往是见仁见智。两难问题之所以难，是由于"两种合理性"的冲撞，考验着人们技术发展的智慧。当然，合作是一种可行的思路，除此之外，还有什么具有普遍意义的思想和方法，能促使人们走出技术困境呢？下面从几个方面介绍与走出技术困境相关的通用技术。

（一）探寻"两难"新的平衡点

由两难问题引起的纳什均衡导致博弈形成一种僵局结果。找到僵局的平衡点，并设法有效改变平衡点，就会有利于走出两难困局。例如，收入分配"跷跷板"问题，在全球经济前景尚不乐观、金融危机的负面影响尚未消退的背景下，中国的收入分配制度改革是一个两难问题。一方面民众期望增加收入，另一方面是部分企业面临涨薪潮对生存危机的担忧，虽然对收入分配问题需要解决已形成共识，但在解决方式上意见不同。《工资条例》的难产，最低工资标准的设置或提高困难，正是这种两难的结果。最低工资标准其实是把双刃剑，低收入者面临生存困难和利润低企业面临生存压力同时存在，两难问题的平衡点在哪里，如何做才合适，都在考验管理层的智慧。同样的，在处理收入增加与稳定就业的关系、收入增加与企业发展的关系、当前利益与长远利益的关系等方面也属于两难问题。理论上说，劳动者收入的提高，取决于劳动者创造的财富的大小，要留有部分用于扩大再生产，才能考虑增加劳动者的收入，也就是说收入幅度要与社会财富的增长成合适的比例。而劳动者收入增加意味着生产成本的增加，但是如果劳动者收入会促进生产力的增加，就会达到劳动者和企业的"双赢"。问题是，如何才能使生产力增加呢？作为企业要在产业升级等方面下功夫，淘汰落后技术，提高劳动生产率；作为政府，要采取适当有效措施，优化企业管理，为企业减压解困，化税为薪，提高社会保障水平，增加居民可支配收入。通过调整收入分配"跷跷板"两难问题的平衡点，在某种程度上解决收入分配两难问题，使"两难"走向"双赢"。

（二）从单次走向多次

上节谈到"空城计"，诸葛亮和司马懿博弈的结果体现了博弈双方的智慧。司马懿对当前的一次性博弈的输赢不会十分在意，他更感兴趣的是重复博弈的结果，考虑当前一次性博弈的结果对以后博弈的影响，于是才造就了空城计的美谈。同样，在著名的囚徒困境博弈中，局中人对合作都没有兴趣，于是陷入了一次性博弈条件下的困境。如果博弈不是一次性的，而是可以多次重复的，那么重复博弈能使局中人的经验丰富起来，当双方认识到合作的好处时，博弈结果就会发生变化。

在多次博弈中，局中人认识到双赢的可能之后，有可能从非合作均衡过渡到合作均衡。重复博弈的重要性在于能使博弈局中人通过反思、评价等活动，使得从非合作均衡过渡到合作均衡成为可能。在一次性博弈中，局中人关注的是一次性机会，决定因素主要是短期考虑。而现实中，人们的交往方式更多的是长期关系，博弈行为都是博弈活动不同阶段的表现。理性博弈的做法不仅受过去经验的影响，对未来潜在的机会的考虑也是重要因素。如果只玩一次性博弈游戏，博弈双方当然会考虑个人利益最大化，以至于形成双输局面。但是在重复博弈过程中，超出单次博弈决策的因素必然影响决策选择，在一定程度上促进相互妥协以达成合作和提高博弈效果。

（三）从单维度走向多维度

要破解"两难"，首先要正确认识"两难"不都是"非此即彼"的二选一问题，只要拓宽思考问题的范围，在系统思想指导下，减弱或消除对立因素，增强或突出统一因素，就有可能促成合作博弈的形成。往往在一种场合下，表面上看，是一个既要马儿跑得好，又想马儿不吃草的棘手问题，但用开拓的眼光重新认识问题，变"单维度"思考为"多维度"思考，也许就会发现对博弈双方都有好处的基础，促成合作博弈的生成。例如，人和肠胃中的大肠杆菌、共生固氮菌、清道夫小鱼寄生大鱼生活的习性等，都是生物学上的"共生"现象，这种双方互惠的关系被称为"互利共生"。大肠杆菌生活在哺乳动物大肠中，对食物正常消化具有重要作用，但一旦进入人体的胆囊、膀胱等处，就可能会导致疾病。

在人类社会活动中，合作博弈的策略是一种智慧，是双赢的基础。例如，防治污染博弈，如果政府没有管制污染的环境，企业为了追求利润的最大化，宁愿以牺牲环境为代价，绝不会主动增加环保设备投资。按照看不见的手的原理，所有企业都会从利己的目的出发，采取不顾环境的策略，从而进入"纳什均衡"状态。如果有这么一个企业从利他的目的出发，投资治理污染，而其他企业仍然不顾环境污染，那么这个企业的生产成本就会增加，价格就要提高，它的产品就没有竞争力，甚至企业还要破产。只有在政府加强污染管制时，促使企业不仅仅考虑利润的获取，还要同时考虑环境的保护，企业会采取低污染的策略组合，在获得利润的同时，环境将变好。从"单赢、小赢"到"双赢、大赢"，这种具有普遍意义的新的技术思想，正被越来越多的人理解和接受。

思考题：

1. 什么是两难问题？有什么事例是属于资源两难问题？
2. 如何看待博弈和妥协？
3. 什么是纳什均衡？试用具体的事例进行说明。
4. 有哪些带有普遍意义又有助于走出困境的技术策略？

第四章

设 计 学 习

  设计学习包括发现问题、明确问题、方案构思、方案表述、设计优化和设计评价等环节，学生可以在设计活动中学习和掌握带有普遍意义的、比较系统的设计理念及思想，了解与设计有关的各种途径和方法，学会多角度思考问题，提高审美情趣，培养创新意识，增强解决实际问题的能力。

第一节

设 计 解 读

人们对设计的理解有一个发展过程，其内涵和外延不断地丰富与扩大。刚开始，人们认为设计是前期工作，偏向于引导商业活动。后来，人们认为设计是多元化的，"设计"这名词成了口头禅。对设计的定义有很多种说法，作为名词理解，一个权威的表述是：一个设计是一种被创造出来的事物，它先于世界的事物出现且与之相关，但又有区别。设计的过程分为三个不同阶段：概念构想的形成，在真实的媒体中实现，在事实的体验中与用户交互。[①] 作为动词理解，设计是设想、运筹、计划与预算，它是人类为实现某种特定目的而进行的创造性活动。[②]。

一、设计进化表

随着技术的进步和社会发展，设计的概念并非是僵化和一成不变的。设计的内涵与外延也在不断扩张，特别是在经济全球化背景下，认识设计的功能与作用对培养技术素养有重要的意义。

（一）设计的概念在不断发展

在传统手工业时代，作坊主和工匠既是设计者又是制作者，也许还是销售者和使用者。工业化年代近代都市的兴起，社会出现了专业分工、大批量和标准化生产等，设计从制造业中被分离出来，成为一种独立的行业，经过再分工，形成造型设计与功能设计两部分。设计师担任外观设计，而工程师负责功能设计。

考察设计的出现和发展，有助于我们正确理解和把握设计。在手工业化时代，设计主要关心产品的内部设计，主要是功能设计，而产品的外部设计，很大程度上依赖传统艺术的继承，老字号是响当当的代名词。到工业化年代，产品的外部设计与内部设计产生分离，工程设计关注产品内部功能的实现，而工业设计概念的形成，设计与艺术的结合，推动了商业化进程，为产品创造出更多的经济价值。20世纪专业化的兴起，系统工程学和计算工程的诞生，促使外部造型设计成为一门独立的学科，内部设计和外部设计发展迅速，设计不但涉足物质领域，还大量涉足非物质领域，设计理论和设计方法日趋

---

① Frederick P. Brooks, Jr. 设计原本 [M]. 北京：机械工业出版社，2011：1.
② 尹定邦，邵宏，等. 设计学概论 [M]. 长沙：湖南科技出版社，2009.

成熟。到 21 世纪，信息化、多元化和全球化，促使外部设计与内部设计相结合，设计朝多元化方向发展，人性化、生命化设计是一个新发展动向。

在设计学不断发展的今天，要对众多类型的设计进行分类，不是一件容易做到的事情。在这里，我们主要关心三大类设计。第一类是产品设计。这一类设计涉及服装设计、家具设计、汽车设计、手机设计、服务设计、系统设计、游戏设计、动画设计、网页设计、制作设计、教学设计、实验设计等。本章内容涉及多种设计，如果不特指某方面的设计，都可以理解为产品设计。第二类是传达设计。这一类设计涉及包装设计、广告设计、色彩设计、图形设计、展示设计、用户界面设计等。第三类是环境设计。这一类设计涉及城市设计、建筑设计、室内设计、景观设计、园林设计等。狭义的设计主要指产品设计，而产品可以是有形的物品，也可以是无形的服务、组织方式或观念及它们的组合。当然，具体到某个应用领域的设计，往往会与以上三大类设计同时相关。例如，教学设计除了强调教学方式方法设计外，显然还会涉及教学信息传达设计和教学环境设计。

（二）设计内涵的延伸

今天，工程内涵有了新的延伸，可表达人们为达到某种目的，在一段时间内从事的技术活动。在许多非传统工程场合，人们更愿意用"项目""问题解决"等术语来表达工程的意思。为提高成效，借鉴和效仿工程设计，出现了"项目设计"或"问题解决方

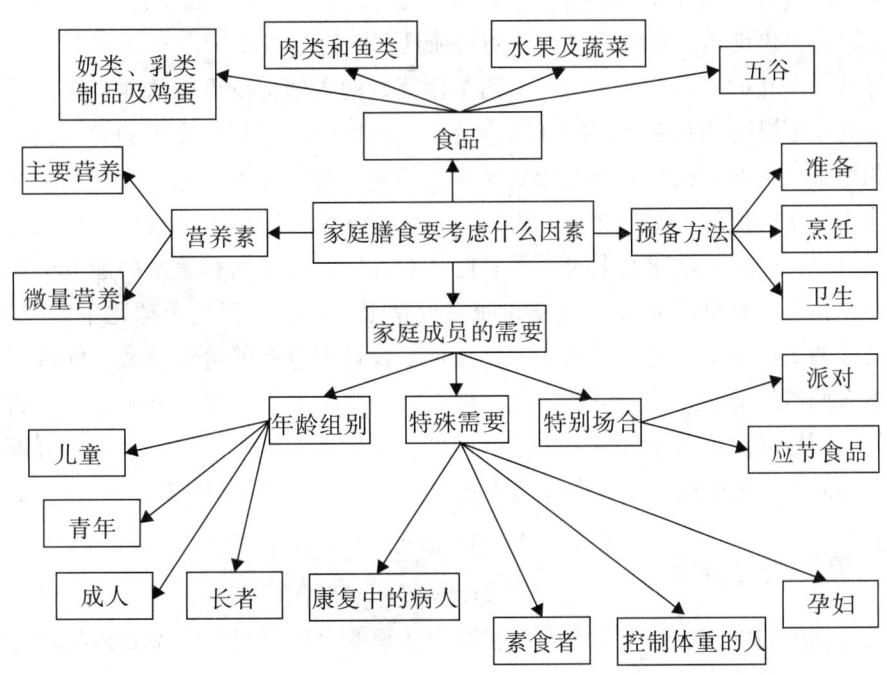

图 4-1　家庭膳食设计概念图

案设计"等。例如,做家庭膳食设计①,如图4-1所示。工业设计也从最初的工业化大规模生产条件下的产品装饰、形式审美和表征设计,发展为涉及理念、思想、文化、意义、价值的设计。设计是一种理想、理念、精神与思想,同时它又是具体的一个过程、一种方法、一种结果。设计的内涵由可见领域发展到不可见领域,不但给人们带来方便,还深深地影响着人们的生活方式。

(三) 全球化背景下的设计

当今世界,经济全球化趋势迅速发展,各国的经济联系日益紧密。经济全球化主要是指商品、服务、资本、技术、劳务等要素,在全球范围内大流通,出现了生产全球化、贸易全球化、金融全球化、投资全球化、人力资源全球化、消费全球化等新现象。今天,市场上流通的商品,出于管理等方面的原因,虽然有商标注明,但实际上越来越多的商品,已不是独家生产,甚至不是某国制造的产品。一台电脑,名义上是某个公司制造的产品,实际参与生产的企业包括多个国家的众多企业。商品的原产地或生产国概念上的淡化,是经济全球化的杰作。在全球化的背景下,不管你是否愿意,一般人的衣、食、住、行都受到了很大的影响。设计作为经济的产物和工具,必然在全球化的历史进程中发挥作用和接受考验。设计观念正在发生变革,设计的跨区域交流和本土化的发展,无一不与全球化这一发展趋势关联。所谓设计全球化,就是要设计和制造适应不同区域需求的产品。全球化设计要求从产品中抽离出符合所有国家、地区和文化的元素,并恰当地表现出来。这要求设计师在把握不同国家、民族、宗教、历史和文化背景特点的同时,设计出在世界范围能被大众所接受、认同的独具个性的方案。

在经济全球化的大背景下,具有不同文化背景的人们得以更频繁地交往,不同文化价值观念的相遇既有相互补充和相互融合的一面,同时也有相互摩擦和碰撞的一面。以往具有相对独立性的文化有了新的相互渗透和相互影响的机会,包含设计交流在内的文化交流成为技术时代的主流。现在,我们每一个人既是一个属于自身所处地域的本土存在,同时也是一个属于全球化中的"世界性"存在。设计风格和美学的趋同发展和差异发展同时存在,由此出现的各种碰撞和冲突也是很自然的。正是全球化中的差异风格,构成了设计的地区身份、地区特色和文化特征。设计促进新的价值形成,促进文化的消费,促进人们以经济的方式去消费文化。做设计,重要的不仅仅是做了什么,而是要看解决了什么问题,满足了什么需要。做设计可以满足人们艺术上的需求,也可以满足人们经济上的需求,更一般地说,设计是为实现某种特定目的进行的创造性活动。

二、设计概念辨析

与设计相关的概念随着技术的进步和人类认识的发展而变化,认识和理解"设计的

---

① 香港课程发展议会与香港考试及评核局. 科技与生活课程及评估指引 [EB/OL]. http://www.edb.gov.hk/tc/curriculum-development/kla/science-edu/index.html.

对象""设计的本质""设计的创新"和"设计的过程"等，对于学习和开展设计活动是十分必要的。

（一）设计的对象

设计的对象通常指的是有形的工业产品。作为产品内涵的拓展，产品也可以是无形服务或问题解决方案。有形也好，无形也罢，设计一定是一个有明确意图和作用的对象。如果设计对象是一种物质对象，则该对象由材料、形态、结构、功能等要素构成。如果设计对象是一种意图对象，则该对象是由原理、规范、规则、标准、方法等要素构成。设计就是要建构某种结构或组织来实现预定功能，使设计对象更好地接近理想状态。为了满足用户需求，设计应该关注用户的体验和经验。可以用三个层次描述用户对产品的意图。首先，用户认为是"有用的"，表示设计具有实用功能，这要求设计关注设计对象的属性和功能。其次，用户认为是"好用的"，这表示带有人文因素评判，说明设计符合用户的要求，这就要求设计要关注消费者的行为，借用人文科学方法发现产品的市场潜力。再次，用户认为是"想用的"，表示用户的情感和审美需求，这要求设计要关注用户对产品形式和风格的认同感，善于从意识形态、社会风气、消费文化、美学观点等出发，引导用户识别和认同产品。

（二）设计的本质

从字面理解"设计"，包括"设想"和"计划"两层意义。设计的本质是创造，是以全新的方式和方法实现需求满足或解决问题，是一个做策划的过程。给设计带来的无限活力是创造力的发挥，而创造力的产生和发挥，是创造性思维的过程，其实质是"选择""突破"与"重构"。按照突变论的观点，事物的质变是通过突变实现的，设计就是设法影响引起质变的各种因素，使变化朝有利方向发展。在设计过程中，发挥作用的创造力有观察能力、洞察能力、发现能力、想象能力、记忆能力、联想能力、分析能力、综合能力、沟通能力和表达能力等。这些能力具有普遍性，也是技术学习的重点。

（三）设计的创新

如今的设计活动，已不仅仅局限于产品设计范畴，不仅仅在赋予材料、结构、形态、色彩、表面以及新的质地方面做努力。现今，设计向着更广泛和更深层次发展，设计的创新内涵在不断地扩展。首先，设计已经超越了产品设计这一层面，广泛参与到生产、生活等社会领域，在生产、营销、管理、科学、项目等方面都有设计活动。设计已经演变成一种解决问题的通用技术。其次，设计作用的对象已突破某个具体的范畴，面向整个社会扩展。例如，工业设计已经突破了工业范畴，成为面向社会、面向文化、面向人的生存活动等。再次，设计全面更新观念，设计思路、设计方法和设计手段不仅注重功能，更注重使用方式，强调人文思想，寻找设计整体结构的合理性，以满足人们的心理、生理及审美需求。设计内涵的外延，赋予了设计新的意义，也赋予了设计新使命。

（四）设计的过程

在具体的设计过程中，由于设计的初始状态、结束状态和具体问题的解决一般没有清晰逻辑条理，也很难做预测，使得设计往往因情境不同而有不同的过程。设计者在某种设计情境中，不断地从不同的角度来思考设计方案，不断地形成新问题，后退和重复不可避免，每一步或许都存在难以预测的风险。与此同时，在设计过程中，由于理解的差异及沟通不足，也加大了设计困难。为了一般性地说明设计过程，Nam P. Suh 提出了设计域的概念，即设计活动由四个域构成：客户域、功能域、物理域和过程域。① 设计过程就是从左到右逐步展开，如图 4-2 所示。在设计一个新产品时，设计者根据用户的要求，确定了产品的功能，并确定相应的实物，然后形成设计方案。可以在具有相关性的不同域中描述一个产品，对两个相邻的域，左侧一个表示"需要什么"，右侧表示"实现什么"。功能域和物理域间映射的方法可以用矩阵运算表示：

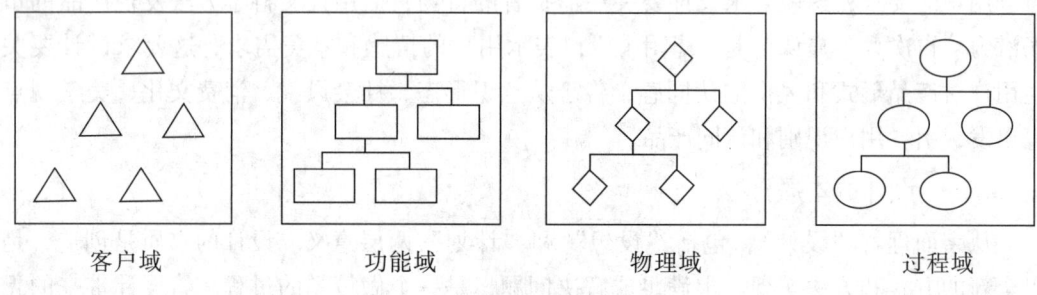

客户域　　　　　功能域　　　　　物理域　　　　　过程域

图 4-2　不同域的关系映射

$$[F_1 \cdots F_n] \cdot \begin{bmatrix} A_{11} & \cdots & A_{n1} \\ \cdots & \cdots & \cdots \\ A_{n1} & \cdots & A_{nn} \end{bmatrix} = [P_1 \cdots P_n]$$

其中矢量 F 表示需要的功能，有 n 个需求，对应矢量 P 为物理特性，也有 n 个对应的特性。而矩阵 A 是表示两个域间的映射关系，是 $n \times n$ 矩阵。如果 A 是一个对角矩阵，表示功能特征和物理特性一一对应。关系矩阵 A 如果不是对角矩阵，表示对角线以外的非零元素会增加耦合设计工作量，意味着针对一个因素的设计的改变会影响其他因素。

三、传达设计

传达设计是指利用人的各种感觉符号来进行信息传达的设计。现代传达设计，尤其是视觉传达设计产生的直接原因是工业化大生产。由于人类延续几千年的农耕生活方式

---

① Nam P. Suh Axiomatic Design of Mechanical Systems [J]. ASME Special 50th Anniversary Design Issue, 1995, 117 (2).

的终结,充满生机的以城市为中心的新生活方式的出现,最大特点是人们的商品消费行为,这导致了广告业、包装业的快速发展,促进了传达设计的快速发展。

(一)商品化促进设计发展

消费是伴随人类活动的生活行为。在工业社会,社会消费有三个层次。第一个层次是纯粹必需品的消费;第二个层次是有交换价值的商品消费;第三个层次是对符号价值的消费。在农业经济时代,在社会自给自足的经济模式下,消费看重物品的使用价值,主要属于消费的第一个层次。进入工业经济时代,社会分工促进了社会进步,在大工业生产背景下,商品消费成为人们主要的日常生活行为。随着物质丰富年代的到来,要想商品畅销,就必须使商品变成符号,使商品获得以符号为代表的身份地位。社会生产在消费的推动下已经有了符号化生产,人们追求的不仅仅是使用价值,还有商品符号价值和象征价值。

符号消费已经演变成为消费时代最典型的生活方式,于是消费行为突出商品的符号价值愈演愈烈。衣食住行已经不再是只满足穿得暖、吃得饱、有房住、出行方便的基本要求,而是要表现消费者的个性和品位。符号性消费关注消费质量,以个人健康、环境保护等观念为依据安排衣食住行,以符号为代表反映消费者的社会身份,消费产品除使用价值外产生了新的附加价值。消费品不仅仅是消费物,还有消费符号意义,消费主义成为西方发达国家的一种新的价值观和生活方式。

为了满足新的消费需求,商品广告被大力发展。在消费主义背景下,由于人们对消费新观念的认同,在选择商品的过程中要求突出商品的符号价值。从此,广告不再是商品实用功能信息的传达,而是操纵人们符号消费欲望和对品位追求的媒介。当人们信心满满地进行消费选择时,实际上很多是受到广告的作用。而传达设计,尤其是有多种有效技术支撑的视觉传达设计,在视觉上以明示或暗示的方式,指引不同的消费者形成商品消费符号。广告师、包装商、工业设计师都很努力,目的是为了吸引消费者对商品符号价值的消费。

(二)设计风格

为了顺应技术进步和生活水平的提高,视觉传达设计逐步形成现代主义的理性风格,向受众提供优质的设计服务成为设计界的普遍共识。这种强调规则和功能实现的理性设计观念和方法,与人们日益频繁的交流和视觉对话需求相适应,促成视觉传达设计从形式到内容、从观念到方法的发展。理性设计思想和方法强调的"功能实现"中的"功能"范围,也随着时代的发展而不断扩展,具有理性特征的视觉传达设计作品成为时代文化象征。在艺术设计领域,特别是与商业活动相关的领域,视觉传达设计中的理性也成为商业竞争的工具,功利驱使下的工具理性得到空前的强化。工具理性关注非人格化的逻辑关系,以可计算的效率为主要追求目标。随着消费社会的日益复杂化,人们对现代主义设计风格进行了不断的反思,形成了多种后现代主义设计风格,以顺应多元化的发展。例如，20世纪末，美国《连线》杂志的创始主编凯文·凯利在他的著作《失控》封面上，通过突出群蜂和蜂巢的画面，让人们体会简单智能主体通过合作表现出复杂智能行为的特性和群集智能的技术思想，就是一种典型的现代主义设计风格，如图4-3所示。凯文·凯利在出版《失控》十年后，又推出了著作《科技想要什么》，该书的封面通过明亮渐变，带有对称的网格，表示人们需要关心什么技术，以及人们关心的技术是什么。在这种带有后现代主义风格的封面设计上，既表示多元化状态，又顺应了现代人的生活观念，让人们在简洁画面中体会到归返简致而又极富想象的深意，如图4-4所示。

图4-3　表示群集智能思想的设计　　图4-4　表示顺应多元化发展的设计

（三）把握审美认同

在泛商品化时代，传达设计的主要任务是在把握大众的审美趣味的基础上，为商品销售服务。在具体设计中，选择拟物化设计不足扁平化设计，首先要明确大众的审美认同，以便在商品上有所体现。现在，作为工业设计的一种，传达设计几乎无所不用其极。颜色设计就有非常多的讲究。例如，家用电器外表的白色，就有很多种，颜色的数字化细分可以有好多种细节不同的白色。设计师要找到顾客喜欢的白色，如果现实中没有这种白色，就委托化学工程师研制这种白色材料。对颜色设计的重要性认识较早、积累有丰富经验的人，往往会有某种优越感。反映到现实生活中，是时尚、流行和过时的区别。对颜色的敏感主要是取决于人种，还是取决于文化的沉淀，就有过争论。曾经有过这样的说法，认为黑眼珠的人不如绿眼珠的人对颜色敏感。日本人就有不服气的，于是做研究证明黑眼珠和绿眼珠对颜色的敏感是一样的。事实上，许多美术专业人士对颜色的敏感就比一般人强烈和前卫。公众或顾客对颜色的认同，或对颜色审美的追求，往往是影响商品销售的主要原因之一。成功的商家都十分在意商品颜色细节的处理，不但注意挑选有优势的商品颜色，还十分在意与之搭配的背景色。由于商品化的威力和普遍性，颜色设计或传达设计很自然成为具有普遍意义的一种通用技术。例如，现在那些讲究穿戴的人对自己服饰颜色及其搭配的讲究程度已经超越了以往的任何时代。

四、环境设计

环境设计是一个宽泛的概念，小到室内家具及摆设，大到各种建筑物和相关的生态环境都有涉及。一般来说，环境设计主要指空间环境设计，有建筑设计、室内设计和景观设计等。作为环境设计应用领域的推广，还衍生出公共艺术设计、学习环境设计等。与建筑学相比，环境设计更多关注建筑的室内外环境艺术气氛的营造；与城市规划设计相比，环境设计更关注规划细节的落实与完善；与园林设计相比，环境设计更关注局部与整体的关系。总的来说，与环境相关的设计更多体现为"技术"与"艺术"的结合。

（一）环境设计的人文关怀

环境设计，不仅仅是做与环境有关的设计，还意味着环境化设计。所谓环境化，是指设计追求环境给人的整体协调感和愉悦感，以体现人与环境的自然关系。在环境的污染和环境破坏日益成为世界性难题的今天，环境化的设计思想显得更加重要。"以自然为中心"或者说"以自然为本"，在这种思想指导下，设计活动强调人的造物活动与自然环境共生共荣，而解决设计造物与使用造物的关系，则要"以人为本"。"以自然为本"是"以人为本"的出发点，"以人为本"是"以自然为本"设计的目的。

中国古代思想家几乎都谈到天与人的关系。在道家来看，天是自然，人是自然的一部分。古代"天人合一"的思想认为，作为独立于人的精神意识之外的客观存在的"天"，与作为具有精神意识主体的"人"可以是统一的。其实，"天人合一"有多种意思。有"天人一德"说，将"天"比喻为"功业"，将"德"比喻为"积极进取"，主张积极进取，建功立业。有"天人一类"说，认为天与人是一类的，人与大自然要平衡和谐。还有"人胜天"说，主张人类在自然界是强者。人定胜天不等于优胜劣汰，强者的存在是以弱者存在为基础，如果强者盲目发展，消灭弱者，强者也就不能存在了。"人胜天"的本意是，人应不断地揭示自然规律，遵循自然规律，才能立于不败之地。现在，神灵的和精神感应的"天人合一"已经过时，主张自然与人类和谐统一的"天人合一"被越来越多的人接受。为解决社会发展面临的新问题，对"天人合一"赋予新的解释，形成新技术观，这对理解环境设计具有重要意义。

开山取石、乱砍乱采等，已经造成了我们赖以生存的自然环境和生态环境的严重破坏。传统的设计往往局限在有限的空间进行，面对生存条件和可持续发展重大问题的设计，要强调人文关怀，要有"以自然为本"和"以人为本"的思想。这样的设计，就是所谓的大设计。这里说的"人文",一般指人类社会各种文化现象,与人的生存密切相关,包括人的价值、人的尊严、人的理想等。人文关怀是对人的生存状况的关怀,是关注人的生存与发展,关心用什么办法和途径达到理想的生存。这是社会文明进步的标志,也是人类自觉意识提高的表现。人文关怀在设计中主要表现是"以自然为本"和"以人为本"的设计思想,是强调设计要有人文特性,创造一种人文境界,以体现对人的精神关怀和尊重。技术发展的历史表明,人与自然如果表现为征服关系,大自然对人类过度的技术活动的"报复",会产生严重的后果。如果人与自然表现为和谐关系,才会有健康的共生。只有共生,才能共存。

(二)空间环境设计

环境设计是针对人类的生存空间进行的设计,其设计的目的在于创造更好和更大的生存空间。例如,在建筑环境设计中,其目的是协调"人""建筑"和"环境"的相互关系,形成和谐统一、美好、适宜人的活动空间。在这里,人是环境设计的主体和服务目标,人对环境需求决定着环境设计的方向。当代人的环境需求,表现为回归自然、尊重文化、重视生活质量和人的情感,具有多元性、个性化等多种倾向。空间环境设计的类型有城市设计、建筑设计、室外设计、室内设计等。从环境观点进行城市设计,是指对城市环境的建设和发展进行综合的规划,创造出满足城市居民共同生活、工作所需要的安全、健康、便利和舒适的环境。从环境观点进行建筑设计,对建筑物的空间、结构、造型和功能等方面进行规划,创造出适合建筑物使用需求的环境。从环境观点进行建筑内部设计,根据实际情形与使用性质,运用技术手段和艺术手段,创造出符合使用者要求的室内环境。

艺术与技术是环境设计的两根支柱,技术为艺术增添活力,艺术赋予技术以灵魂。环境设计不是像技术创造那样只需科学法则,也不能像艺术创造那样可以自由发挥,而应该是两者的结合,使审美价值在实用功能中体现,遵从实现功能与表现的统一。设计者历来重视艺术对设计的影响,于是几乎每一次艺术运动,包括立体主义、构成主义、未来主义、表现主义等,都与相应的设计运动相伴而行,为设计活动提供指导,从而创造出一大批著名的设计作品。作为使用者,审美观念和审美追求是艺术和设计造物的桥梁,直接影响到设计对美的体现。设计者在造型上追求完美,追求使用和审美的结合,将造型、表面处理的个性和创造性寓于设计风格。

"以自然为本"的环境设计理念,强调以人、物、自然生态共生与协调发展为目标,有节制地、科学地利用自然条件,采取从节能、环保、有机等方面展开与自然和谐共存的设计创造,达到可持续发展、与自然和谐共存之目的。以民居设计为例,表4-1给出了以"自然为本"的民居设计要点。

表 4-1 以"自然为本"的民居设计要点

设计	关注面	典型事例
选择和目标	环境论证	选择有利环境保护方案
	生态论证	评估对自然生态的影响
材料准备	材料选用	用节能材料和安全材料
	材料加工	减少污染，不使用红砖
	材料运输	水泥搅拌和运输一体化
建造管理	房屋设计	照明、保暖、降温绿色化
	房屋建造	建造方法及过程的合理化
	房屋管理	管理系统和方法的科学化
使用维护	日常预算	资源节约和适度消费
	日常使用	使用可降解材料等
	日常维护	保持整洁合理维护
循环经济	旧物回收	减少污染物的排放
	再生利用	使用人造木材等

思考题：

1. 如何理解设计的概念在不断发展的观点。
2. 在消费主义背景下，人们为何追求商品的符号价值？
3. 为什么面对生存条件和可持续发展重大问题上的设计要强调人文关怀？

第二节

现 代 设 计

进入 21 世纪以来,"现代设计方法"逐步成为一门新的技术领域,发展迅速,应用广泛。由于设计的内涵在不断发展,在现有研究成果中,对现代设计这个概念尚不能给出明确的定义和分类。目前,比较权威的词典选列出来的现代设计方法有多种,典型的现代设计有并行设计、虚拟设计、绿色设计和 DIY 设计等。现代设计经常会涉及并行、虚拟、绿色和 DIY 等思想,相关技术具有基础性和普遍性的意义,属于通用技术范畴。

一、并行设计

(一)关心并行设计

传统的产品设计采用的是一种流水线思想,将设计过程尽可能细地划分为一系列步骤,由不同设计人员承担其中的一部分工作,而且是相对独立进行的,工作做完以后把结果交给下一个部门。由于串行方法忽略了各环节间的交流和协调,设计人员只承担一个局部任务,影响了对设计整体性和综合性考虑,且某一环节发生问题,都可能造成低效和设计周期的冗长。由于设计任务越来越庞大复杂,为提高设计的效率,并行设计也就应运而生。并行设计强调设计要面向整个过程或产品对象,因此特别强调负责设计的人员在设计时不仅仅要考虑分工,还要考虑设计的整体性问题,包括工艺性、操作性、维护性等。整个设计工作都要着眼于整个过程和设计总目标。并行设计从一开始就考虑到产品生命周期中的各种因素,设计的每一个步骤都可以在前面的步骤完成前就开始进行,如图 4-5 所示。从串行设计到并行设计,不但是做法改变,也是观念上的很大转变。在并行设计中,每一个设计任务在前置任务完成前就开始进行,将前置和后置任务的要求作为本任务的约束条件,使各任务的输出反馈给前段任务,以便对设计工作进行评价和修改。传统设计由于没有快速和可靠的信息传输手段,设计的前置任务没完成,肯定会造成设计信息的不完备,也就使当前的设计工作无法进行。如今信息化技术手段能保证设计的输出、传送畅通和持续,使各阶段性的设计可以提前进行,使一切可能产生的错误、矛盾和冲突被尽早发现和解决成为可能,缩短产品开发周期,降低开发成本和提高质量。

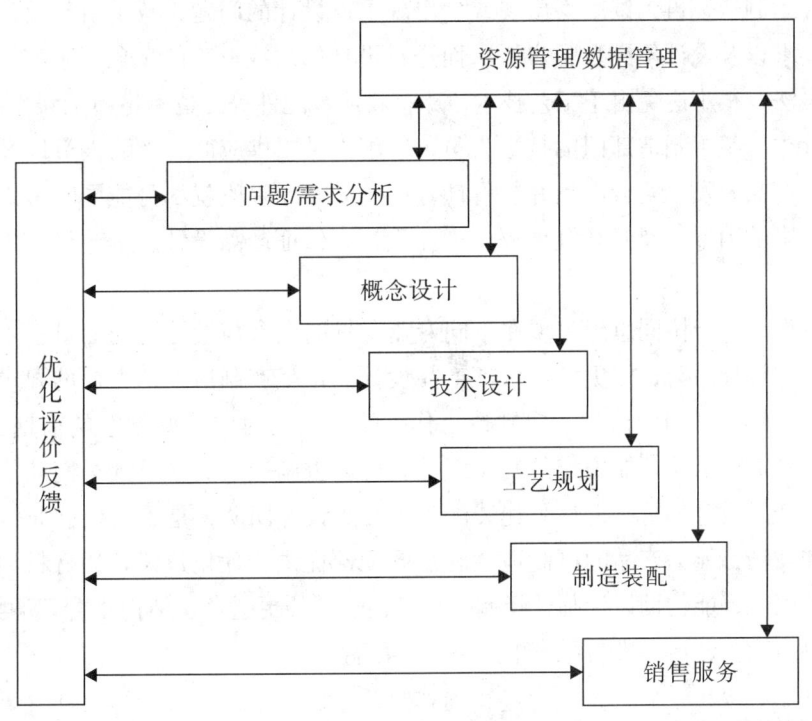

图4-5 典型的并行设计体系框架

（二）并行设计特性

并行设计具有四个方面的特性，也就是所谓的4C特性。第一是并行性，即多个设计阶段的工作在同一个时间框架内进行。第二是约束性，即认为过程约束性是产品设计的一部分，从而保证阶段性设计的结果易于操作和实现。第三是协调性，即产品和过程密切协调以获得成本、质量和交货期的最佳匹配。第四是一致性，即重大决策要征求全体人员的意见并取得一致。并行设计有一套形式化描述的模型，用来描述活动涉及的质量、时间、花费、资源、组织和服务等方面的情况以及相互关系，以明确工作任务和目标。

常规的并行设计主要体现在两个方面。其一，是上下游并行设计，属于人员协同和集成的并行化，也就是设计的上游阶段工作要充分考虑设计的下游阶段。例如，产品设计和产品制造同时参与产品设计。其二，是多个产品设计任务协同并行进行，属于信息、知识协同和集成的并行化。例如，便携式电子产品的设计，会同时涉及硬件设计和软件设计。串行设计的做法是弄好一个再弄第二个，而并行设计的思想是两个同时一起弄。

（三）并行设计事例

以产品设计为例，传统分工形成了设计和制造工作由不同部门负责，而且设计和制造两项任务的关系是设计完成后再进行制造。但是，由于设计的不完善，在制造过程甚至到使用过程中，才发现要对设计进行修改，这是导致产品开发周期变长的一个重要原因。为提高产品开发的效率，很重要的一点是产品设计完成后，能够顺利地制造出来。

或者从设计到制造，再到试用不出现或少出现重返设计的问题，减少由于设计不能满足生产制造要求以及设计不满足客户要求而进行设计修改或返工的现象。事实上，传统串行设计的做法，很难避免由于工艺技术、原材料或零配件等准备不足而延误生产等问题。在并行设计中，组织制造部门的技术人员、装配人员、供应商、采购人员以及销售人员等共同参与产品开发，实行产品并行设计，在产品设计阶段就尽可能同时考虑产品生命周期的所有影响因素，及时系统地评价产品设计，保证产品设计、工艺设计、制造一次成功。

在并行设计中，协同思想表现在不同专业背景的人参与设计活动的过程中。让制造人员加入产品设计团队，能更好地保证产品设计满足生产制造工艺方面的要求，同时制造人员将会尽早得到制造信息，使制造工作有更充裕的时间做好制造的前期工艺准备，特别是对那些需要试验才能确定的复杂工艺，可以由制造人员在设计早期就能进行协调试验，确保产品设计的可制造性。让装配工人加入设计团队，是因为他们非常了解产品装配工艺和技巧，能为产品的可制造性和可装配性提供合理化建议。让材料和零件供应商加入设计团队，能帮助设计师选择制造更简便、功能更适合、结构更合理的技术方案，也有助于供应商为新产品准备配套的新系列零配件。

二、虚拟设计

（一）关心虚拟设计

我们的时代正进入一个虚拟的数字化时代，虚拟技术打破了以往现实性技术一统天下的局面，使得技术设计形式发生了重大转换，极大地开拓我们的视野，改变我们的思维方式、行为方式和生存方式。虚拟设计涉及对虚拟技术的使用，对虚拟技术的理解有比较简单的和比较全面的两种。比较简单的虚拟技术，是指技术活动中使用的视觉、听觉、触觉等设备，只要有一项不是使用真实的设备，而是采用虚拟设备来实现，那就可以说使用了虚拟技术。而比较全面的虚拟技术，主要是指虚拟现实技术，可以提供使用者关于视觉、听觉、触觉、嗅觉等感官的模拟，让使用者如同身临其境，可以及时、没有限制地观察和体验事物。

为了使产品设计能够一次成功，往往会采用虚拟设计技术，也就是利用仿真技术、信息技术、计算机技术对现实制造活动中的人、物、信息及制造过程进行仿真，以便在真实制造前，发现制造过程中可能出现的问题，解决这些问题，缩减产品开发的时间，降低开发和制造的成本，提高产品在市场上的竞争力。虚拟设计不仅继承了CAD设计的优点，也具备了仿真技术可视化的特点，更能支持协同工作的并行设计，从而可在使用各种先进技术的同时缩短产品开发周期，使产品保持技术上的优势。

今天，虚拟设计应用领域越来越宽广，有虚拟产品设计、虚拟工业设计、虚拟园林设计等。在1998年，时任美国副总统的戈尔在一次演说中，提出了"数字地球"的概念，数字地球是一种关于地球的可以嵌入海量地理数据的、多分辨率和三维的表示。该概念被引申到城市、景观、交通管理等领域，使"数字城市""数字景区"和"数字交通管理"等成为信息化的热点。在2008年，IBM总裁彭明盛在一次演讲中，提出了"智慧地球"的概念，认为世界的运行方式正在发生深刻变化。如今，人们已经有了足够的处理能力和先进的分析能力，各类信息、市场动向、社会百态正在被转化成智慧；有了这份能力，无论是面对产品还是企业，甚至是城市，面对几乎所有的事务，人们都可以找到办法来降低成本、减少浪费、提高效率和生产力，从而最终推动社会越变越好。①"智慧地球"的概念，同样被引申到不同领域，"智慧城市""智慧景区"和"智慧交通管理"等开始成为信息化的热点。无论是数字，还是智慧，这些新技术都与虚拟技术和虚拟设计密切相关，即利用信息技术手段把地球、城市、景区和交通管理等的过去、现状和未来的全部内容在网络上进行数字化虚拟实现。数字化、智慧化仍然是一个概念，它是"数字地球"或"智慧地球"的一个组成部分。很难说清楚到了什么样的信息化水平可以看作是实现了数字化或智慧化。但它们并不是虚拟的东西，也不是一个可望而不可即的东西，它是一个在未来建设和生活中随处可见、随时可用、无处不在的"系统"。数字化和智慧化是发展的战略目标，并有一个逐渐发展的过程，而且在发展过程中将会给建设、生活、经济发展逐渐带来效益和方便。

（二）虚拟设计特征

虚拟设计使用的虚拟现实技术有三个基本特征，也称为3I特征。第一个特征是易于想象，即设计人员借助虚拟现实技术，通过语音控制系统、数据手套等设备控制设计的过程，这些多感知功能使设计人员能够摆脱设计软件功能及信息反馈不足的约束，能更好地发挥设计人员的想象力；第二个特征是交互式，即虚拟现实技术系统具有友好的交互界面，视觉输出、语音输入、触觉反馈等系统改变了设计软件复杂的菜单、命令，使得设计人员不必花太多时间熟悉软件的使用，从而摆脱了软件格式和命令等操作上的约束；第三个特征是沉浸感，即虚拟现实技术系统可以使设计者在人工合成的环境中获得更好的"进入角色"的体验。正是有了虚拟现实技术，虚拟设计也有了与之对应的新特征：

（1）沉浸性。集成三维图像、声音等多媒体的现代设计方法，用户能身临其境地感受产品的设计过程和性能，从仿真的旁观者成为虚拟环境的组成部分。

（2）简便性。自然的人机交互方式，"所见即所得"，用逼真的临场感支持不同用户背景，支持并行工程，丰富设计理念，提供设计新方法和激发设计灵感。

（3）多信息通道。用户感受视觉、听觉、触觉和嗅觉等多种信息，发挥人的多种潜能，增加设计的成功性。

---

① 彭明盛. 智慧地球发展进入黄金十年 IBM发表演讲"欢迎进入智慧时代"[J]. CAD/CAM与制造业信息化，2010（1）.

(4) 多交互手段。摆脱传统的鼠标、键盘输入方式,运用多种交互手段(数据手套、声音命令等),支持更多的设计行为(建模、仿真、评估、预测等)。

(5) 实时性。实时地参与、交互和显示,把人在 CAD 环境下的活动提升到人机融为一体的积极参与的主动活动,构成融入性的智能化开发系统。①

(三) 虚拟设计学习

技术教育视野下的技术学习,若有条件使用虚拟现实技术进行设计学习当然好,只是多数学校在目前条件下,数字化和虚拟化程度并不高,重要的是要学习和掌握虚拟技术的思想和一些基本操作方法。在教育学中有一个著名的寓言故事:

在一小池塘里,住着一条鱼和一只青蛙,它们是一对好朋友。那只青蛙经常跳出池塘,去看看外面的精彩世界。鱼对此十分羡慕,请求青蛙讲一讲外面的新鲜事。青蛙见过牛,说:"牛真是一种奇怪的动物,头上长着两只角,肚子的下面长着四条腿……"鱼边听边按照自己的经验和理解想象着牛的样子:牛像鱼一样有头、有身子和尾巴,头上却长了两只角,肚子的下面长了四条腿……这就是所谓的"鱼牛"。

这个是一个关于知识建构的故事,无论青蛙如何详细地描述,都不能代替小鱼对牛形象的认识。小鱼没有见过岸上动物的形象,只有自己同类和青蛙等形象,所以当它听了青蛙对牛的一些形象描述后,建立了"鱼牛"的认识形象。在学校中开展设计学习,为了避免"鱼牛现象",尽可能多使用虚拟技术模拟产品开发全过程及其对产品设计的影响,预测产品性能、制造成本、可制造性和可维护性等,从而提高产品设计学习的效率。

虚拟设计技术系统由多个虚拟单元组成,可以通过虚拟产品开发组织,虚拟资源保证,虚拟产品信息分析,以获得对开发虚拟产品的时间、成本、质量和风险等认识。虚拟设计学习的目的是提高技术学习的效果,使学习者在虚拟环境中进行设计,主要表现在可以用不同的交互手段在虚拟环境中对参数化的模型进行修改。传统设计使用纸质图纸,用线条和符号勾勒出概念设计,而虚拟设计能更好地让设计者"进入角色"体验。最简单的就是,将二维的三视图转变成三维图。

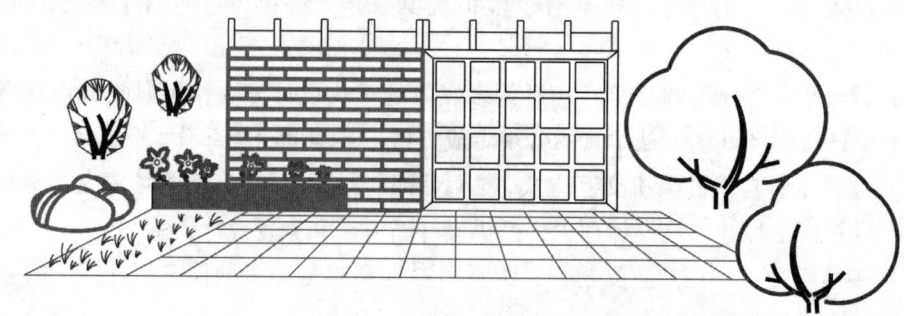

图 4-6　三维设计效果图比多个二维平面图效果好

---

① 薛澄岐,等. 工业设计基础 [M]. 南京:东南大学出版社,2004.

虚拟设计基于三维的空间设计理念，不再将空间表达分为单独多个面进行设计。这样可以使设计者能直观、准确了解自己设计的构造，不用花大量的时间耗费在各个面的组合和想象上。例如，在园林设计中绘制示意图，不需要用多个二维平面图，即使是采用有限的三维技术、彩色线条和画图工具，也能够使设计者更准确地表达和理解，方便沟通，如图4-6所示。如果在虚拟设计学习中，还加入能快速画立体模型的工具，配上真实情境的照片等，会有更好的效果。

三、绿色设计

（一）关心绿色设计

绿色技术是人类反思传统技术后进行的一种新的技术选择，代表了未来技术发展的一个方向。绿色设计出现在20世纪80年代末，是人们对于现代科技发展引起的环境及生态破坏的反思，体现了设计师道德和社会责任心的回归。在工业社会，技术活动为人类带来现代生活巨变的同时，也加速了资源和能源的消耗，对地球生态系统产生了很大的影响。人口增长快，自然资源稀缺，环境污染严重，是当今社会所面临的三大问题。在这种背景下，设计师们不得不重新思考设计的作用，绿色设计应运而生，通过绿色设计实现碳减排，实现对资源、环境的保护。分析论证表明，设计的作用不仅仅在推动人类的进步，还承担着维护人与自然和谐及创造合理生产和生活方式的任务。采用以资源、能源的高效利用为特色的集约型发展模式，是人类实现可持续发展的必然选择，也是绿色设计的基本出发点。

（二）绿色设计原则

公认的绿色设计3R原则是减少环境污染、减小能源消耗、产品和零部件的回收再生利用。首先，减少环境污染原则是指产品在生产和使用过程中对环境造成的污染最小，抛弃传统"先污染，后处理"的设计观念，实施"预防为主，治理为辅"的设计理念。其次，能源消耗最少原则是指在生产过程中消耗的能源尽可能少、输出效率尽可能最大。在选用能源时，尽可能选用太阳能、风能等清洁能源和再生能源，而不仅仅是便宜高效的煤炭、油、气等非再生能源，以有效缓解能源危机，并减少对环境的污染；在能源使用过程中消耗能源最少，减少资源和能源的浪费，尽量避免所使用的能源转化为振动、热辐射或其他无效形式。再次，产品和零部件的回收再生利用原则是指资源的投入量与产出量比值趋于1。在选择资源时，从可持续发展观出发，还要考虑资源的再生利用，减少资源应用过程中的浪费和流失问题，不能因为资源过度使用加剧枯竭危机，尽量保证所选用的资源在产品的整个利用过程中的利用率达到最大。

除了3R原则外，近年来绿色设计还出现了零损坏原则、生态经济效益最佳原则和技术先进性原则等。所谓零损坏原则就是要使产品符合人机工程学等原理，使产品在生产和使用过程中尽可能减小对人类身心健康的损坏。所谓生态经济效益最佳原则是设计不仅考虑产品的经济效益，而且还要考虑产品在生命周期过程中对生态环境和社会所造成的影响，以及所带来在环境、生态和社会效益方面的损失。所谓技术先进性原则就是指在生产过程中采用先进的技术，从技术上保证可靠性、安全性、经济性的同时，确保产品在生产和使用过程中，具有很好的环境协调性。

（三）绿色设计的实施

绿色设计可分为绿色材料选择设计、绿色制造过程设计、绿色回收利用设计、绿色包装设计、绿色服务设计等。其中绿色材料选择设计是最重要的关键技术。绿色产品使用的材料一定要同时满足两点：一是满足产品本身的要求，二是对环境要友好，缺一不可。常用的绿色材料设计包括选择在环境中易降解材料、天然材料的开发应用、尽量少用有毒有害材料，做好材料分类管理和废弃材料及边角料的回收利用等。

绿色设计说起来很美，但实施却面临一系列的问题。这不仅仅是设计风格或个人喜爱的问题。绿色产品可能比较贵，可能没多好的功能，可能外观不怎样，选择绿色材料关系到人们思想变革和社会观念的认同。在政府管理层面，政府在制定经济发展规划时要重视节约资源和保护环境，为子孙后代着想。在社会生活层面，公民技术素养提高表现在对绿色消费观念的理解和逐步的接受，不是一味地追逐新潮，而是在日常生活中多使用绿色产品，学会合理安排，循环利用，避免浪费。这不仅有利于绿色事业的发展，同时也是对自身生存环境以及身体健康负责的行为。在设计层面，设计者不仅是技术开发的先驱，时尚潮流的引领者，同时也是产品的缔造者。在物质丰富年代，现代人的消费越来越注重视觉因素，对产品的更新速度也越来越快，这些都是造成资源浪费和环境污染的重要原因。这就要求设计者要有环保意识，要有可持续发展意识，努力探索和开发绿色材料和绿色产品，做绿色设计。

四、DIY 设计

（一）DIY 的概念发展

DIY 的概念最早是用来指不依靠或聘请专业工匠，自己亲手进行家居装修工作。由于西方国家人工费远比物料费用昂贵，人们自购材料和工具，在业余时间动手做装修，不仅可以节省开销，还能在装修过程中体验动手的乐趣。随着 DIY 的概念广泛化，DIY 的目的逐步演变成为对兴趣和爱好的满足和对个性的追求，即使 DIY 的制作品显得粗糙，但很多人还是乐此不疲，这种 DIY 可以理解为是奢侈的游戏，只有那些有足够时间和花费得起的人才有资格玩 DIY。在工业化年代，DIY 也很快与委托加工等工业化要素产生了联系，使更多的人找到坚持 DIY 的理由，于是 DIY 又出现了 DIY 设计、DIY 个性张扬新内涵。然而，只有进入了 3D 打印时代，DIY 的概念才发生了真正意义的变化。在网络技术、虚拟技术和新型自动机械高度发展和融合的年代，DIY 制作已经向 DIY 制造发展，而制作变得越来越容易的时代，DIY 设计比 DIY 制作更有意义就是很自然的事情了。

今天的DIY拥有独特的魅力。一方面，个性化突出是时代的一个特征。越来越多的人已无法接受与他人的雷同，DIY不可避免成为现代生活的一种时尚。买上一把鲜花，在花瓶上动手插花，插出一份创意，是为了获得一个好心情，获得设计的快乐，获得操作的快乐，还可以满足审美需求；逢年过节，用不着到处寻找合自己心意的贺卡，只要有想法，在电脑上制作贺卡，既快捷又方便，还符合环保要求。DIY还是继承传统文化和探索新文化的有效载体。另一方面，DIY迷人之处在于其过程。制作过程讲究兴趣、创造、设计、操作和磨炼，其意义是仅仅靠熟练使用机械加工无法实现的。

在社会分工越来越精细的年代，快节奏环境下的工作和生活，缺乏必要的DIY服务。DIY绝对不是心血来潮，你得考虑花费，考虑有没有足够的时间，考虑是制作精品还是粗糙的东西，考虑有没有足够的耐心确保不会半途而废，考虑能否找到合适的材料和工具，考虑能否得到有效的指导。但是，更多情况下，这些都没考虑就开始做了，做了之后才发现DIY是奢侈的。其实，对很多人来说这些都不是判断DIY价值最重要的因素，人们更关心DIY魅力所在是追求个性、展示个性，要的是心里的快活。

想象一下，不久的将来在学校学习技术课程，要制作小板凳，是通过桌面制造系统，在电脑上完成设计，只要点击一下"定制"按钮，不用多长时间，就在某个打印终端打印出个性十足的小板凳部件，经过简单组装，就完成了小板凳制作工作。再想象一下，信息产品的大规模普及导致边际成本趋于零，也就是以上说的设计和制作小板凳几乎是免费的。这些意味着什么？在学校设计和制作小板凳是如此，将小板凳换成鲁班锁也是如此。产品设计和产品制造等领域，也会发生很大的变化。例如，做玩具的，做相框的，做模型的，社会上好多行业都会发生DIY设计和DIY制造革命。

（二）DIY设计理念

一般来说，早期的和今天的DIY设计应该是打引号的，只是因为DIY强调"自己动手做"的理念，泛指所有运用这个理念进行的设计活动。因此，DIY引起的设计需要，是学校和个人开展设计学习的理想媒介。当然，DIY设计师只是一个角色模拟，或者仅仅是兴趣爱好，一些专业设计师也可能认为他们不入流，但从DIY中获取众多新意和灵感，进一步设计出一些好的作品的事例却比比皆是。

DIY往往与手工联系紧密，手工精神的提出是和机器生产相对立的，在工业化之前，手工精神常态化深深影响着人们的情感世界，由于工业化的兴起，机器大规模生产使手工制作边缘化，手工一词一度成为生产率低下、质量参差不齐的代名词。然而，在工业化越来越发达的年代，人们逐渐厌倦了由工厂生产出的标准化无差别的产品，很多人越来越怀念手工精神，但又面临着机器化的不可逆转，人们需要一种新的手工精神，使手工制品恢复活力。

现代手工离不开科学，离不开技术，也离不开艺术。所谓的科学，是指导人与外部事物打交道的理论知识，通常是指导人与自然界打交道的理论知识。今天占支配地位的是所谓的近代科学，更准确地说是近代西方科学。近代西方科学是在近代欧洲诞生的一种科学类型,它重视数学的运用,重视实验,也称为实验科学、实证科学。今天,科学对人们的行为有很大的影响力,现代手工显然要与科学原理相符合。所谓技术,在较长一段时期内,人们认同狄德罗式的技术定义,形成"技术即技能"的认识,认为技术是完成特定目标而协调动作的方法、手段和规则体系。然而,今天的技术内涵得到深化和拓展,人们认识到技术也是知识,技术还是一个过程。对于技术的这些理解,也深深影响着对手工的看法。"艺术"是什么?不是一个新问题,是一个一直让人们感到困惑、引发思考的问题。艺术是音乐、舞蹈、绘画还是杂技?广义理解艺术,每个人都有自己的"艺术"。学生学习、教师讲课、工人操作、商人经商、母亲安慰哭泣的孩子、唱歌、游泳、在游戏中玩,任何人只要掌握了某种精湛技艺都可以是自己的"艺术",艺术的共性是神秘性。精湛技艺、成功操作,是因为精通某种技法,就会导致神奇的事情发生,却往往不能从原理上详细说明怎样取得成功。而手工制作就与这些"艺术"密切相关,这或许是手工制作魅力所在吧。传统技术观重视手工操作和结果,新技术观重视手工涉及技术知识和技术过程,如何认识手工的科学性、技术性和艺术性以及相互关系值得探讨。

设计往往带有明确的目的性,这是因为一谈到设计总是联想到设计师,设计是为他人服务的活动,要求设计师对设计的创意要顾及顾客或受众对设计的接受程度。而传统DIY一旦与"艺术"沾边,就带有明显的个人表现,因为设计作品不一定要进入市场环节,它带有自娱性质,设计时更多考虑的是"我"的特性,更喜欢随心所欲,追求"有我境界",喜爱"知音",这些都使DIY设计的目的变得模糊。然而,随着网络化、数字化和桌面制作技术的发展,DIY手工制作向DIY机器制作发展,或向DIY制造发展,DIY一旦有了市场化和商业化可靠和不昂贵的平台,那DIY设计也会有清晰的设计目的。DIY设计目的从模糊走向清晰,是技术发展的必然结果。

(三) DIY设计手法

古时候,鲁班一不小心差点摔倒,为了保持身体平衡,伸手抓路旁茅草,手被茅草划伤了。鲁班发现小草叶子边缘长着许多锋利的小齿,他想要是用带有许多小锯齿的工具伐木,就省力多了。于是,鲁班发明了锯子。1765年,织工兼工匠的詹姆斯·哈格里夫斯在织工因缺乏棉纱而经常停工的情况下,用一个纺轮带动八个竖直纱锭纺纱机械,发明了珍妮纺纱机。1986年,在一家生产紫外线灯公司工作的查克·赫尔意识到,可以用紫外线将塑料蚀刻成他需要的任意形状,然后将它们逐层堆叠成一个三维的物体,于是3D打印技术诞生了。在农业经济时代,鲁班发明锯子,锯子上面有许多锯齿,用手推拉一次锯子,就可以完成多次切割。工业化初期,詹姆斯·哈格里夫斯发明的珍妮纺纱机,手摇一次,就可以同时纺出多支棉线。工业化高度发达的今天,查克·赫尔开创的3D打印技术,用一个喷口,可连续打印三维物体。时代不同,玩制作发明,有不同的精彩。鲁班的锯子、珍妮纺纱机和3D打印技术,分别代表着工具、机器和数字化制作等具有时代意义的技术。技术发明不但提高了加工效率,还改变了加工思想,促进了设计手法多样化。

    人们玩 DIY 设计，有许多 DIY 手法，其中有以下四种典型手法，也是 DIY 设计的重要灵感来源。第一是混搭法。后现代社会中存在着多重文化融合的需要，人们对多重文化的吸收和鉴赏力大大提高，使设计者不得不对单一文化样式做出调整，以适应审美趣味。混搭不是简单相加，而是强调统一，强调由不同成分加入出现新的功能和新的特性。第二是借用法。借用现实中的东西，包括图像和现成物品，进行抽象化处理，提炼出构思轮廓，从而摆脱习惯思维的束缚，形成新的创意。第三是改造法。改造是一种优化过程，包括消除负面因素和增加正面因素两种手法。通过改造，消除隐忧，开拓长处。第四是解构法。不同于现代主义强调整齐划一，通过对事物结构的分解与重构，进而获取新的有序或新的有效性。解构往往具有对"习惯模式"的破坏性和冲击性。

思考题：
1. 什么是并行设计？并行设计有什么新思想？
2. 什么是虚拟设计？虚拟设计有什么新思想？
3. 什么是绿色设计？绿色设计有什么新思想？
4. 什么是 DIY 设计？DIY 设计有什么新思想？

第三节

做设计会带来什么

在设计学习中，重要的不是学生学到了一些什么设计知识，而是学会学习，学做设计。技术教育视野下的设计学习，我们关心如何通过设计活动培养学生的技术素养。设计过程发生了什么？设计的表现和追求是什么？设计思考有哪些重要内容？如何引导学生参与设计学习？如何引导学生制作设计方案？如何引导学生开展评价学习？这些都是值得探讨的问题。

一、设计学习过程

由于设计的内涵和外延不断地丰富与扩大，设计学习内容也会不断更新。在后工业化年代，对大多数学习对象来说，像金工设计或机械制图等学习内容会不断减少或消失，而像数字设计或膳食设计等新事物会层出不穷。但是，不会变化的是设计学习精彩在于为学生提供多样化的选择机会。特别是在设计方案的生成和设计方案的评价过程中，学生通过设计活动，不但能学习技术知识，更重要的是有机会接触到多种技术过程及其应用。

（一）引导学生参与设计学习

在设计活动中，会发生一些与操作活动显著不同的事情。例如，要设计一个漂亮外形，让背景颜色美观一些，把细节变得精致和吸引人，等等。设计者要考虑的不仅仅是某一个解决方的案，而是一系列可供选择的方案，每个方案都涉及多因素和多对策的选择。例如，创作一个红色的背景，在配出理想的红色之前，在设计者脑海中会呈现出数十种红色，要选择哪一种红色呢？不仅仅要根据自己的体验做出选择，还必须考虑专家、上司、同行、顾客等的感受或意见。在这样的过程中，设计者有可能会考虑和发现从前所没有想到的色相和色温。体验多样性和选择是设计学习的重要内容。

同样是设计，不同类型的设计，选择的原则有所不同。例如，工程设计和工业设计的选择原则就有区别。工程是按照某种目的，运用科学知识和技术手段，与社会、经济、政治、法规、人文等多方面因素相结合，产生某种预期使用的价值的过程。工程设计是工程项目生命期中的一个重要环节，是对工程项目进行整体规划的过程。而工业设计是针对批量生产的工业产品而言，凭借训练、技术知识、经验及视觉感受而赋予材料、结构、形态、色彩、表面加工及装饰以新的品质和资格的过程。两种设计依据的科学知识侧重面不同。工程设计在注重遵守自然科学规律与各种法则的前提下，通过整合和选择适宜的技术手段，实现所需功能与性能指标；工业设计更多利用有关技术与工艺，实现在造型、色彩、人机工程等方面进行设计规划，以提高物品的功能和质量，更好地满足人的使用要求。两种设计选择的目标不同，工程设计主要是协调物与物，以及物与自然之间的关系，而工业设计主要是协调物和人之间的关系；工程设计做选择的标准是遵守客观规律，而工业设计的灵魂是创新。两种设计产生的结果也不同。针对一个设计题目，100个工程师会设计出在许多地方都相同的设计方案，而100个工业设计师可能会给出超过100种好的设计方案。在具体设计活动中，工业设计与工程设计是两个过程，两者的关系不是归属关系，而是并行关系。协作好工程设计与工业设计的关系，使之相辅相成，一直是困扰工程师和设计师的问题。

在技术学习中，设计是一种技术学习过程，是学生获得或形成与技术设计相关知识、技能和态度的过程。对于一般人来说，设计学习是一个复杂的过程。我国现代教育心理学家在前人研究的基础上，认为学习过程可以划分为动机、感知、理解、巩固和应用五个阶段。动机往往决定了学习行为的发端、方向、强度和持续性，感知是人的思想对外在事物的一种主观反映，理解一般也称为了解或领会，巩固与复习和增强相关，应用是指将所学思想、原理、方法、技法用于解决具体问题。设计学习是一个认知和技能由较低水平向较高水平发展的过程。设计学习内容更多的与学习技术思想和方法相关，在设计学习中应更多关注"技术思想方法的领悟"和"技术思想方法的应用"。领悟技术思想方法是指学生能够表述和解释技术思想方法，能够理解技术思想方法所涉及的一些理念和观点，能够制定和优化解决问题的方案，并内化到自己的认知结构中。应用技术思想方法是指学生在技术活动中，具有恰当的技术思想方法，并能运用，解决一些具体新问题或较为复杂的问题。设计学习的多样性处理得当，能更好地引导学生参与设计学习。

（二）引导学生生成设计方案

作为一般意义的技术学习内容，主要关心的技术思想和方法往往是哲学层面上的，或者是一般层面的。这些思想和方法比较抽象和概括，往往内隐在具体的技术活动中，这使得它们不能像一般的知识那样，仅仅靠识记和理解就能完成，也不能像学习具体技能那样，通过模仿和训练就能掌握。它必须通过一系列的技术学习活动，特别是通过设计学习，将具体的转化为抽象的，将内隐的转化为外显的，在解决实际问题的过程中逐步掌握。因此，在技术学习中，应该凸显技术思想方法领悟和可迁移性。

生成，是一个教学研究中使用频率很高的词汇，意思有长成、形成、培养和生就等。生成性学习属于建构主义的一种教学方法，是指在弹性预设的前提下，在教学的展开过程中，由教师和学生根据不同的教学情境自主构建教学活动的过程。在技术学习中，技术方案的生成属于一种生成性学习。生成还可分为两种，一种是预设下的生成，另一种是不曾预设的生成。"动态生成"是新课程理念下课堂教学的主要特征。

从学习的实质理解技术方案的生成，只有在新的信息和已有的知识经验结合在一起，并产出了具体的意义以后，有意义的学习才会真正发生。例如，用A4纸生成飞行器设计方案，只有当学生了解或掌握了一些新的技术思想和方法，了解了问题所在以后，学习过程的建构的性质才会明显起来。要生成一个好的设计方案，或者要评价一个设计方案是否恰当，首先要明确要解决的问题。教师要说明设计要求，这是一个设计飞行器的问题，可能是一个纸飞机，可能是一个吹箭，可能是一个模型火箭，可能是一个飞镖等。于是设计的一个核心问题就呈现在学生眼前，也就是解决问题方案的选择。

在设计活动前，教师做好场地准备、材料准备和工具准备，让各种设计方案能在某种程度上有预设的生成。在设计活动开始时，首先让学生明确问题，明确设计要求。接着引导学生思考在给定的条件下，如何做才能达到设计要求。教师还可以边讲解边演示，初步说明各种可能设计方案的优点和缺点，以帮助学生选择设计方案。

在生成技术方案的过程中，学生对技术思想和方法的学习是一种动态生成和建构的过程，是一个对技术思想和方法由浅入深、由近及远认识及建构的过程。教科书的编排，教学内容的选择，教学活动的预设等，都遵循循序渐进的方式。只要教师能有效地促进学习材料和学生已有知识经验的联系，就能引导学生生成各种设计方案，促进设计学习。

（三）引导学生开展评价学习

评价促进学生学习发展是一种新教学思想，也是一种正在快速发展的新技术。合理的评价可以使学生了解自己在技术学习中的特点、已有成绩和不足之处，也可以帮助教师调整和改善教学行为，进而促进学生和教师的共同发展。由学科特点决定，通用技术课程以考试为核心的终结性评价似乎不太切合实际，可操作的往往是课堂评价和描述性评价。课堂评价包括呈现和反思，包括明确评价方案和师生问答。①

反思与评价活动密切相关。所谓反思，就是反过来思考。这是一个现代教育教学中常常使用的概念。通过自我反省，形成对事物的新认识，是一种有别于直接认识的间接认识，是人内心对自身活动的注意和知觉，是知识的来源之一。在学习个体进行反思活动时，很容易就与领悟、借鉴、质疑、批判、忧患、提高、思辨、制约、检讨、修正、弘扬、研究等思维活动和行为联系起来，有利于培养学生的能力，促进设计学习。

常见的反思有以下几种。第一种是质疑反思，是人的思维进一步深入的开始，针对设计学习各个环节反思，"这样做对吗？""这样设计合理吗？""能否优化？"等等。第二种是归纳反思，将设计过程的各种经历和经验进行回忆、收集、分析、整理，经过归纳和反思，找出"得"与"失"，找出问题的症结，就会形成有价值的经验。第三种是换位反思。人受自我经历的局限，难免会有偏见。通过换位思考："如果我是服务的对象或使用者，我会怎样？"经过换位移情反思，对于形成恰当的设计方案大有帮助。第四种是对比反思。有比较才有鉴别，通过找到某一事物的对立面的特征来发现事物的本质属性。作为设计者，要善于向别人学习，反思自己的行为。第五种是评议反思。在评价过程中，往往会当局者迷。请别人评议自己的设计方案，往往能得到中肯又确切的评议。这样做

---

① 中华人民共和国教育部. 普通高中技术课程标准（实验）[S]. 北京：人民教育出版社，2003.

能帮助设计者认清自我，得到启发和教益，又使评议者学会反思，引以为戒。自评也好，互评也罢，还有教师的点评，都会涉及评价是否合理的问题。是否合理，可从自评、互评和教师点评三个方面考虑。评价的观点必须有逻辑可靠性、经验有效性和科学的合理性。

二、设计的表现与追求

在多元文化条件下，技术设计促进了对时尚的追求，引导了风格的形成与发展。时尚产业的兴起，形成了种种设计风格，这些都是设计师为了满足消费需求和人的精神发展需要做出的努力。花样频出的时尚和风格又反过来促进设计发展，使设计不但带有艺术化、商业化的特点，还带有技术化和知识化的新特点。

（一）多元文化下的设计

"生物多样性"是维持生态平衡、促进人与自然和谐发展的重要成分。同样，"文化多样性"可能是人类这一物种继续生存下去的关键。① 这不但是因为不同的自然环境和历史条件文化的起源和演化不同，人类发展还需要结构的差异性和思想的丰富性。对一个国家来说，文化的多样性表现为不同民族、不同区域的文化各具特色；就整个世界而言，多样性表现为世界各国文化和不同地区、不同民族文化各具特色。

在全球化时代，强势文化之所以在很长一段时期所向无敌，不仅仅靠"船坚炮利"，而是因为它率先完成了现代突破，更鲜明地体现着具有普适意义的现代价值；而遭到破坏乃至中断的弱势文化，部分是因为它不能满足现代社会消费的需求和价值观的认同。例如，文化的市场化和产业化对影视文化产生了巨大的影响，影视投资成功的四大要素：大款、大牌、大腕和大道。"大款"指的是有钱的投资人，"大牌"指的是大牌导演，"大腕"指的是大腕演员，"大道"，指的是强势和有保障的演播渠道。影视投资设计的内在逻辑是：有"大款"就有资金保障，有"大牌"导演团队意味着剧本、演员、风格会有更大机会得到市场认可，有"大腕"演员能抢更多眼球，有"大道"方便影视作品变现。拥有四大要素，产业化的影视作品设计适应市场运作，于是大行其道，席卷所有市场，使原先那些多样化的、小成本的、艺术性浓厚的、带有尝试性的影视设计被边缘化，甚至消失得无影无踪。市场化和产业化带来了"艺术多样化"的弱化。

文化既有历史的传承性也有时代的应变性，在全球化浪潮下，不只是因为经济扩张的需要，也不只是拥有有效的技术手段，更不只是由于少数大国操纵世界的野心，而是人类社会发展的内在要求。从发展的角度理解文化，文化不仅仅是"已成的"只有挖掘价值的文化"遗迹"，如青铜器或古建筑等，还包括千百年来人们所创造和累积和不断发展的文化。这些文化必然蕴含着时代的特征，在各个层面上带有外来影响的色彩，留

---

① 联合国教科文组织. 文化的多样性、冲突与多元共存［R］. 北京：北京大学出版社，2002.

下了人们对各种文化现象的选择结果。当人们面对相同困境、面对共同的问题时，人们会逐步形成共同的价值观和应对策略，民族间、区域间在文化认识层面上会有更多的共识。虽然差异和冲突仍然存在，但人们有了更多的沟通和了解，在理解和对话中相互学习。追求"未受任何外来影响的"和"原汁原味"的本土文化，只是一种幻觉，因为吸收和融合外来文化是文化发展的必然。尊重文化多样性首先要认同本土文化，而本土文化的发展，与外来强势文化的融合，都会形成人类共同的价值。对多样性的理解，必须以承认人类的共性为前提。

此外，尊重文化多样性是实现文化繁荣的必然要求。尊重和保存本土文化，是人类生存和发展的精神基础。本土文化的成就，不仅属于一个地区，而且属于整个世界。每个地区都以其鲜明的地方特色丰富了世界文化，共同推动了人类社会的进步和发展。尊重文化多样性，有利于发展本土文化和繁荣世界文化，有利于不同文化在相互尊重的基础上，相互交流、共同发展。在技术设计中，如果把所有的资源与注意力都放在一个主流的议题上，不一定是最好的理念。当主流文化出现问题时，巨大的风险就会显现。例如，2008年的金融危机之所以突然出现，却不被主流经济学家所预见，这与经济学发展的过度量化、主流化、一元化，缺少多样性不无关系。许多很有特色或很好用的东西，因为某种原因（有时候是品质，有时候是时髦，有时候是太贵，而有些时候可能只是卖得太便宜等想都想不到的理由）被市场排挤到边缘，甚至消失得无影无踪，人们也忘了它们的存在。文化、学术、艺术也是一样，在"生物多样性"已经成为家喻户晓的观念的今天，我们不能不为文化、学术的多样性多说几句话。① 技术是一把双刃剑，它的发展和使用决定权在人的手里。在经济全球化的今天，人们面对信息不对称造成的数字鸿沟、文化霸权和信息安全等重大问题，如何搭建各种文化沟通和对话的平台，如何促进文化的融合和发展，克服技术的负面影响，是技术设计不得不面对的话题。

（二）时尚与流行

时尚是一种与时代审美相关的社会现象。尝试接受某种时尚的只是人群中的一部分人，而引领时尚的则更少。时尚的这种特性导致了它只能存在于少数人当中，而被更多的人关注和追求。一旦时尚开始流行壮大，就会失去独特性，便不再是时尚，而凝结为潮流风尚。为此，时尚总是存在于萌发到开始普遍化的过程中，保持着微妙而随时会消失的平衡。越是令人向往的时尚，就越容易被普遍化，因而也越快丧失其独特的魅力。也正是因为如此，时尚必须站在时代的前列，作为开路的先锋，不断推陈出新，以保持它对市场运作和文化的导向作用。今天，时尚不仅指时装，还包括了生活中的相关装饰和美化行为，时尚已经成为一种引领大众文化的航标。时尚浪潮的不断涌现，促进了时尚经济和时尚产业不断地发展，成为一个经济的新增长点。

在现代社会中，时尚已成为人们生活中的一部分，成为现代生活令人十分关注的一

---

① 王泛森. 文化多样性［J］. 南方周末，2011（1）.

种特征。工业化使社会进入物质丰富年代，人们不再满足于基本的生活需求，追求生活品质，在消费行为中融入自己的审美情趣和个人风格，这样时尚的地位就变得越来越重要，形成了时尚产业，并融入"衣、食、住、行"各个要素中，逐步成为社会发展的重要力量。时尚产业可分为时尚制作业和时尚服务业，前者有时尚休闲服装、鞋帽、皮具、饰品、奢侈品、香水、护发护肤品、化妆品、美食和高端消费类电子用品，后者包括美容美发、休闲娱乐、健身、旅游、摄影、影视、动漫、美食等。由于时尚强调变化和新意，众多时尚品牌都努力在创意上下功夫，时尚产业俨然成为创意产业，其技术含量和精神力量也在不断提高。

  随着社会发展和技术进步，时尚引领作用变得越来越明显。什么才是时尚？如何生成时尚？这些是人们对生存发展的思考，也是设计构思的一个重要方面。农业经济年代，设计带有明显的精神倾向，表现出特定的情感和精神符号特征。在工业经济年代，为满足生产和消费的需求，设计充分展现鲜明的产业化、商品化和问题解决的艺术个性。后工业年代，科技高度发达，设计大众化和艺术本质平板化，设计时尚化的生成和大众化参与意味着当代人正在进入时尚化引领设计的质变。在工业社会，由于时尚产业化的原因，没有什么力量可能阻止设计时尚化成为普遍现实。而如今的设计者却可能通过时尚化信息和知识，挖掘出当代设计生成的活力。设计时尚化，是人类思想活动新增加的一种内涵，体现了人们理解设计本质的完善，是一种实现社会和谐进步的力量。设计时尚化，就是在设计艺术化和设计商品化的基础上，增加设计知识化和设计技术化的成分。也可能有人说，设计早就包括了知识和技术，为什么还要强调呢？这是因为，像时尚一样，新知识和新技术不断涌现的今天，加入新知识和新技术就很有可能产生时尚。今天的设计，仅仅靠艺术化和商品化，很可能难以生成时尚，而新知识和新技术的引领作用正是我们这个时代的特征。

  设计生成时尚，意味着仅仅靠模仿手法做设计是远远不够的。没有创意的设计，意味着没有竞争力，意味着不能满足人们对时尚的追求，设计作品也就不可能成为时尚。要在众多设计都体现出与以往不同的设计思路，在越来越注重人性、张扬个性的人文环境中，人们对不同设计风格进行反思。有人认为时尚就是简约，与其奢侈浪费，不如朴素节俭；有时时尚只是为了标新立异，不至于被指为老土或落伍。时尚千变万化，似乎还包罗万象。在商业社会中，很多人认为，时尚是设计师引导的，设计生成了新时尚。例如，时装秀中的设计师引导着服饰新潮流。事实上，时尚的生成是在一定的社会背景下形成的，而不完全是以人的主观意志为转变。在技术不发达年代，一个生成时尚的创意，往往产生于某个设计师的灵感和创意。但在科技进步的今天，设计师的灵感和创意更多地要通过对众多因素做客观、精准的综合分析，时尚设计工作已不再完全依赖设计师的个人创意，大量的资讯工具被运用于研发过程中。时尚设计涉及时尚数据挖掘，包括时间维、来源维、材料维、色彩维、图案维、工艺维、款式维等。在机器智能还不能完全满足设计需要的时候，设计师的灵感和创意非常重要，其作用在于将海量数据产生时尚化关联,并生成有意义的新时尚。技术发展导致设计大众化的今天,大名师、大品牌、大众化和大批量效应开始淡化。小名师、小品牌、小众化和小批量的重要性不断加强,时尚设计的内涵也会发生根本性的变化。

(三) 品味和风格

在设计学中,风格是指设计创作中表现出来的一种带有综合性的总体特点。风格不仅指表面的外观形式,更强调外观所反映的内在观念,其符号性意义远大于理性意义。就一个设计师来说,可以有个人的风格;就一个流派、一个时代、一个民族来说,又可以有流派风格、时代风格和民族风格。风格是识别和把握不同设计作品的标志,也是识别和把握不同人物、不同流派、不同时代、不同民族的标志。品味的含义是:爱好,兴趣;趣味,情趣,鉴赏力,审美力。品味也有好与坏、优雅与拙劣、含蓄与夸张之分。品味一般来说是后天习得的。①

今天,人们的品位提高了,在不断变化新时尚的引领下,技术设计推波助澜,促成多种风格的形成。比如,奖牌是奥运史上不可或缺的体育文化元素,按规定奖牌的正面统一沿用一个设计方案,历届奥运会组委会都力图在奖牌背面做足文章,来展示本国文化。2008年北京奥运会奖牌设计增加了玉,这种"金镶玉"的突破性设计方案,能在方寸之间完美地展现中国古老文明和现代精神,是中西文化的巧妙结合,代表了一种中华风格和时代风格。又比如,奥运会会徽的设计,如图4-7所示。中国美术家协会主席靳尚宜对"中国印·舞动的北京"设计方案的评价是:

图4-7 奥运会会徽

中国印·舞动的北京,将中国传统的印章和书法等艺术形式与运动特征结合起来,传达和代表了三层含义:一是会徽以中国传统文化符号印章作为标识主体图案表现形式,选用中国传统颜色——红色作为主题图案基准色,展示了中国几千年的灿烂文明,体现了中国文化的特点,代表着民族与国家,代表着喜庆与祥和。二是作品主体部分又似"京"字,又似舞动的"人",张开双臂,充分反映了当今中国既拥有灿烂悠久的历史又充满现代气息,传递着友好与亲切,传递着真诚与热情。三是作品中巧妙地幻化成向前奔跑、迎接胜利的人形,充分体现了奥林匹克更快、更高、更强的宗旨,强调了以运动员为主体和健康向上的精神,充满动感与朝气,充满活力与张力。②

---

① 丽塔·佩尔纳. 流行色预测 [M]. 李宏伟,等译. 北京:中国纺织出版社,2000.
② 汪涌,等. 中国印:舞动的北京 [J]. 瞭望新闻周刊,2003 (31).

对一般人来说，品味形成要比风格形成早，往往在自己的行为表现出某种风格的时候就已经有品位了。比如说一个人穿衣打扮，他或她有品位，其服饰只是体现某种已有风格，不大可能是自己的风格；假如后来自己也开始设计和制作服饰，那就可以有自己的风格。当然，一个人的品位肯定要影响他后来的风格，这对于一个人的生活和工作的重要性，与艺术家的品位和风格的重要性是相同的。人的喜好、情趣和鉴赏力是决定行为的重要因素。在技术课程中学习与设计相关的知识，重要的是为了提高对技术活动结果的品位能力，当然进一步也是为了以后可能形成某种风格做准备。

在这个世界上，设计学习会接触到许多风格。以家庭装修为例，家居主人的品位，决定了所采纳的装修风格。有人从设计的角度出发，将装修风格分为六种。第一种是现代简约风格，表现在选材和工艺上的简约，但不是简单的"堆砌"和平淡的"摆放"，而是追求给人时尚大方的感觉，还能让人逃离烦琐的房间打理，很适合白领的务实性生活需求；第二种是恬淡的田园风格，表现为都市人越来越追求田园的生活，重在对自然的表现，让人有回到家的感觉，有回到大自然怀抱的联想，使人觉得轻松舒适；第三种是新中式风格，表现为让人怀念过去，有传统的味道，但又比较自由，装饰品可以是绿色植物、布衣、装饰画，还可以有不同样式的灯具等；第四种是古典欧式风格，表现为处处流露出尊贵典雅的气息，淡雅的色彩、精美的造型，达到简单不失华丽的装饰效果，是很多高层人士的选择；第五种是时尚混搭风格，表现为室内布置有趋于现代实用，又吸取传统的特征，还在装潢与陈设中融古今中西于一体，是一种比较流行的装修手法；第六种是清新自然风格，表现为淡淡的，轻轻的，温柔多彩的，让人心中暖暖的。

三、设计的认知与思考

在人类技术活动史中，有五花八门的设计思想和设计方法，可以归结为理性的和非理性的两大类，也可以称为科学主义的设计与人本主义的设计，或者是理性化设计与感性化设计。前者以"工作"为中心，强调遵循科学的逻辑和技术活动的客观规律，强调科学的决策、定量化、标准化、稳定有序的结构、严格的控制等。后者则以"人"为中心，重视社会因素、心理因素、情感因素、人际关系、凝聚力、向心力的作用。在人类的历史进程中，理性和非理性一直如影相随。

（一）工具理性和价值理性

从设计理论与实践的发展历程来看，追求理性的设计，使设计尽可能科学化，是一百多年来设计思想发展的主流。在设计领域，理性思维方式主要表现为"工具理性"和"价值理性"。工具理性主张通过实践的途径确认工具（手段）的有用性，注重手段和目标的协调性，为人的某种功利的实现服务。然而，在科学文化与技术活动中，从来都是工具理性服从于价值理性，价值追问是非曲直，工具只是实现目标的手段。以经营快餐店为例，依据工具理性设计经营方式，快餐店提供的食物种类不会很多，品种固定，每一种食品的用料及制造程序都是固定的,包括烤鸡腿要用多大的火候、烧烤的时间、配置的佐料等都是固定的,无论谁来做,在哪个地方做,顾客吃到的味道都是一样的。按照价值理性评价,只有按标准化的做法,老板才不用高薪聘请名厨,快餐店提供的食品质量才有保证,新开快餐店也不用重复做广告。

事实上,在工业化年代,工具理性是各种技术设计的前提与基础。今天的机器,工具理性越强就越好用。用电饭锅煮饭比用铁锅方便,是因为电饭锅的工具理性程度高,可以做到自动关火和自动保温,而铁锅的工具理性低,煮饭基本上离不开人操作,且很容易将饭煮糊。工具理性追求的是一种可以替代人力的操作方式,帮助人从繁重或单调的体力或脑力劳动中解放出来。技术活动中的工具理性,常表现为实验和试验、分析与综合,将复杂事物简单化等技术过程。有了工具理性,做事可以结构化、程序化、标准化,能够大幅度地提高技术活动的效率。

理性是一种以概念、判断、推理等形式逻辑为基础的思维形式或思维活动。理性主义的设计强调理性是知识的重要源泉,是规范知识的重要方法和标准,所以看重理性知识、理智能力、理智控制,而对感性认识持贬低和否定的态度。理性主义认为知识的源泉来自于某种不言自明的"公理",可以从这个公理作为起点,依靠逻辑推理、通过演绎论证,建立一套庞大的知识体系。于是,在设计学习活动中强调理性,技术活动成果是理性的产物,技术应该是理性的技术。

(二)非理性主义

近代理性主义的内在缺陷表现在忽视了人性,理性离开了人性,人的存在被抽象化为理性的化身,世界成了由人的理性所构建的世界,是运用绝对的思辨理性建立起来的无所不包的形而上学体系。非理性主义是一场思维方式的革命,对于传统理性思维来说,就像是打开了另一扇窗户,开启了更为广阔的思维视野。与现代理性观点相反,后现代非理性观点认为,理性方法其实无法把握事物的"命脉",因为这种方法是从先验的、绝对的、静止的观点出发去认识事物的。后现代非理性观点强调理性并不是认识事物的唯一方式,人们对世界的认知,首先是由情绪和情感揭开的,而不是由概念推理产生的。例如,传统中餐品种丰富多样,有多个大菜系,小一点的不计其数。但是,学会做这些中餐就不是一件容易的事情,需要拜师学艺。传统菜谱的制作方法不仅因人而异,而且即使是同一个人做同样一道菜,也会因环境和心情不同而不同。传统中餐讲究"色、香、味",却不太讲究营养。要想办好传统中餐馆,老板要高薪聘请好厨师,如果不花太多钱做广告,就要做好持久战的准备,让顾客慢慢习惯和接受餐馆的菜色。传统中餐馆靠经验与厨艺,靠个人的悟性,虽然也是技术范畴,但没有上升到"工具理性"的程度。但是,中餐馆的优势在于,人除了经济物质需求之外,还有社会、心理等方面的需要,人是"社会人",他们需要友谊、关爱、尊重和归属感。在商品社会高度发达的今天,那些工业化味道不浓厚且生意还算好的中餐馆,至今还遵循的不是理性的效率逻辑,而是非理性的情感逻辑。同样,食客为了满足自己的口味,宁愿选择传统中餐而非快餐的事例比比皆是。

显然，在设计活动中，发挥作用的不仅有理性因素，还有种种非理性的因素，而且这些因素在极大地影响着人的行为和思维。例如，技术活动的动机本来就不是理性的，是人由生存意志或情感决定的，理性不过是为达到目的的工具。在工业化的设计中，有一种发展逻辑是依靠增加投入，形成更大的产能，提高效率，获取更高的利润。这样的思路，决定了仅仅依靠普通人就可以创造价值，获取利润，设计关注的中心不是"人"，而是"工作"。在信息和知识经济年代，发展逻辑的要点变成了信息、知识和创新，追求的不是劳动力的剩余价值，而是产品的高附加值。于是，设计关注的中心是"人"，需要的是优秀的创造型人才，创造高利润的逻辑是充分发挥优秀人才的创新能力。于是，人除了把工作做为谋生的手段以外，同时越来越多地把工作视为实现个人社会价值、提高生活质量的重要方式。

所谓非理性，主要针对理性来讲。与理性不同，非理性是一种以观念、欲望、意志、情感和幻想等方式为基础的思维形式或思维活动。非理性主义的设计主张超越理性，强调从人的存在出发，克服和批判传统理性主义的形而上学性，注重非理性的观念、欲望、意志、直觉、情感、直觉或无意识的本能冲动，把它们看作是一种只可意会、不可言传的东西。认为设计学习不能容忍说教，不能依靠灌输和仅凭教师口头传授，没有学生的体验就谈不上对设计作品的欣赏与再创作。

（三）"理性"和"非理性"的融合

理性与非理性在本质上是不可分离的统一体，理性主义虽有缺陷，但不代表着要否定理性主义的基本立场。研究非理性不是为了否定理性，不能抛弃理性的前提。相反，在以理性为前提的基础上，研究非理性的问题，探讨理性与非理性问题及其互补关系，了解理性与非理性的作用，有助于人们更主动、更好地认识和把握设计思想和方法。

设计既有理性的一面，也有非理性的一面，既是科学又是艺术。因为无论是作为设计师还是设计学习者，都具有二重性：人是理性的又是非理性的。在设计活动中，由于这两种思维的作用不同，各有其适应范围，在设计的不同阶段、不同领域、不同场合的运用或许会有所侧重，但两种思维的作用是互补的、缺一不可的。在设计和决策中，需要交叉使用。一般来说，设计的理性思维体现在宏观层面上是整体性思维方式，体现在中观层面上是逻辑推理演绎和分析性思维；由于技术设计是一种创造性的活动，仅仅依靠对观念、关系的逻辑演绎是不够的，还必须通过那种以对经验的共鸣的理解为依据的直觉，需要一种具有发散性、突变性和形象化特征的思维，这就是设计活动微观层面上的非理性思维。

当然，理性化设计和感性化设计是两种不同性质的设计方式，并非没有矛盾。例如，要开办一个餐馆，是选择快餐文化还是传统中餐文化？按照经济效益观点，选择快餐文化有优势，但考虑人的生存和发展需要，选择中餐文化同样也会有优势。人受到"二重性"的驱动，成功的选择要善于处理自相矛盾的事情，既要发展经济获得好处，也要照顾到人的生存和发展，这将是一种具有超越意义的设计，一种能巧妙地融合理性和非理性使之能出现转机的设计。

从本质上讲，理性化设计和感性化设计就其目的来说，都是为了提高设计的合理性，而且二者之间也并非绝对的水火不相容。但是，理论与实践发展的历程确实给人一种印象，两种设计思想及其设计方式是互相对立或互相排斥的。之所以出现这样的情况，很大原因是传统的理性主义者把理性绝对化和简单化。假如传统的理性主义者不是故步自封，而是采取开放的态度，及时地拓展理性的内涵和空间，包容人的观念、欲望、意志、直觉、情感和幻想等，并给予"理性"的说明和把握的话，也就不会存在理性和非理性的争论。理性的绝对化必然生出非理性，而非理性的深化也会转化为理性。因此，实现设计中的理性和非理性的融合统一，首先是理性主义采取开放的姿态，把人的因素纳入理性范畴。

思考题：
1. 如何理解多样性对引导学生参与设计学习的重要性？
2. 如何理解产业化带来了"艺术多样化"的弱化的现象？
3. 设计学习为什么要关心"品味"和"风格"方面的问题？
4. 什么是"工具理性"？什么是"价值理性"？它们的关系如何？
5. 为什么做技术设计要强调"理性"和"非理性"思维的结合？

第五章

结构、流程、系统和控制

> 技术思想和方法体系按水平方向描述可分为哲学的、一般的和专门的三个层次。各种技术思想和方法按照概括程度和适用范围的不同,分别处于不同的层次。在这里,我们主要关心哲学层次上的技术思想和方法。许多基本思想和基本方法都离不开系统、信息和控制等基本概念。例如,结构的思想和方法属于系统论的一个基本范畴,流程的思想和方法属于控制论的一个基本范畴。我们看到,结构、流程、系统和控制等思想和方法已经渗透到人类技术实践活动的各个领域,成为技术活动的有效工具。哲学层面的技术学习,不仅对将来的技术活动有重要的指导作用,而且具有十分现实的实践意义。

第一节
结构的思想及其方法

与传统对结构概念的理解不同，在这里我们不仅关注实物结构，还关心观念结构。许多技术活动都与问题解决有关，都要把构思和方案具体化，其中一种思想方法就是从结构的角度考虑问题。结构设计涉及结构分类、结构构造和结构调整。结构思想及其方法对于技术活动具有普遍意义，应用广泛，是技术学习关心的一类重要技术。

一、积木思想及其方法

搭积木是一种娱乐游戏，可以培养构造能力。构造能力其实是与黑盒能力相对应的一个概念，这种能力包括了结构的认识、结构的分析、结构的设计和结构的实现。

（一）构件、节点和结构

在本节提到的积木，不一定是儿童玩的商品积木，也可以是某些标准件或其他一些有规则的物品。玩搭积木游戏，其实就是用积木构造一定的结构。结构是由组成整体的各部分按照一定的关系搭配或构建而成。结构可以是实物的或生物的，也可以是观念的或社会的。一般地说，组成整体的部分是构件（要素），将构件搭配或连接在一起的是节点，由构件和节点组成的整体是结构。如果用一个用鸡蛋做结构实验，如何设计才能满足要求？设计一个建筑结构，如何选择建筑材料和承重结构才能满足承受荷载要求？这些都是实体结构问题。

节点是一个抽象和应用很广泛的概念，通俗地说节点就是某个大体系中要素间的一些链接关系。节点类型又分为"一对一""一对多"和"多对多"三种，每种结构又可分为单向关联或双向关联。以承重连接结构为例，结构节点的位置位于结构元件间的接合点。构件间有三种常见的连接方式，分别是滚接、铰接和刚接。轴承和轴套通过连接节点轴承连接，是一种常见的滚接方式，如图 5-1 所示。刚接与铰接的区别在于，前者是刚性固接，后者是柔性连接。图 5-2 中的工字梁 A 与固定板 B 采用焊接方式链接，属于刚性连接；而固定板 B 与斜拉杆 C 采用铰链连接，在结合处，前者是一个固定端，对任何方向的作用都有约束；后者对绕转轴 D 旋转无约束。刚接既能限制移动也能限制转动，铰接只能限制移动不能限制转动。当两个构件采用焊接连接时，其节点是焊接部位；而两个构件采用铰接连接时，节点是铰链。构造结构的一个重要工作，就是确定连接方式。往往连接部位的强度要比连接件本身高很多，才能保证安全使用。于是为了方便使用，市场上就出现了很多便于实现连接的标准件，这里提到的滚珠轴承和铰链都是可供选用的标准连接件。

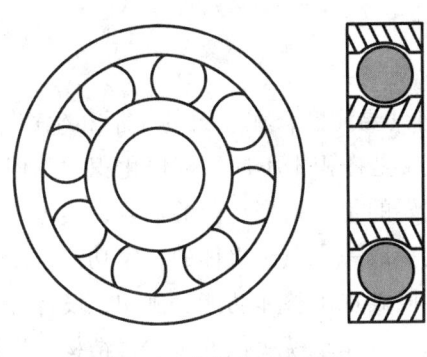

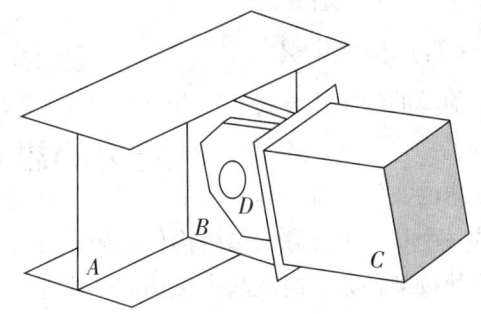

图5-1 常见的一种滚接　　　　　图5-2 认识刚接和铰接

（二）积木的结构表现特性

最早的积木玩具是木制堆积式积木，然后出现了金属组装式积木，接着到塑料拼插式积木。随着积木材料的发展，积木的结构特性也发生了很大的变化。根据积木玩具的功能，我们可以把积木划分为两类，一类是模型性积木，另一类是结构性积木。模型性积木的最典型功能是模仿实物；结构性积木并不擅长实物模仿，其主要功能表现在结构和造型的变化方面。如果选择玩模型类积木，我们会把关注的重点放在积木结构的外观形象方面，通过各种形状的积木，构建具有模型特征的结构，实现逼真的模仿，把像不像的问题放在首要位置。如果选择玩结构性的积木，我们会把关注的重点放在构件形状和连接方式上，通过各种连接方法，使积木产生多种变化，把结构的变化放在首要位置。

常见的连接方式有面型、孔型、球型、槽型、轴型。面型连接是最原始的连接方式，现在还发展成凹凸平面嵌入式连接；孔型连接是构件带有内外孔以插入方式实现连接，孔的形状可以是圆的，也可以是多边形的，圆形孔可以使构件发生旋转，而多边形可以有几个连接方向；球型连接具有使被连接构件具有180°转动的功能，适合搭建不规则的造型，可对造型进行变形调节；槽型连接属于镶嵌式连接，可以是单槽，也可以是多槽，以这种方式连接的构件不能进行简单的变化；轴型连接也属于镶嵌式连接，但构件连接后可以360°旋转，变化范围最大。

（三）积木式结构

受玩积木的启发，建筑工程师开发出建筑用的积木式组件（预制件），将整座建筑分成若干构件，将这些构件按标准规格成批制造，然后再到现场实地装配，可提高功效，降低造价。在现场施工时，工人只要按照设计图纸，像搭积木玩具一样，将预制件组装在相应的位置上，积木式结构便因此而得名。建筑用积木式组件再进一步将整栋楼房看成是一层层和一间间单元构成，只要预先设计和制造好各种功能单元，现场装配的就是比预制件更大的积木。同样，木工工程师开发出积木式家具，将各种家具设计为大块部件，在工厂完成制作，到现场才完成组装，家居装修业也因此别开生面。积木式结构还运用到集装箱运输业、学校实验箱、成批测试试样等不同的领域，可见儿时玩的积木在现实生活中比比皆是。

（四）模块化积木

简单的积木式方式并没有就此停下脚步，我们只要注意，在今天的生活和生产中，出现了"模块化积木"。这是一种高新技术，与仅仅是搭积木不同，模块化积木不但具有积木的实体，每个积木还带有特定的功能，更重要的是一系列功能的集合，实体积木构成一个具有观念意义结构构件的模块，每个模块完成一个属于整体的特定功能，所有的模块按某种方法组装起来，构成一个整体，就可以表现出整体功能。例如，设计和制作一个空间站，现在往往采用舱段式基础构型技术，主体是模块化的积木式结构，以降低研发风险。

用模块化积木思想考察以前的积木式结构，甚至到最早的木质积木块，其实他们也属于模块化积木，只不过以前不这样称呼罢了。模块具有以下几种基本属性：接口、功能、逻辑、状态。其中功能和状态反映模块的外部特性，逻辑反映模块的内部特性，而接口同时涉及模块的内部和外部。对于整体而言，从结构构造的角度看，整体中的各模块是可组合、分解和更换的单元，这正是积木式的思想。如果各模块化的积木按标准设计和制作，那模块间的组合就可以像积木那样方便操作。模块化积木的思想就是一种将复杂系统分解成若干模块的方法。例如，对于问题解决，模块化积木思想表现为，把一个问题分解成多个小的相对独立的子问题，制定努力的目标，以利于问题解决。

二、模型思想及其方法

在这里我们以桥梁模型结构设计和制作为例，通过试验的方法，从载荷、稳定性和强度三个方面表现结构性质。制作模型是将设想和原理具体化为构件和结构，在确定构件和结构的材料、形状、尺寸的同时，还考虑制作工艺等问题。模型结构设计的直接产物是技术图纸和模型。

（一）纸质构件及结构

如果选用纸质材料制作桥梁模型，有三种基本构件。第一种是水平构件，包括梁和板等，用以承受竖向荷载；第二种是竖向构件，包括柱和墙等，其作用是支撑水平构件或承受水平荷载；第三种是基础构件，其作用是将桥梁承受的荷载传至地基。增加水平纸质构件强度的试验方案如图5-3、图5-4和图5-5所示。如果预先制作瓦楞构件，再用连接方法实现模型桥梁的结构，其结构变化的花样会更多。一种用纸质瓦楞构件搭建的桥梁模型，如图5-6所示。影响纸质结构模型承载力的因素有很多，其中构件的制作方式和构件间的连接方式是两个重要因素。模型制作时要注意节点强度应大于梁和柱的强度，增大构件的几何尺寸或设置拉杆等增加抗扭能力。

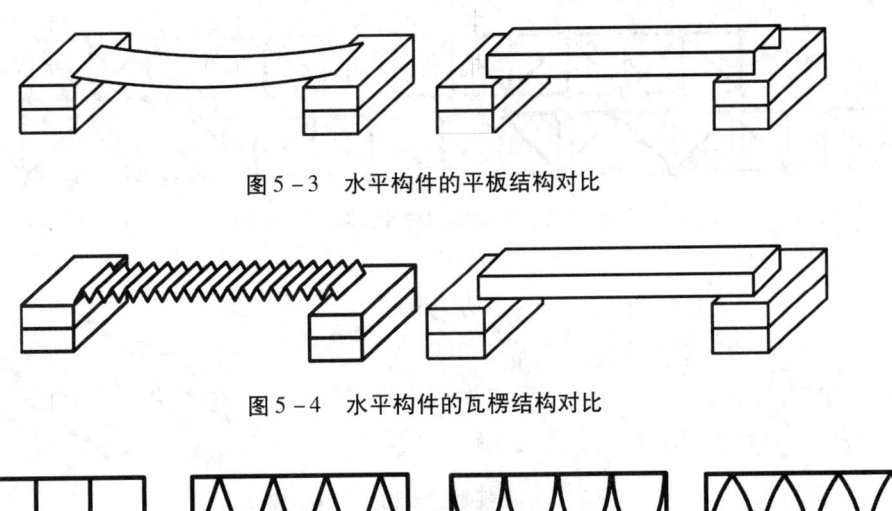

图 5-3 水平构件的平板结构对比

图 5-4 水平构件的瓦楞结构对比

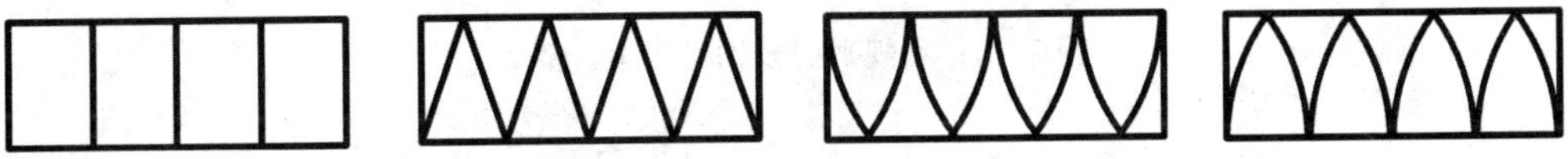

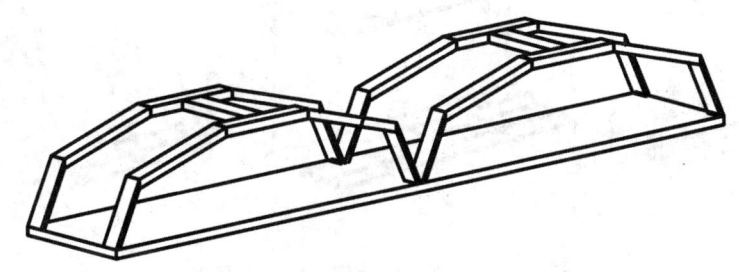

图 5-5 水平构件的结构加强方案

图 5-6 一种用纸质瓦楞构件搭建的桥梁模型

（二）棍棒构件及结构

我们还可以选用规则棍棒制作桥梁模型，例如用意大利面条或一次性筷子等材料，做桥梁模型构件。节点的固定材料可以选用乳胶、热熔胶、橡皮筋、棉线、果浆软糖和玻璃纸等。如果选用橡皮筋作为连接材料，当部件组装后，还可以根据需要做适当调节。下面有四种用规则棍棒构建桥梁结构的设计方案和制作过程。方案1的基本构件是带斜拉杆的矩形框，如图 5-7 所示；方案2的基本构件是三角形，如图 5-8 所示；方案3的基本结构由梁、柱和斜拉杆构成，如图 5-9 所示；方案4的桥梁模型由支架、拉杆和网状桥板构成，如图 5-10 所示。四个方案的共同点是用相同的大小条形材料制作构件，且三角形、弓形、拉杆可以加强桥梁结构强度和稳定性，同时表现桥梁结构的不同风格和特色。

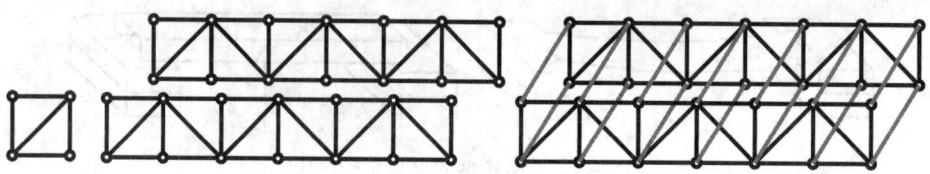

图 5-7　用规则棍棒构建桥梁方案 1

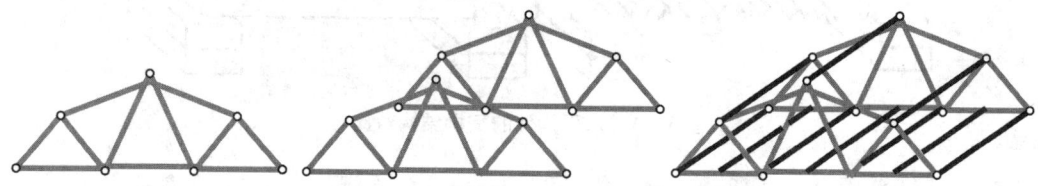

图 5-8　用规则棍棒构建桥梁方案 2

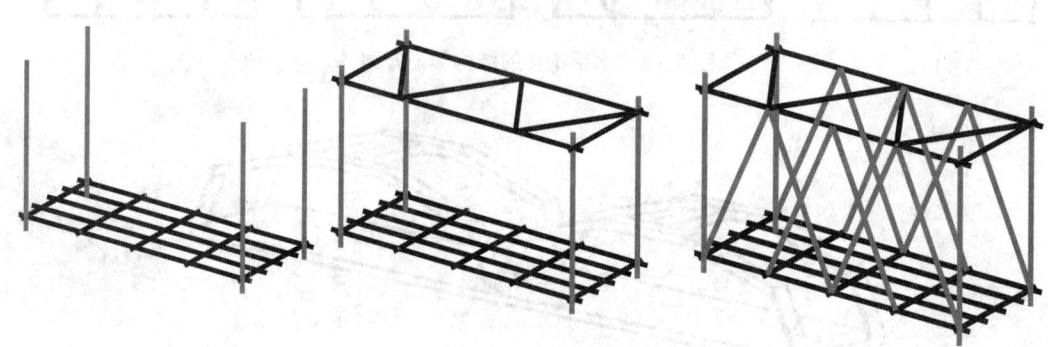

图 5-9　用规则棍棒构建桥梁方案 3

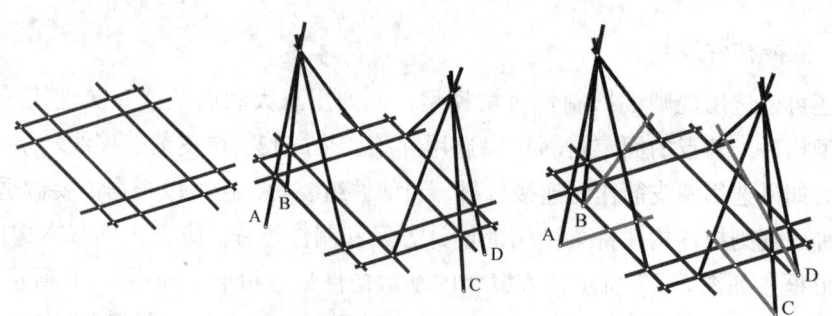

图 5-10　用规则棍棒构建桥梁方案 4

（三）桥梁模型稳定性试验

桥梁模型稳定性试验可分为静态试验和动态试验，还有水平承重试验和垂直承重试验等。静态试验和垂直承重试验比较简单，这里介绍一种实用自制水平动态试验装置，如图 5-11 所示。小车加一块平板，做试验台，小车一端与弹簧连接，另一端通过一个定滑轮与一个摆球相连。当摆球摆动时，可带动小车和平台沿水平方向来回振动。调节弹簧的软硬和长短，改变摆球质量和摆长，可以改变水平振动系统振幅和频率，如果选择得当，利用共振原理，可以用比较小的摆幅引起明显的水平振动。

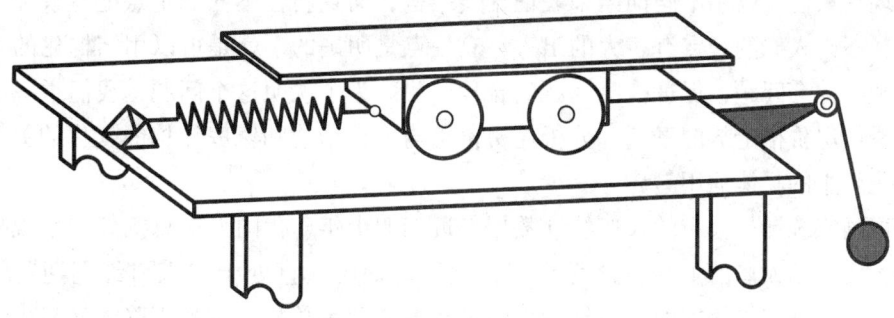

图 5-11　水平动态试验装置

三、关心身边的结构

在我们身边的各种结构中，除了实体结构外，还有观念结构。前者为人所熟知，后者往往被人忽略。我们身边有各式各样的观念结构，有知识结构，还有社会结构等等。其实，技术活动涉及许多与结构相关的问题，即使是局限在结构范围内，用结构思想认识问题、理解问题以及解决问题，都大有可为。

（一）观念结构

一般来说，将看得见的实体结构分为要素（构件）、节点和结构整体，往往还是比较清晰的。如果将结构概念推广，推广到由社会联系起来的人群所组成社会关系结构，那就是一个观念结构。例如，网络结构就是一种非常典型的社会关系结构。一个人拥有的知识结构，如何进行建构，才能满足社会发展和职业的要求？是宝塔结构好，还是网状知识结构适合，或者是其他什么知识结构更好？一个家庭的结构包括人口要素以及成员间的联系，这些要素和联系如何决定他们的生活方式？这些都是观念结构问题。20世纪初诞生了结构主义，后来成为一种非常常用的社会学分析语言和研究方法。结构主义认为，结构具有自己说明自己的结构和不向外面寻求解释说明的规律，结构能够形式化，可以像公式那样运用演绎方法。结构有三个要素：分别是整体性、转换性和自调性。

在网络关系结构中，节点又是什么呢？其实，这里说的节点，就是网络上的"超级节点"，是人与人相遇的某种关联，可能是一种随机巧合，也可能是一种缘分，如果沿着"朋友的朋友"找下去，据说可以通过认识六个人就可以结识世界上任何一个人。用于实现人与人连接的手段是网络，一个最常见的节点就是朋友关系。广义地理解节点这个概念，任何一个节点都是由输入和输出以及其间的处理三部分构成的，一般来说是双向的，或许是可逆的，或许是有方向性的。一个节点会从另一个节点取得信息作为自身处理的材料，然后通过自身的信息处理，将处理结果交给下一个节点。一个节点可以有一个有意义的输入属性,也可以有一组输入属性。对于输出来说也是如此。

说到社会结构,我们马上会注意到这是一个使用极为广泛,也极为混乱的概念。这不仅表现在人们可以用不同词语来表征社会结构,而且会在不同侧重点上理解和认识社会结构。不论人们的观点有多大的出入,有一点是明确的,就是可以用结构化的思想来认识和理解社会问题,促进社会问题的合理解决。为了说明这个问题,我们举一个从社会发展看住房价格走势的事例,分析住房价格与人口结构和家庭结构的变化的关系,说明结构化思想的具体运用。

根据国家统计局公布的人口统计数据,近三四十年,我国人口总抚养比呈现持续下降趋势,而劳动人口的上升也使得我国在这段时期内一直处于"人口红利期"。此外,计划生育的实施,使我国的人口结构发生较大的变化,总抚养比的下降,又减少了总体劳动人口的负担,使购买力提高,如图5-12所示。

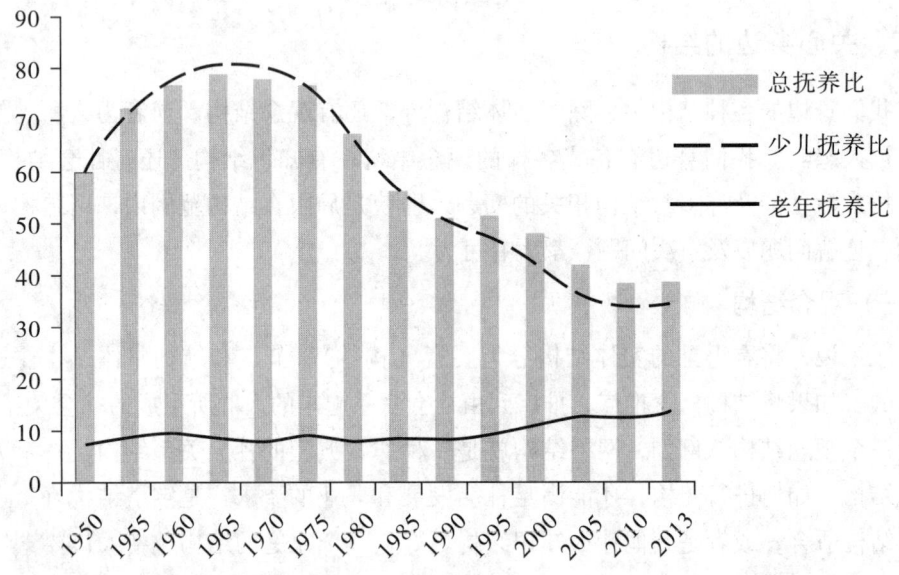

图5-12 我国人口结构发生变化使购买力提高

随着国民经济的高速发展,人们对生活环境改善的需求也越来越大。对于房地产市场而言,在这个时期,家庭结构也在发生变化,家庭趋向小型化,健康老人不断增加,使楼市需求总量大幅增加。而独生子女在面临购房需求时,其首付款的来源将从以前的大多数只能靠自己的积蓄和借贷,逐步转为更多地从双方的父母获得经济上的支持,也就是所谓的"4+2"购房模式,出现三个家庭一起购买一套房子的情况,如下页图5-13所示。以上这些因素,都导致了楼市的购买力和购买需求同时不断上升。

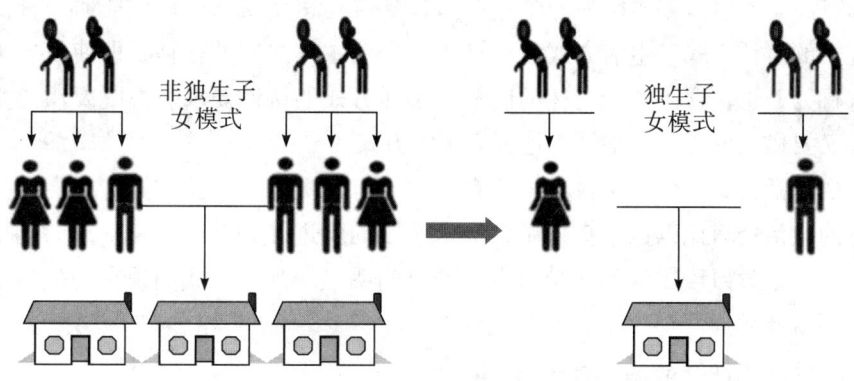

图 5-13　家庭结构变化导致购房行为的变化

（二）生活方式的结构

人们的生活方式有多种多样，其复杂性主要表现在两个方面：其一，生活方式有各种各样的要素，要素间又有多样联系；其二，生活方式不是独立的，而是由各种条件决定的。一种生活方式就是在各种条件作用下各要素形成的特定关系。在这里，我们仅仅从结构的观点出发，以要素、要素间的关系和整体结构的角度看生活方式。

首先，我们来看看生活方式的要素。在传统乡村生活方式中，一个农夫住在一个小村庄，过着一种周而复始的生活。早上起床，吃早饭，耕种，吃午饭，休息一会儿，再做农活，然后回家吃晚饭，更衣，睡觉，似乎一切都有规定的时辰。村民们都清楚谁在什么时候应该在做什么。当农夫想睡觉的时候，也理所当然地认为邻居也到睡觉的时候了。对这种生活方式进行分析，你会发现，即使这种近似枯燥的生活，也具有普遍意义。在农夫的这种生活方式中有什么要素呢？第一，有生活主体，也就是农夫自己和关联的人；第二，有早饭、午饭、晚饭，有衣服、有家、有村民、有耕地等，这些就是生活资料；第三，各种活动有约定好的时辰，也就是生活时间；第四，有小村庄、有道路和农田等，这些就是生活空间。农夫的生活方式就是由这些要素组成的，小村庄有许多人都有同样的生活方式，在那个时代具有普遍意义。

其次，我们来考察生活方式要素间的关系。生活方式各要素之间的联系，使得生活方式具有一定的功能。从一般意义上说，所谓生活方式，主要是指生活方式的结构。在农夫的生活方式中，生活主体、生活资料、生活时间和生活空间是相互联系和相互制约的。生活主体是生活中能动要素，是生活资料的获得者，由此为生活奠定基础。生活资料是人们无论在工作还是休闲时都离不开的，其丰富程度和有效性是生活水平的依据。生活时间和生活空间不是以独立的形式发挥作用，而是同生活资料一起构成生活主体的背景要素。

最后，从一般系统论的观点看，结构作为系统论的一个基本范畴，指的是系统的

"部分的秩序"。① 生活方式作为一个整体,各要素间相互联系,缺少任何一种要素都不能形成现实的生活方式。生活方式往往表现为生活主体之间的交往,即使是农夫每日吃饭和穿衣行为,也包含了社会交往的因素。生活方式的特性要求农夫既要注意生活条件的制约,又要做出努力,从整体上把握好生活方式。

今天的生活方式与传统小村落生活方式相比有了极大的变化,随着社会和技术的进步,现在的生活资料比以往丰富多了,技术手段的先进性和有效性使生产时间缩减,这意味着个人用于学习、休闲和享受的生活的时间明显增加了,我们现在的生活空间也更宽广了,更富有挑战性。

(三) 节点化社会的结构动力

得益于信息技术的进步,人们能更有效地获得信息和进行沟通交流的同时,其生活方式也更依赖文化方面的生活资料。网络化使人们的生活资料、生活时间和生活空间方面发生了极大的改变。例如,得益于通信工具和网络技术的发展和普及,生活主体间的相互沟通门槛极大地降低了,人所需要的生活资料能够更好地流通,人赖以生存的生活空间得到了有效地扩张。这些变化使人们生活方式的结构越来越接近于德勒兹所描述的"块茎"系统,网络相当于块茎的网状根系,而网络的节点则是分布在根系中的块茎。块茎是一种植物,但不是在土壤里生芽、像树一样向下扎根的根状植物。相反,"块茎"没有"基础",不固定在某一特定的地点。块茎在地表上蔓延,扎下临时的而非永久的根,并借此生成新的块茎,然后继续蔓延。如同马铃薯或黑刺梅树一样,一旦砍去了地上的秧苗,剩下的就只有球状块茎了。一个球状块茎就是一个点,点的链接就是这种生长过程的结果。②

所谓节点化生活就是将整个社会看成一张平面铺开的大网,作为生活中的主体的人便是网络中的节点。在传统村落生活方式中,由于通信手段的落后,这个网不大,一般只局限在一个村落。今天,整个社会借助于互联网,人们的生活圈已不再是村落而是社群。整个社会已经形成了一个庞大的网络,"块茎"系统的特征越来越明显,它的结构形式是去中心的、非层级的、不规则的、多样化的。节点化生活系统中的每个生活主体就相当于"块茎"系统的"块茎",也就是社会网络中的一个"节点"。这些"节点"彼此间以自己为中心,从外界获取信息和生活资料,又不断地向外界传输个人信息和需求,发散式地生成新的关系结构,进而形成了社会活动。由互联网特性决定,在如今社会中,这种节点化的生活具有去时空、去身份、主体化的特征。由生活方式结构上的变化,产生了社会发展的新动力。

以往靠血缘或业缘维持的社会关系网络,以此来强化生活主体的收益,并形成了以"强连接"为主的生活资料"圈内"运作模式,在圈内形成"同心圆"结构,越靠近圈

---

① 贝塔朗菲. 一般系统论导论 [J]. 自然科学哲学问题丛刊, 1979 (3).
② 陈永国. 德勒兹思想要略 [J]. 外国文学, 2004 (4).

内中心,越容易获得生活资料,于是形成"中心强势群体",而外围形成"边缘弱势群体",同时也很大程度上决定了形成社会不平等结构,使社会呈现集权化特征。在节点化生活中,生活主体间的关联逻辑打破了这种"同心圆",对先入为主的淡化,节点中的每个人受限制减弱,能很容易实现沟通和交流,而且是突出生活主体间根据各自需求所进行连接,提高了生活个体在整个社会关系中连接的多样性和有效性,有效促进了生活资料的流转和转换,从而增加了生活资料的积累和扩张。每一个朋友圈或每一个人就是一个节点,网络和实体将节点有效联系起来,其核心就是互动和分享,将自己良好经验推荐到朋友圈,朋友间分享有价值的信息,这是一种乐趣,能加强朋友间的关联,而分享好东西的同时,使关联产生商业价值和人生价值,商家也愿意加大返利空间,做大了市场份额。现代节点化生活能够使每一个人都可以成为消费者、传播者和获利者,如图5-14所示。①。

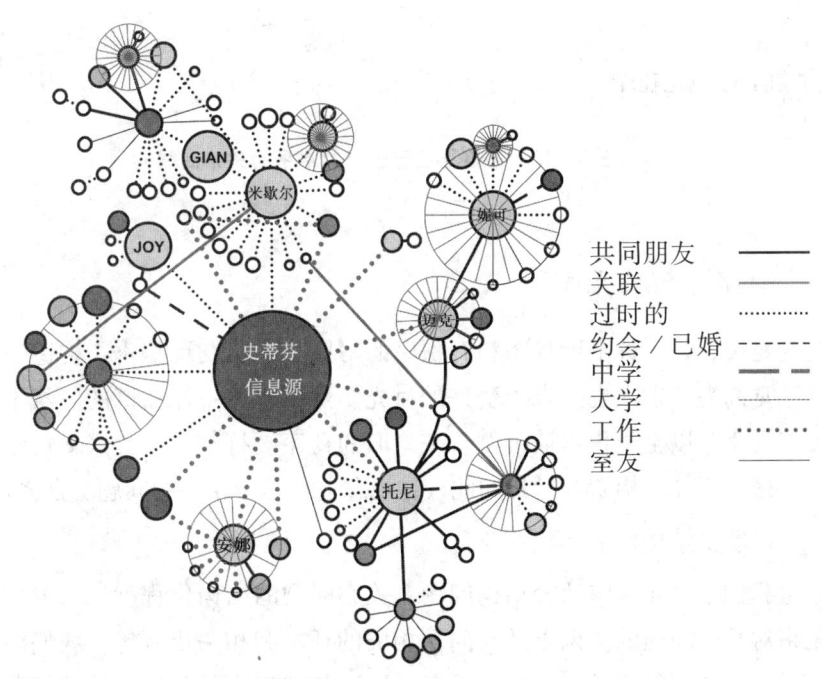

图5-14 网络和实体将节点关联并实现分享

值得强调的是,与传统社会关系局限在血缘、地缘和业缘纽带不同,在现代节点式生活中,生活主体间的交往更多的是借助于某个话题,而不是受约束的结构性地位,于是像解决问题一类的技术活动,一旦减少了个体技术活动的诸多外部障碍,使得由个体

---

① Steven. Information graphic of a personal social circle [EB/OL]. http://www.stevenlao.com/interactive.html.

"生成"的连接多样性更容易显现，对问题的认识和问题的解决会十分有利。于是，整个社会也因生活方式结构化的变化而产生明显的进步。由技术进步导致生活方式结构的变化，使生活节点化程度提高，促进了生产力水平的发展，这包括生活方式结构中的生活主体、生活资料和生活空间的发展，其变化趋势如图5-15所示。

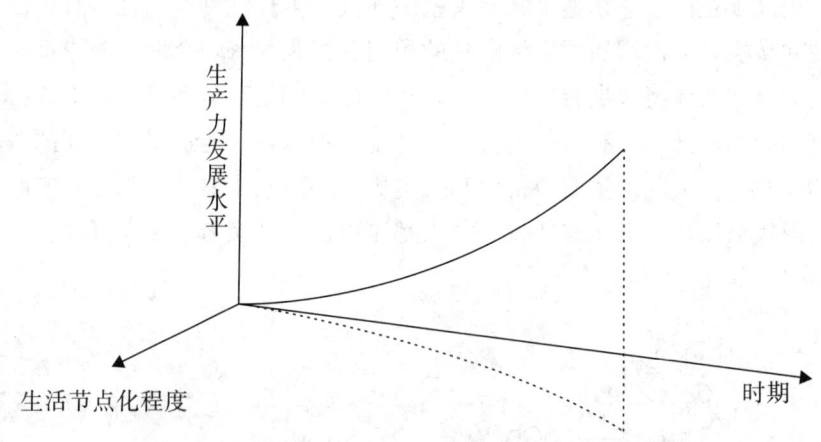

图5-15　连接程度与生产力水平的关系曲线

四、"有序"与"无序"

结构的完美，是一种平衡状态和有秩序的写照。小朋友玩积木，构造一个心仪的结构，自己感觉高兴，别人也投来了赞许的目光。然而，在一片和谐的气氛下，却有无以名状的冲突发生，以至于积木被推倒重来。旧的秩序被打破了，尝试新秩序的努力在不断进行着。摆放实体结构游戏尚且如此，在观念上与结构相关的问题更是多种多样。

（一）有多少结构问题

在这里我们把目光转向社会结构问题，关心问题的结构化程度。一方面，所谓结构化程度是指对某一问题的认识以及与问题相关的环境和相关机制等，我们能用确定性的语言（如数学的或逻辑学的、定量的或定性的）表述清晰的程度。按照问题的结构化程度不同把问题分成结构化问题、半结构化问题和非结构化问题三种类型。另一方面，我们关心社会结构问题，是用一种横向观点看待问题的方式，考虑结构各要素间相互影响和相互作用以及环境对结构的影响。例如，从金融、能源、电信、铁路等垄断与准入壁垒方面的问题到户籍身份、社会保障和教育医疗等社会问题，这些结构问题往往必须用改革或者创新的方式加以解决。如果我们用纵向观点看待问题，就是从时间发展角度看待问题，这类问题往往属于宏观问题，是周期性问题。例如，GDP增长问题、通胀问题、就业问题等，要靠时间、靠制定政策，也许还靠运气或把握时机解决问题。如果还是用玩搭积木的思想来理解，解决搭积木的结构性问题，往往要另辟蹊径，或推倒重来；而解决搭积木的宏观性问题,那需要做持续性努力,所谓万丈高楼平地起,认准了方向,坚持就会胜利。

中国经济发展现阶段,面临着一系列的结构问题。面对内需—外需结构问题,我们是继续追求外贸顺差,还是努力实现平衡?面对投资—消费结构问题,我们是依赖"投资驱动型"的经济增长,还是向"消费增长型"过渡?面对产业结构调整问题,服务业如何实现真正的崛起?面对空间结构问题,我们选择什么样的城市化规模和城市发展模式才合适?面对收入分配结构问题,我们有必要把握好国民劳动报酬分配和经济增长间的关系。解决中国经济的深层结构性问题要靠政府的智慧,进行结构化的调整,用改革的方式应对。

中国经济发展现阶段,能源消费结构问题非常突出,主要表现在以下三个方面。首先,由于我国目前的能源消费结构还是以煤炭为主,导致了总能源使用效率低下。优化能源结构,减少煤炭使用比例,有利于提高我国的能源利用效率。其次,我国能源结构不合理导致了环境污染和能源供给的安全性问题,前者表现为由 CO_2、SO_2 的过度排放引起环境恶化,后者表现为油气资源对外依赖性不断提高。开发海洋经济,发展新能源,有利于解决污染和安全问题。再次,我国能源消费总量快速增长,而且在可预见的数十年中,我国的能源消费总量仍将高速增长,这无疑为我国能源结构的改善增加了难度。

在我国,改革开放以来,一般人感受最深的社会结构问题的变化或许是居民消费结构变化。中国社科院社会学研究所于2008年,采用分层多阶段抽样方式,开展"中国社会状况综合调查"。2008年城乡家庭消费支出细项占总比如下页图5-16所示,列前三位的消费类型是食品、教育和医疗,分别占总支出的34.0%、11.5%和10.6%。中国的消费结构已经在总体上完成了从生存型向发展型的过渡,进入了大众消费阶段。总体来说,在城乡家庭消费支出中,生存型消费(包括食品和衣着类)的比重约占到消费总支出的40.9%,发展型消费(包括居住、交通、通讯、文教、娱乐用品、医疗保健、旅游等)的比重占到消费总支出的50%以上。发展型消费支出比例已经大大超过了生存型消费支出的比例,中国消费结构已经完成从生存型向发展型的过渡。从调查结果中我们还可以看出:一方面,家庭消费结构有升级的发展趋势,也就是在解决了温饱问题以后,为了今后的发展,人们更加重视教育、健康等方面的投入,而不仅仅是单纯地为了生活的享受;另一方面,教育、医疗的费用和支出,相对于目前我国城乡居民的收入水平来说,还存在过高的问题,从而使教育医疗支出负担过重,成为影响群众生活的一个突出问题,并进而影响到居民一般生活质量的改善。中国正在进行的教育制度变革和医疗体制改革,把减轻一般居民家庭的教育和医疗费用负担作为首要目标,从而进一步优化城乡家庭的消费结构。[①]

---

① 李培林,田丰. 当前中国城乡家庭消费状况[R]. 光明日报,2009-01-20.

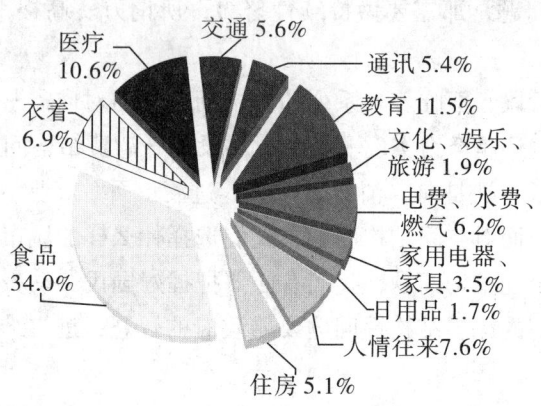

图 5-16　2008 年城乡家庭居民的消费结构

（二）不仅仅是结构

随着经济的发展、社会结构的变革，利益关系的调整和人们价值观念变化，我们越来越容易感受到矛盾的多样化。这些不和谐、不稳定的因素导致的冲突，已经影响到我国经济和社会发展。仅仅用传统的结构方法不足以应对新的冲突性问题，因为不论是结构理论，还是功能结构理论，实际上都是一种秩序理论。然而，有秩序的社会总是局部的和暂时的，结构理论仅仅是把系统各组成部分存在的原因归于对系统整体产生的有益后果，这样做是不够的。结构理论只强调社会整合，忽视社会冲突积极方面的作用，不能合理地解释社会变迁。早在几十年前，基于现代社会内部普遍存在的紧张、冲突、对抗等社会矛盾现象，产生了对结构理论进行补充的社会冲突理论。

科塞在《社会冲突的功能》一书中给冲突下定义说：冲突是有关价值对稀有地位的要求、权力和资源的斗争。在这种斗争中，对立双方的目的是要破坏以至伤害对方。[②] 玩搭积木游戏时，一个人将搭建好的积木结构推倒重来，可能是出于价值观的理由，认为是结构、强度或审美要求不符合；也可能是由于地位稀缺的理由，原来的结构不能表示结构应有的地位；还可能是基于资源有限的理由，积木块不够用了。于是搭积木的人内心产生冲突，否定的意见占上风，就推倒重来。

一般来说，在稳定和平衡状态中，也隐藏着不稳定和非平衡的因素。同样，在和谐社会中，也会存在着冲突，存在着利益矛盾和冲突的基础。这些矛盾和冲突表面上看是会引起社会的不和谐，但却对社会的整合具有一定的积极作用。当然，并不是所有类型的冲突都蕴含有积极功能。冲突是否有利于社会调整，取决于是在什么样的问题上发生冲突，即冲突的性质，以及冲突发生的社会结构。如果冲突所针对的目标与社会倡导的基本价值并不抵触，那么这种冲突对社会结构往往发挥积极的功能，这种冲突使得人们可能根据个人或子群体成员的需要对规范和权力关系进行调整。如果冲突过程中，双方不再共享那些社会系统的合法性所依赖为基础的基本价值，这种冲突就会毁灭社会的结构。①

（三）对有序和无序的理解

有序是指事物按照规则运动，因而形成有规则的状态；无序是指事物不按照规则运动，因而呈现出混乱状态。从结构的观点出发，整体性的有条理和有秩序就是好结构。但是，从发展的角度看，本来似乎是很好的结构，却被推倒重建的事例比比皆是。例如，改革开放以来，中国变成了"世界工厂"，因此中国经济发生了翻天覆地的变化。但是，为了解决发展瓶颈问题，进行了一系列的产业结构调整，进行了诸多社会改革，于是中国从"世界工厂"向"世界市场"过渡的趋势开始明显。在物质丰富年代，工厂角色往往会发愁如何将产品卖出去，采取的策略往往是薄利多销，引起价格恶性竞争。而在这个时代，有市场就会有更多的主动权和话语权，能够决定产品价格，能够更有效地利用资源，会活得更好。

中国现在成为日益重要的"世界市场"，有助于其他发展中国家找到新的稳定需求来源，为扩大出口、增加就业带来机遇。中国与亚洲、非洲和拉美地区的国家贸易高速增长，为推动当地经济发展发挥了积极作用。中国的"世界市场"作用日益突出，也为美欧发达国家带来了好处。欧美国家在国际金融危机爆发后，对中国出口增速大大超过对其他贸易伙伴的出口增速。虽然来自中国的竞争一度给欧美国家带来了挑战，但随着中国经济逐渐转型，众多欧美厂商在中国市场的销售额快速增长，中国突然成为全球全新的增长因素。中国作为"世界市场"的作用日益突出，既是中国经济发展的必然结果，也是中国与世界共享繁荣理念的体现。中国从"世界工厂"向"世界市场"过渡是旧的有序被打破，而新的有序在不断发展的过程。

思考题：

1. 如何理解实体结构的节点？并举例说明。
2. 玩积木游戏时关注的结构重点是什么？
3. 玩模型游戏时关注的结构重点是什么？
4. 如何理解观念结构的节点？并举例说明。
5. "块茎"结构系统与节点化社会有何相似之处？
6. 如何理解结构的有序和无序问题？

---

① L. 科塞. 社会冲突的功能［M］. 北京：华夏出版社，1989.

第二节

流程的思想及其方法

与传统关于流程概念的理解不同,现代流程管理已经不仅仅关心生产工艺和流水作业,还是把注意的焦点集中到问题解决方面。许多技术活动都与问题解决有关,都要把构思和办法具体化,选择和拟定可供实施的具体方案和步骤都与流程管理有关。流程作为控制论的一个基本范畴,涉及流程建立、流程运作、流程优化和流程再造等问题。流程思想及其方法对于技术活动具有普遍意义,应用广泛,是技术学习普遍关心的一类重要技术。

一、认识流程管理

(一)流程的概念

流程有时候也称为过程。流程一般指已经被规范化或有明确要求的过程。流程本身就是一个过程,但过程不一定是流程。流程是已经被加工了的过程。不同行业对流程有不同的解释。《牛津英语大词典》将"流程"定义为:一个或一系列连续有规律的行动,这些行动以确定的方式发生或执行,导致特定结果的实现。有一种对"流程"流行的理解是:流程是一项活动或者一系列连续有规律的事项或者行为进行的程序。[①] 另一种有关流程的权威表述是:流程是一组将输入转化为输出的相互关联或相互作用的活动。[②]

一般来说,"流程"包括六个要素:输入资源、活动、活动的相互作用、输出结果、顾客(服务对象)和价值。这里强调顾客和价值,是从活动结果观点来衡量流程的合理性,从而引出了流程的设计,根据实际情况,对流程设立指标,考察活动对流程指标的贡献或损害,以期优化流程,实现在时间、质量、成本和服务等方面的增值活动。随着技术活动发展,人们对流程的认识深入,认识到流程是价值链传递的有效通道,形成了所谓的流程管理:认识流程、设计流程、运作流程、优化流程或再造流程。

按流程认识和表述的难易程度分类,在生活、生产中,有两种流程设计。一种流程的若干环节是显性的,也就是事物发展的规律较容易描述;另一种流程的设计要依据事

---

① 顾建军. 技术与设计 2 [M]. 南京:江苏教育出版社,2005.
② 国际标准化组织. ISO 9000:2000 质量管理体系标准 [S]. 2000.

物的内在属性和规律,需要进行大量的试验和漫长的探究才能得出。[①] 按流程实现的功能分类,可以分为工艺流程、业务流程、甘特图、系统流程、数据流程等,本节主要关心的是工艺流程和业务流程。

传统流程方法主要涉及工艺流程,也称为加工流程或生产流程,主要是指在工业品生产中,从原料到加工成成品的各项工序安排,是一种工作程序。工艺流程的主要内容有:

（1）明确范围和要求；
（2）定义流程名称和确认所有与流程有关的标准、规范、限制；
（3）列出所有的输入、输出、资源等；
（4）描述每项主要工作,并按发生先后次序安排它们。

现代流程方法涉及更广阔的领域,其中一个主要领域是业务流程。业务流程是指在组织内部"流转"的一系列关系的活动,不仅仅限于单一功能或者单一部门,并且贯串经营的整个过程。业务流程的主要内容有:

（1）设置精确的界限和责任划分；
（2）定义流程名称和确认所有与流程有关的政策、合同、规则限制；
（3）列出所有的输入、输出、人、材料等；
（4）列出流程的顾客；
（5）描述主要工作,并按发生先后次序安排它们。

（二）从发展角度看流程方法

不论是传统的工艺流程,还是现代意义的业务流程,现在的流程方法都有了很明确的阶段,这些阶段往往是由技术发展或社会决定的。一般来说,不论是一个具体产品的生产过程,还是一个问题的解决过程,流程方法有三个不同阶段:流程建立和规范、流程优化和流程重组。每个阶段都涉及流程的设计,也就是在技术发展的不同阶段,都会做与流程相关的不同努力。在流程建立和规范阶段,这或许对应着一项新技术工作的开始,通过一系列活动的组合,投入信息、资金、人员、技术、文档等,建立规范化的流程,使工作有条理,减少不增值的活动,最后产生预期的结果；在流程优化阶段,流程优化的努力是一种持续性的努力,对当前流程进行评估,评价改进后的绩效,改进和优化流程,提高现有流程的效率,降低运作成本；在流程重组阶段,流程重组是一种新的冲破性的努力,其目标是重新设计和组织新流程,使流程的增值最大化,使非增值内容最小化,以适应新的环境和新的变化。

（三）流程管理

目前,还没有一致公认的关于流程管理的定义,部分是因为流程管理还是新事物,

[①] 走进新课程丛书编委会组织. 普通高中技术课程标准（实验）解读［M］. 武汉：湖北教育出版社，2004.

反映了流程管理在层次和内容上的不断发展。有多种关于流程管理的表述，概括起来说，流程管理是围绕一定的具体目标，通过持续的和规范的方法，使流程的增值内容增大，使非增值内容减少为目的的系统方法，形成一套认识流程、建立流程、运作流程、优化流程，必要的时候重建流程的管理体系。这里强调持续的、规范的和系统的，指出流程管理不一定全是颠倒重来。强调对流程进行规范设计，需要进行重新设计的就进行重新设计，不需要的就进行改进和优化。一般情况下，流程的优化会更有意义，这也是讲求实效和强调切实可行的管理理念。流程管理不仅仅是一些技术方法，也是一种理念或模式，同时还深刻反映了技术进步带来的变革。

相比传统流程管理，现代流程管理有了很大的变化，也就是从流程的流水线观念，向流程再造观念的变化。传统的流程管理特征是自上而下的，往往是局限在产品制造方面；现代流程管理以多样化和系统化为特征，可以推广到几乎所有问题解决的过程。产品生产仅仅是问题解决的一个环节，如何解决好问题，还要涉及所有其他环节；产品生产流程管理，重点是确保各个加工任务实施及任务间的衔接，这已经远远不能满足现代社会普遍存在的问题解决方面的要求。更重要的是如何组织实施问题解决方案，特别是对复杂一点的问题，往往要采用协调机制解决问题。流程管理的泛化，实施流程管理的人更关心与问题解决相关的多方面因素，与传统产品制造的流程管理目标往往只是关心团队（比如说一个部门）的利益最大化不同，现代流程管理目标关心的是整体（比如说一个企业）的利益最大化。以上这些因素，都是现代流程管理得以发展的主要因素。于是，流程管理从早期的一种结构化、顺序化的生产流水线的旧观念，发展成今天为问题解决或满足需求的一系列有组织活动的新观念，表5-1给出了传统流程观和现代流程观的主要差别所在。

表 5-1 传统流程观和现代流程观的差别

	传统流程观	现代流程观
关注点	产品生产	问题的解决
任务间的衔接	设立缓冲和留有余地	组织协调机制
流程管理目标	团队或部门利益最大化	整体利益最大化

二、流程的优化与再造

"优化"的意思主要是为了使在某一方面更加出色，是一种持续性的努力。"再造"是一个新概念，是为了适应顾客、竞争和变化为特征的三股力量对技术活动产生巨大影响而提出来的，是一种破旧立新的努力。从很多身边的技术活动，我们都可以体验或感受到流程优化和流程再造的威力。

（一）咸蛋腌制及其改进

优化流程时，往往采取以下措施：其一，取消不必要的工作环节和内容；其二，合并工作任务；其三，合理重排程序；其四，简化工作环节。可以用咸蛋腌制为例，说明这些做法。

传统腌制流程：先把食盐与黄泥搅拌均匀，用水调成糊状，然后再把鲜鸭蛋包裹起来，并将其密封在坛、罐等容器中，待腌制一定时间后煮熟食用。为去腥味，可以在腌制过程中加入了适量的白酒；为减少微生物发酵影响咸蛋的品质，可以将包裹用的黄泥粉碎、晒干后使用。专家还提醒说，腌蛋内的亚硝酸盐在 2~20 天之内是个高峰，之后亚硝酸盐的含量就会逐步下降，所以咸鸭蛋在腌制一个月后食用最适宜。

改进流程 1：选上好的鸭蛋，用清水认真把蛋的外壳洗干净，放在盘中彻底风干，再把鸭蛋放到白酒里浸湿，然后再将浸湿的鸭蛋裹上一层盐，再放到密封的塑料保鲜袋中，放在阴凉处，20 多天后就可以食用。

改进流程 2：使用空气压力锅，锅内盛饱和食盐溶液，将鸭蛋浸泡其中，盖好锅盖，用打气筒给压力锅充气，食盐溶液的渗透压增加，加强了食盐溶液向鸭蛋内的渗透力，且有利于食盐溶液均匀地向鸭蛋内渗透，所以在几个小时内将咸鸭蛋腌制好。

（二）谁也不是笨蛋

在河流污染治理问题中，往往出现"上游怪下游、下游怪上游"的状况，双方都认为是对方污染了河水。下游城市说，是上游城市不负责任排污造成了河流污染，而上游城市说，是下游城市排污更厉害。有观点认为，上游污染下游，应予赔偿。赔偿机制让上游产生一种自我约束机制。但是，上游多是山区，经济不发达，拿什么赔偿？更何况，经济发达的下游城市已经有了限制和转移高污染产业趋势，而转移的方向又往往是上游城市。且经济发展红利多来自于下游发达地区上缴的利税，在政策上是否要给予上游地区适当的补偿，让他们觉得，为保护环境而放弃某些污染项目。于是就陷入了一个是上游赔下游，还是下游补上游争论的怪圈。

人与人之间，或部门之间发生冲突时，预先制定好的规则和流程通常会被搬出来作为保护自己的工具，如果不从整体利益的角度出发，很难对优化流程有所作为。其实谁都聪明，谁也都不聪明，之所以出现上下游纠缠问题，不是一个地区的问题，而是整个业务流程的问题，要在整个社会发展规划层面上，进行相关的流程再造，才可能解决问题。因为从制度层面上，鼓励专业分工，各扫门前雪就成了一种习惯。从个体因素考虑问题解决，往往是立场决定了观点，似乎谁也没有错，问题出在对治理污染的流程缺乏整体性的流程设计思想，缺乏与顾客、竞争和变化密切联结的机制，从而导致本来正常的流程运作出现了问题。

（三）流程的再造

狭义的流程再造概念以达文波特的定义为代表，达文波特使用的是"业务流程重新设计"这一概念，他认为业务流程重新设计是指对组织内部或组织之间的流程进行分析和设计。① 这一概念把"流程再造"的内容限定在了最窄的范围内——流程的分析和设计，它突出强调了流程再造最核心的工作是"对业务流程重新进行设计"，严格区分了流程再造与其他变革模式之间的本质区别。

但是，该概念没有反映出流程再造所引发的"系统性变革"，使人们很容易把它混同于一般的流程优化。流程只是组织的一个基本要素，流程的重新设计会引起企业多方面的变革，包括技术、人员、组织结构等，因而流程再造必然是一场系统、全面的变革。哈默和钱辟认为，企业再造就是对企业的业务流程进行根本性的重新思考、彻底性的重新设计，从而在速度、质量、成本和服务等关键绩效指标上取得显著性的改善。② 其中包括四个关键词：根本性、彻底性、显著性和流程。该概念反映了企业再造的核心内容——对业务流程进行重新设计，也强调了变革的深刻性和彻底性，是一个广义的流程再造概念。③

流程只是组织的一个基本要素，于是有人认为是先有组织，再有流程，没有组织就没有流程。这种观点在一个企业的发展阶段来说，是正确的。一个企业发展初期，什么都没有，必须从零做起，肯定是先有组织再有流程的。但是，当企业发展到成熟阶段，如果还要企业继续发展，就要根据价值链来梳理流程和组织，适应顾客、竞争和变化的需要，再根据流程调整组织和优化组织。这里说的调整和优化组织，一般完全没有必要推倒重来。如果现有的组织结构还是比较合理的，只是流程变了，组织各部门职责及岗位设置需要做相应的调整。

三、画图做流程管理

图示化不仅仅是一种借助图形方式辅助表达信息的技术，更重要的是一种心理活动的方式，是在记忆、思维、想象和表达等心理活动中运用图示化技术解决问题的一种过程，是一种技术进步改变人的习惯的一个典范。从随便用一支笔在草稿纸写写画画，到用鼠标拖拖拉拉，或用手在电子屏幕画图，画图变得越来越容易，变得越来越逼真，借助图示化技术辅助各种问题解决正在成为一种通用技术。

（一）画图辅助构思和沟通

从科学角度思考问题，往往用某种模型或原理对事物进行解释；从技术角度思考问题，往往是运用各种策略和方法使问题变得好处理；用图示化辅助思维和沟通，是利用

---

① Darvenport T. H., Short J. E. The New Industrial Engineering: Information Technology and Business Process Redesign [J]. Sloan Management Review, 1990: 11-27.

② Hammer M., Champy J. Reengineering the Corporation: A Manifesto for Business Revolution [M]. Boston: Nicholas Brealey Publishing, 1993: 32.

③ 桑强. 以流程再造为中心的组织变革模式 [J]. 管理科学, 2004 (4).

一些符号和图形语言,结合科学和技术方法,综合地对问题进行理解和表述。图示化本身不仅仅是各构图要素的组成,还是一种创造过程。人们有看别人画画的偏好,但可能缺乏自己动手画画的自信。正如人人都谈天气一样,人人都谈图示化,但是没有什么人干过多少事。图示化严格讲属于生理学和心理学领域,是一个还没有得到很好理解的方法。图示化教学最简单的方法是给学生提供丰富的背景知识,从许多种图形中获得亲身实践的经验。认真地学习图像重建也是在正确方向上迈出的重要一步。①

在交流研讨会上,如果鼓励发言人使用图形语言进行思考和交流,会有三种视觉化思考类型:立刻开始画画的人,属于黑笔类型;乐意在他人作品上添几笔的人,属于黄色荧光笔类型;质疑已有图画,直到自己拿起红笔全部重画,属于红笔类型。② 其实,立刻开始画画的人是有画画的自信;喜欢添几笔的人虽然画画的自信不够,但还是进行了图形思维;而具有质疑精神的人,会倾向于进行图形重构。如果能够熟悉这三种图形思考方式,那将更有利于图示化思维,有利于彼此的沟通。不论是画图、修改和重画,都可以通过以下四个步骤进行思考或交流:

步骤1:做观察,形成对问题或题目初步理解。

步骤2:图示化,形成关键词和关键图形。

步骤3:做判断,设想关系图或隔离图,并进行分析。

步骤4:做表示,画图以利于思考和沟通。

图 5-17 三种视觉化思考类型

---

① 林恩·阿瑟·斯蒂恩. 站在巨人的肩膀上 [M]. 上海:上海教育出版社,2000.
② David N. Hyerle. Visual Tools for Transforming Information into Knowledge [M]. California:Corwin Press, 2009.

（二）画流程图

一方面，为了交流方便，常常用流程图表示一个活动过程。这种过程既可以是生产线上的工艺流程，也可以是完成一项业务必需的管理过程。这些过程的各个阶段均用图形块表示，不同图形块之间用箭头相连，代表它们之间的关系及流动的方向。另一方面，描绘流程图也是一个对流程认识、理解和表述的过程，这对流程设计、改进和交流尤其重要。为了提高构思和交流的有效性，对流程图的基本符号、符号代表的意义、画图的规则进行规定：

- 圆角矩形表示"开始"与"结束"。
- 矩形表示具体的步骤或任务。
- 菱形表示根据对问题判断决定流程的走向。
- 用平行四边形表示输入或输出。
- 箭头代表工作流方向。

一个流程是否完美，从结构上看，不应该是杂乱无章的。一般的程序，可以分为顺序结构、分支结构和循环结构三种基本结构。顺序结构是从头到尾依次执行每一个步骤或任务，分支结构根据不同的条件执行不同的步骤或任务，循环结构就是重复地执行某个步骤或任务直到达到操作的目的，如图5-18（a）、（b）、（c）所示。

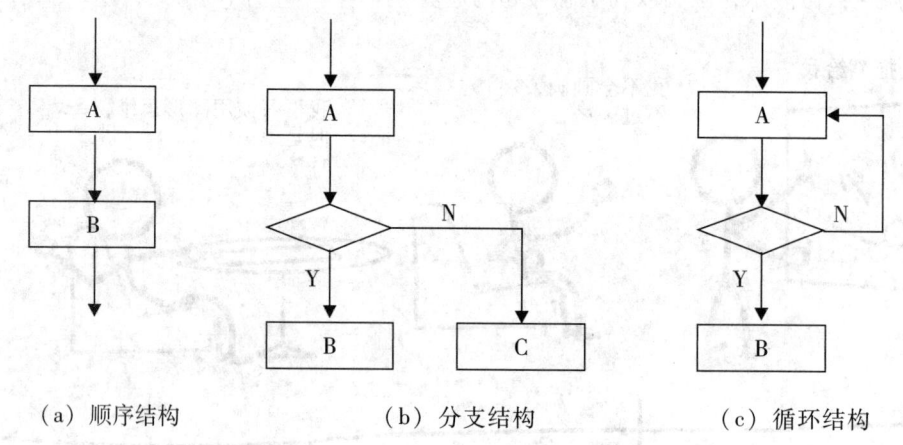

图 5-18　流程的三种基本结构

（三）画流程图的方法

在一般技术活动中，有两种常使用的画流程图方法。第一种方法是画草图，也就是在草稿纸上画线条图，这样做非常有利于辅助思考和提高沟通成效。第二种方法是利用Word文档等通用工具，用图标制作流程图，这往往在制作交流演示文稿和完成书面报告时使用。以绘制蛋糕制作工艺流程改进图为例，可以使用方框图，这里使用的制图符号最少，仅仅是用于表示任务或步骤的矩形框、菱形判断框和表示工作流方向的箭头，如

图 5 – 19 所示。如果要提高流程图给出的信息量，还可以使用平行四边形，用于表示输入与输出的关系，如图 5 – 20 给出了蛋糕制作工艺流程简图。

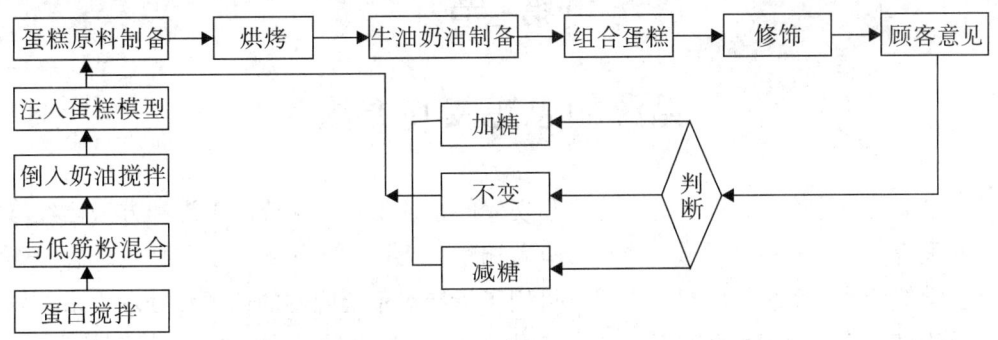

图 5 – 19　确定糖分多少的蛋糕制作工艺改进流程方块图

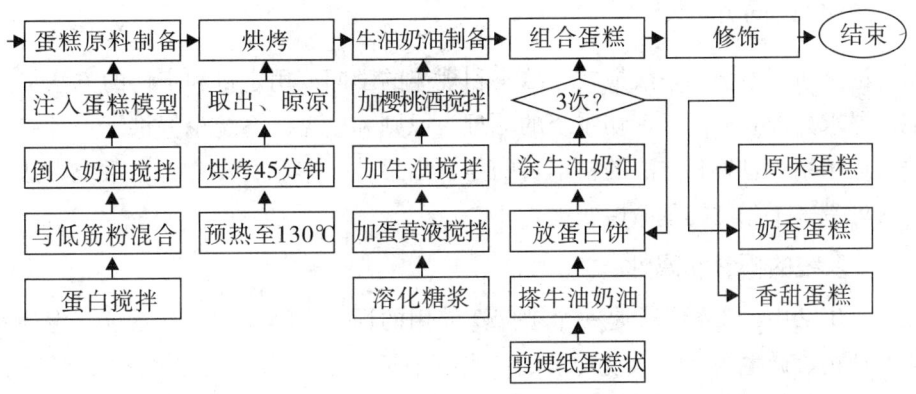

图 5 – 20　蛋糕制作工艺流程简图

作为业务流程图来说，工艺流程简图包含的信息还是太少。可以根据国家标准制作更正式的流程图。但是，得益于信息技术和人工智能技术快速发展，更多的人已经接受和习惯使用计算机智能软件绘制甘特图（横道图）。甘特图能给出流程的起点和终点、任务的内容、各任务的起点和终点、任务责任人以及任务间的连接关系等。至于绘图工具，常见的有 Excel 软件辅助手工制图，或使用 Project 软件，提高设计和绘制甘特图的效果。有关甘特图的介绍，请参考第六章与项目管理有关的内容。

思考题：

（1）传统流程管理与现代流程管理有哪些主要的区别？

（2）如对蛋糕制作工艺流程改进是针对烘烤时间进行，如何修改图 5 – 18？

（3）画流程图与进行流程设计有什么关系？

（4）有什么通用软件可以提高画流程图效果？

第三节

系统的思想及其方法

从早期的整体论，到近代的系统论和现代的系统工程，系统的思想和方法已经渗透到了几乎所有科学和技术领域。系统带有普遍性，无论在生物界、工程技术、思想领域和社会学都会涉及系统的思想和方法，可用于指导对系统问题的认识和处理。系统思想及其方法对于技术活动具有普遍意义，应用广泛，是技术学习关心的一类重要技术。

一、系统论简介

系统论是研究系统的一般模式、结构和规律的学问，用定量和定性的方法描述系统的功能，寻求并确立适用于一切系统的原理、原则和模型。系统论提供了一种有效的思维方法，运用系统思想和方法的根本目的是找出最佳方案和行动方针，系统方法给整个技术方法论带来了深刻的革命性变化。

（一）系统的概念和属性

在现实生活中，"系统"是一个被广泛使用的词。生物界是一个系统，生物系统是由植物、动物、微生物等子系统构成的。当打电话时要使用"通信系统"，学习技术的活动常在"教学系统"中进行。可以说，"系统"无处不在。在现代各种技术活动中，各类技术相互制约、相互关联、相互促进构成一个大技术系统。按系统的规模分类，有小型系统、中型系统、大型系统和巨型系统；按组成要素的性质分类，有自然系统、人造系统和复合系统；自然系统有天体、海洋、生态系统和人体系统等；人造系统有工业系统、农业系统、教育系统、经济系统、交通系统、军事系统、社会系统等。撇开具体系统的具体形态和性质，我们可以发现，所有系统都具有共同点：第一，系统是由要素组成的整体，系统是有组织的和被组织化的全体；第二，系统要素是有联系的物质和过程的集合；第三，系统是许多要素保持有机的秩序，系统要素之间的联系与作用将产生一定的功能。系统论的内涵和外延现在还说法不一。系统论是介于哲学和具体科学之间的横断科学，人们把它作为比具体学科更一般化的科学理论加以研究。贝塔朗菲把一般系统概念定义为"系统是处于一定相互关系中的与环境发生关系的各组成成分的总体"。系统的属性有系统的整体性、相关性、功能性、目的性、有序性、活动性和环境适应性。

1. 系统的整体性

系统的整体性即非加和性。如阿基米德说的"整体大于部分之和"，或者通俗表述为 $1+1>2$。系统不是各部分的简单组合，各组成部分或各层次的协调和连接，使整体体现出新的有序性、新的功能和整体的效果。系统整体功能大于其组成要素功能的总和，这不仅是在量的方面，更重要的是体现在质的方面。由若干部件组装一台机器，出现了机器的新功能，这些都不是单独一些部件所有的功能。但是，如果组成整体的各要素不是表现为协调统一，整体大于部分之和就不成立。所谓"一个和尚挑水吃，两个和尚抬水吃，三个和尚没水吃"，其原因是产生了内耗。

2. 系统的相关性

相关性是指系统的各要素是相互联系、相互作用、相互依存、又相互制约的，这种相关性确定了系统的性质和形态。每个要素的存在都以其他要素的存在为前提，系统中任何一个要素的变化都将引起整个系统的变化以及其他要素的变化。因此，认识并建立起系统各要素之间的合理关系，消除相互间的盲目联系和无效行动，是提高系统有效功能的重要途径。

3. 系统的功能性和目的性

大多数系统的活动或行为都有明显的功能和目的。曾经有这样的反对意见，认为所谓目的是一种有意识的行为，对非人类的其他系统，使用目的性一词不恰当。但是，随着人们对系统论认识不断深化，人们逐渐认识到，任何系统的变化都是有方向的，可以将变化方向理解成系统是有目的的。

4. 系统的有序性

系统具有结构和功能，其演变有某种方向性，使系统具有有序性的特点。一般系统论把生物和生命现象的有序性和目的性同系统的结构稳定性联系起来，有序能使系统趋于稳定，有目的使系统走向期望的结构。系统结构性表现为层次性，但系统的要素是相对的，一个系统相对于构成它的要素而言是系统，而相对于由它和其他事物构成的大系统而言，则是一个子系统（或要素）。

5. 系统的活动性

系统的状态和运动是密不可分的。系统和各要素的特性、形态、结构、功能及其演化，都是通过运动表现出来的。系统的活动性使其具有生命周期。开放系统与其他系统有协同作用，系统内部各要素存在着非线性作用，使系统处于平衡状态或非平衡状态，在远离平衡状态的情况下，会产生突变。一般来讲，系统的发展是一个有方向性的动态过程。

6. 系统的环境适应性

任何一个系统和包围它的环境之间总有物质、能量和信息的交换，环境的变化对系统的变化会引起系统特性的改变，相应地引起系统内各部分相互关系和功能的变化。同时，系统的作用也会引起环境的变化。系统和环境相互影响作用的结果，就有可能使系统功能发生改变。一个好的系统，必须能适应外部环境的变化，通过反馈、自适应和自学习等机制，使系统具有环境的适应性。

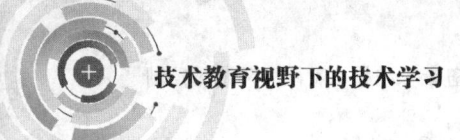

（二）系统思想和系统方法

1. 系统思想

古代朴素系统思想的典型代表是亚里士多德提出的"整体大于部分总和"的论点，还有我国春秋时期的思想家老子在人与自然的关系上，主张天人合一，肯定人与自然界的统一。贝塔朗菲创立了具有深远意义的一般系统论，并把"整体大于部分总和"作为系统理论的出发点，甚至认为全部的系统论就是要有效地解释这个命题。

贝塔朗菲是在生成和涌现的意义上提出了他的有机论思想，认为所有的生命有机体都是一个系统，是由相互作用的诸要素组成的复合体，任何部分的行为都要受整体的约束；而复合体也不是被动的，而是处于积极的运动中，处于和环境不断的相互作用形成的动态平衡中。生命有机系统具有层次性的特点，通过严格的等级层次组织起来，具有自我调适的能力，组织平衡有序是其目的。贝塔朗菲进一步将系统思想延伸到其他系统中去，从而形成一个无所不包的一般系统论。

系统思想的出现，代表着人们认识到必须在普遍意义层次上，对事物互相影响、互相作用以及所产生的后果进行定量的和定性的研究，必须从系统的角度来考察、研究和处理所面临的问题。系统思想的出现，彻底改变了人们的思维方式，使人们更重视认识并揭示出客观事物的本质联系和内部规律。一个好的系统，其整体功能一定"大于"各要素功能；一个不好的系统，其整体功能一定"小于"各要素功能。一个要素在系统中的存在价值，不应该以其本身的优劣作为评价标准，而应视其能否优化整体。

从系统思想出发，人们形成了大技术观，立足于哲学的高度，把技术放在自然界、人类社会和思维的大范围去考察、认识和研究，而不是着眼于狭小、分散的局部或局限于技术自身的领域，只对技术的单一性进行考察。大技术观认为，技术不仅是人类的一种认识活动，同时也是一种不可忽视的社会现象，是社会这一大系统中的一个重要因素。当今，越来越多的国家走出了传统的以产业和职业为背景的技术视野，树立了与科学、社会、经济、职业、道德等相联系的大技术观，把技术放到自然界、人类社会和思维的大范围去考察，并着力建构技术与科学、技术与社会、技术与经济、技术与家庭、技术与职业、技术与劳动等系列的技术教育内容结构。

当然，贝塔朗菲的一般系统论还带有一定的局限性。例如，关于"涌现"的描述，虽然涉及了复杂性问题，却没有涉及非线性理论，也没有对要素间的相互关联机理做深入的说明，也就无法解释系统内在机理。此外，一般系统论认为组织有序是系统的目的性，是系统结构稳定的原因，但这个目的性和实现的方式只有在维纳的反馈控制论中才得以体现。

2. 系统方法

首先，系统论提供了一种有效的思维方法。与人们熟悉的笛卡尔分析方法不同，系统方法的着眼点不是局部或要素，不是遵循单项因果决定论，而是关注事物的整体性，努力反映事物之间的联系和相互作用，特别适合为现代复杂问题提供有效的思维方式。

其次，系统方法的根本目的，是对系统内外各种联系及其规律性加以分析，找出合乎目的的最佳方案。

系统方法原则是由系统具有的属性及其关系的特征所决定的。上面提到的系统属性，有系统的整体性、系统的相关性、系统的功能性和目的性、系统的有序性、系统的活动性、系统的环境适应性，也是系统方法的基本原则。整体性原则是系统方法论的首要原则，这也是系统论的核心思想。具体来说，系统方法的整体性原则有以下几个要点。首先，从组成系统要素着手，进入到系统的结构性、组织性、相关性的把握。整体性质和功能是各要素之间的相互作用以及与环境相互作用产生的，是系统要素组织化的结果。其次，线性方法只能处理局部性的简单问题，不足以把握全局性、大范围和复杂性的问题；而非线性是一切复杂性现象的根源，为达到对整体和复杂性的把握，必须用非线性方法。再次，系统思想要求克服单向度看问题的传统思维方式，转而采用多向度的思维方式，在协同学的理论指导下，形成对复杂性问题的正确认识和把握。

二、系统工程及其方法

随着社会实践的日益复杂化和大型化，传统的方法对解决复杂和大型问题已经显得无能为力，单靠单打独斗、小打小闹的革新来改善一个系统已经不太灵光，系统工程技术的思想和方法往往会给出新的正确方向。

（一）与问题解决相关的概念

系统工程是系统科学的一个分支，是系统科学的实际应用。系统科学不仅包括数学、科学等基础科学，以及复杂性科学，而且还包括心理学、经济学、社会学等。与一般工程相比，系统工程具有高度综合性，传统意义的工程有特定的物质对象，而系统工程对象可以是各种事物，包括自然、生态、人类和社会组织等，还可以是问题解决方法或程序等。一般工程看重技术合理性，追求实现某个具体目的的最佳方案。而系统工程则是从总体最优化出发，考虑结构、功能、规划、协调等问题。在具体工程实践中，系统工程更多的是一种思想和方法，是一种在具体工程活动中进行规划的思想、策略和方法，还要与各种具体的工程技术手段结合，才能实现总体目标。如果脱离了具体的工程技术，系统工程就变成了"无源之水"。

如果将工程这个概念拓宽为问题解决，在更具有普遍意义的层面上谈论系统工程技术，那么对一般人来说或许会更有实际意义。认知心理学认为，问题必须包括四个方面：目标、给定条件、转化方法和障碍。对问题的分类也有多种，可分为三类：结构良好问题、结构不良问题和无结构问题。结构良好问题是指初始状态、目标状态和潜在的达到目标的途径都明确的问题，结构不良问题是指以上三个因素中至少有一个未被明确界定的问题。① 乔纳森进一步将问题区分为 11 种不同类型，具体包括：逻辑问题、计算问题、故事问题或文字问题、规则运用问题、决策问题、故障排除问题、诊断问题、谋略问题、案例分析问题、设计问题、两难问题。结构良好问题和结构不良问题则分别位于问题连续维度的两端，属于两种极端的例子。② 结构良好问题的各项条件、目标状态和解决问题的特定方法都比较确定。而结构不良问题往往没有特定的解决方法，达到目标的策略或问题的答案可以有很多个。至于无结构问题，也就是指初始状态、目标状态和潜在的达到目标的途径都不明确，只能描述问题情境，也就是说不清楚现实状态和理想状态之间的差异，只是感觉到有问题存在，随着环境变化和时间推移，这种感觉会随之变化，有时问题消失了，有时被其他问题所代替。

切克兰德提出一种叫软系统方法论，将硬系统工程解决的问题叫"问题"（problem），而将软系统工程所面对的问题叫"议题"（issue），即有争议的问题。③ 如果把结构良好问题和结构不良但还是偏向良好的问题理解为"硬问题"，把无结构问题和结构不良程度高的问题理解为"软问题"。那么硬问题的特点是便于观察、便于建模、边界清晰、目标明确、结构明显、定义良好的问题。软问题的特点是难以观察、不便建模、边界模糊、目标不定、结构不明、定义不良的问题。我们可以采取不同的技术思想和方法应对不同类型问题，应对前者可用硬系统方法论，应对后者可用软系统方法论。

（二）硬系统方法论

早期的系统工程实践，人们要解决的问题多属于"硬问题"，属于工程系统、人造系统和人为系统的问题。这类问题往往结构清楚，概念明确。所谓的"硬"，实际上是指一种强调从解决问题逻辑出发，追求目标实现和整体优化的思想和方法。霍尔于 1969 年提出了著名的"三维结构"，形成由时间维、逻辑维和知识维所组成的三维结构体系，如图 5-21 所示。在三维结构体系中，时间维表示将问题解决过程按时间顺序划分为不同的阶段，而问题解决的每项工作都可以归属其中的某一阶段，时间维包括七个阶段：规划阶段、方案阶段、研制阶段、生产阶段、装配阶段、运行阶段和更新阶段；逻辑维是指每个阶段所要进行的工作步骤，是运用系统工程方法进行思考和解决问题时应遵循的一般程序，也可分为七个阶段：问题明确、目标选择、系统综合、系统分析、方案优化、做出决策和付诸实施；知识维是指为完成任务所需要的各种知识和技能。霍尔认为现实问题都可以归结为工程问题，从而可以应用定量分析方法求得最优的系统方案。三维结构体系形象地描述了用系统工程方法解决问题的框架，其最大的好处在于有利于克服人们片面考虑问题的思维惯性。

---

① Reitman W R. Cognition and Thought [M]. New York: Wiley, 1965.
② Jonassen D H. Toward a Design Theory of Problem Solving [J]. ETR&D, 2000, 48 (4).
③ Peter Checkland. Systems Thinking, Systems Practice [M]. Chickerter: John Wiley & Sons Ltd, 1981.

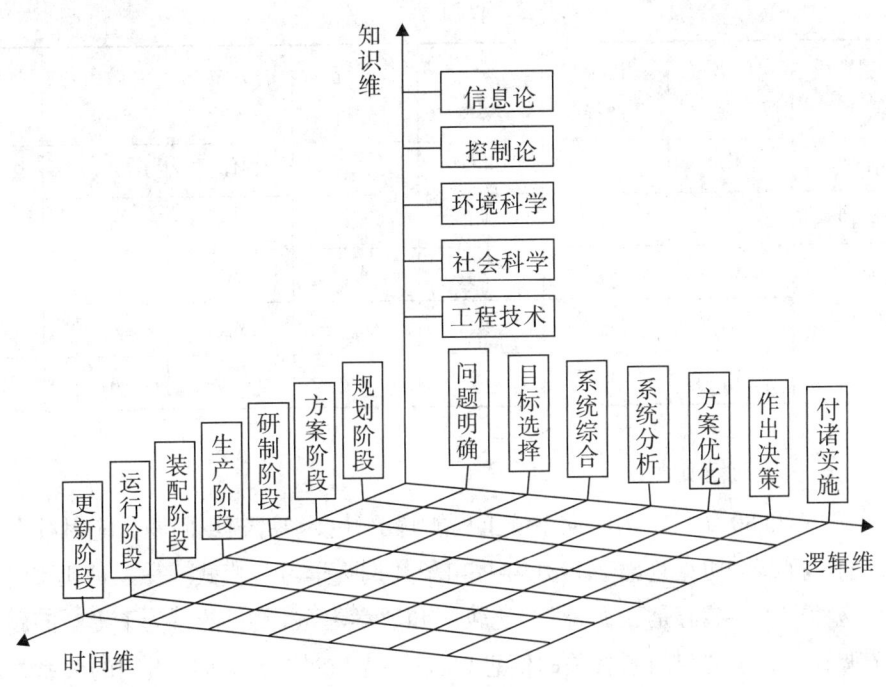

图 5-21 霍尔三维结构

如果只考虑时间维和逻辑维组成的平面，时间维各阶段和逻辑维各步骤会形成一个二维矩阵，构成霍尔活动矩阵或管理矩阵，可以用一个纵横排列的二维数据表格表示，如表 5-2 所示。表格一个单元格代表着一项具体的活动，如单元格 A_{32} 表示研究阶段中的目标选择工作。用霍尔活动矩阵可以提醒人们在哪一个阶段该做什么工作，明确各项具体工作在全局中的位置和作用，从而可以使活动条理化和秩序化，使各种资源得到合理的调配和有效的利用。硬系统方法论的核心内容是优化分析，更多地关注定量分析方法。这种方法在大型工程项目的运用，可以减少计划和决策上的失误，提高计划实施的成效。但是，这种方法在解决软问题时带有明显的局限性。因为该方法论没有为目标定义提供有效方法，没有足够考虑到活动中人的主观因素，对于复杂社会系统来说，要建立精确的模型也是不现实的。

表 5-2 霍尔活动矩阵

逻辑维 时间维	问题 明确	目标 选择	系统 综合	系统 分析	方案 优化	做出 决策	付诸 实施
规划阶段	A_{11}	A_{12}	A_{13}	A_{14}	A_{15}	A_{16}	A_{17}
方案阶段	A_{21}	A_{22}	A_{23}	A_{24}	A_{25}	A_{26}	A_{27}

续上表

逻辑维 时间维	问题 明确	目标 选择	系统 综合	系统 分析	方案 优化	做出 决策	付诸 实施
研制阶段	A_{31}	A_{32}	A_{33}	A_{34}	A_{35}	A_{36}	A_{37}
生产阶段	A_{41}	A_{42}	A_{43}	A_{44}	A_{45}	A_{46}	A_{47}
装配阶段	A_{51}	A_{52}	A_{53}	A_{54}	A_{55}	A_{56}	A_{57}
运行阶段	A_{61}	A_{62}	A_{63}	A_{64}	A_{65}	A_{66}	A_{67}
更新阶段	A_{71}	A_{72}	A_{73}	A_{74}	A_{75}	A_{76}	A_{77}

(三) 软系统方法论

20世纪70和80年代,为了使系统工程能解决社会经济领域问题,应对社会经济系统所涉及的软问题,切克兰德于1981年提出了"调查学习"模式——一种典型的软系统方法论。这种方法的核心是"调查""比较"和"学习",其目的是为了提高问题的确定性。所谓调查,是了解与问题有关的信息和状况,寻找构成影响因素间的关系,通过分析和综合,提高问题结构的确定性以及不适应之处;所谓比较,是将现状与概念模型进行比较,找出存在的问题,提出更合适的问题解决方案和途径;所谓学习,是指通过前述的调查过程,通过比较方法,不断改善问题情境,实现对系统整体运行的改进。与硬系统方法论相同,"调查学习"模式也要遵循一定的逻辑程序来解决问题。其过程大致包含七个步骤,如图5-22所示①。

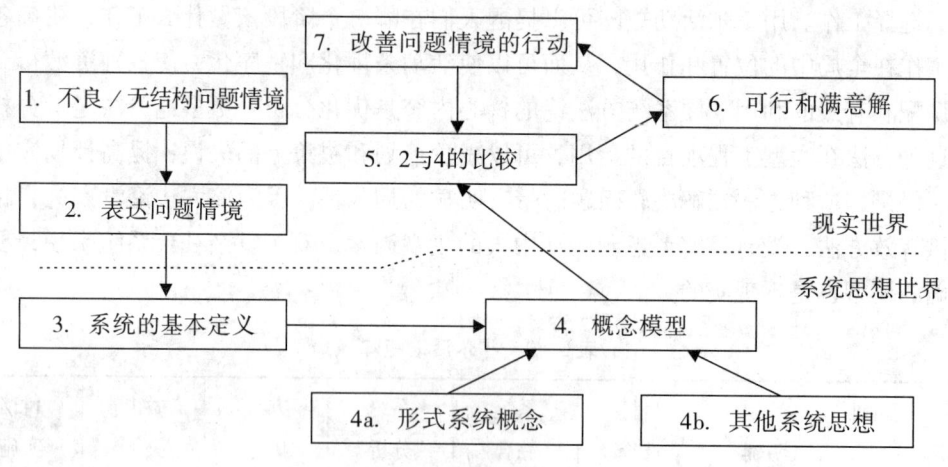

图5-22 软系统方法论的七个阶段

---

① Peter Checkland. Systems Thinking, Systems Practice [M]. Hoboken: John Wiley & Sons Ltd. 1998.

针对"软问题",应用软系统方法论解决问题,其过程可概括为:从对系统存在不满意的感受出发,希望找到有效的改进方向和可行的问题解决途径,经过不断努力,直到改变不满意的状况。"软方法"不像"硬方法"那样可以得到最佳的定量结果,只能得出可行的满意解。针对结构不良问题或无结构问题,问题解决通常只能用半定量、半定性甚至是定性的方法来处理。例如,在硬系统方法论中,核心内容是优化分析,对要解决的问题可以建立"数学模型",问题解决整个过程是一个"优化过程";而在软系统方法论中,核心内容是比较学习,只提建立"概念模型",问题解决过程是一个"学习过程",只可以期望获得满意解。

三、耗散结构论、协同论与突变论

耗散结构论、协同论和突变论是系统论的继续与发展。这些理论思想在有序与无序的转化机制上,把系统的形成、系统结构和系统发展联系起来,对于人们提高思想认识水平、开阔思想、拓宽视野、探求新途径和新方法有指导作用。这些理论思想所涉及的科学技术方法论有广泛应用,能对形形色色看来毫不相同的问题进行深刻的把握。

(一)耗散结构论及其应用

根据耗散结构论的观点,一个远离平衡态的非线性开放系统,通过不断地与外界交换物质、能量和信息,量变可能引起质变,系统可能从原来的无序状态转变为一种时间、空间或功能的有序状态。普利高津把这种需要耗散物质和能量才能维持的有序结构,叫作耗散结构。而这种系统在一定条件下能够自行产生组织性和相干性。一座城市可看作一个耗散结构,每天要输入食品、日用品、燃料和资讯等,同时又输出产品、废物和资讯等,这座城市才得以生存。城市这个系统的目的是要保持和发展稳定有序状态,否则将处于混乱。一个典型的耗散结构的形成与维持至少需要具备三个基本条件:首先,系统必须是开放系统,系统本身要同周围环境有物质和能量的交换;其次,系统状态必须处于远离平衡区,也就是非线性系统,在平衡区或近平衡区都不可能从一种有序走向另一种更为高级的有序;再次,系统中必须有某些非线性动力学过程,如正负反馈机制等,非线性相互作用使得系统内各要素之间产生协同动作和相干效应,使得系统从无序转变为新的有序。

热力学第一定律是能量守恒定律,而第二定律的含义是所有的能量转化都是不可逆的,也就是所谓的熵增加原理。熵在有耗散的情况中不停地增加直至达到最大,这意味着能量的耗尽和系统的毁坏。普利高津的耗散结构论给了人们新的希望。因为系统的自组织,系统内部有调节建设的倾向,在条件成熟的情况下,涨落使微小的事件得以放大和突变。如果说热力学第二定律指引着系统走向衰败和完全无序,那么自组织则将系统引向自我完善和新的有序。

耗散结构论是研究耗散结构的性质及其形成、稳定的演变规律的科学,主要关心开放系统与外界环境交换物质、能量和信息的过程中从混沌向有序转化的机理、条件和规律。它揭示出世界上事物的一种本质。一个耗散系统，最基本的过程是与外界有输入和输出的关系。无论是输入还是输出，一旦停下来，系统内部所有秩序或结构都将会瓦解。将耗散结构论引入研究和把握各种发展问题，会有各种耗散结构。有激光耗散结构、电子商务耗散结构、城市管理耗散结构、环境保护耗散结构等。一般来说，所谓耗散，是指当一个远离平衡态的系统不断地与环境进行物质、能量和信息的交换，内部各要素间产生相互作用，负熵增加，使有序度的增加大于无序度的增加，形成新的有序的过程。而具体的耗散结构就是耗散过程中形成的自组织和自适应的过程，其实质是一个负熵的过程。例如，城市管理问题，城市与外部环境进行物质、能量、信息的交换，表现为人才、物质、资金等与外部的交流，城市管理结构的不断改善和管理水平的不断提高，表现为负熵值的增加。用负熵流来抵消熵的增加，可以使一个体系可能从原来无序态向新的有序态转化。这是耗散结构论的一个基本观点，也是使耗散结构论得以广泛运用的原因。远离非平衡态，采用耗散结构论方法，用熵控制的方法能够形成新的有序，使得人们可以用耗散结构论的方法解决许多不同领域长久以来没有解决好的问题。

（二）协同论及其应用

协同论是系统科学的一个重要的分支。其创始人哈肯解释协同论名称的由来时说过，一方面，是由于我们所研究的对象是许多子系统的联合作用，以产生宏观尺度上的结构和功能；另一方面，它又是由许多不同的学科进行合作，来发现自组织系统的一般原理。与耗散结构论一样，协同论主要研究开放系统远离平衡态的情况下，如何通过系统内部的协同作用，自发地出现时间、空间和功能上新的有序结构。在微观作用和宏观表现方面，协同论描述了各种系统从无序到有序转变的共同规律，探讨各种系统从无序变为有序时的相似性。

协同论通过分析类比，描述各种系统和运动现象中从无序到有序转变的共同规律，认为各种系统千差万别，他们的性质完全不同，但他们从无序向有序转变的机制却是类似的，甚至是相同的，遵循共同的规律。协同表现为系统要素间的整体统一，不同系统在演变时具有共同性，体现了贝塔朗菲一般系统论的整体性原则。

各种各样的系统，看起来可能完全不相干。但是，从协同论的视角考察新的有序产生，却有深刻的相似性。协同论要点有三个方面：第一是协同效应。不论是自然系统还是社会系统，都存在着协同作用，而协同作用是系统有序结构形成的内在驱动力。第二是伺服原理。其意思是快变量服从慢变量，序参量支配子系统行为。协同论通过系统内部稳定因素和不稳定因素间的相互作用来描述系统自组织过程，规定了临界点上系统的简化原则，在系统处于不稳定状态且接近变化的临界点时，系统的动力学行为和所表现的结构通常由少数序参量决定，而系统其他变量则由这些序参量支配或规定，序参量主宰系统演化的整个过程。第三是自组织原理。与他组织不同，系统的组织能力和组织指令不是来自环境，而是源于系统内部。系统内部子系统间按照某种规则自动形成一定的结构或功能，具有内在性和自生性特点。系统通过与环境进行能量、物质和信息交换，通过子系统间的协同作用形成新的时间、空间或功能有序结构。

协同论是吸取平衡相变理论中序参量的概念和绝热过程原理，在不同领域中，通过类比方法，找出从远离平衡态转变成有序所遵从的共同规律，形成的一套协同论方法。与耗散结构论引入负熵流不同，协同论认为非平衡临界过程也可以具有相应的平衡相变的特征。系统从无序向有序的演化可以是系统中子系统间相互作用而又协调一致的结果。在非平衡相变中所出现的类型，可以看作是平衡相变类型的推广，这种在平衡相变和非平衡相变之间的类同，可以用同样的理论方案和数学模型进行处理。在远离非平衡态，采用系统协同的方法，易于形成有序，使得人们可以用协同论的方法解决许多不同领域长久以来没有解决好的问题。

（三）突变论及其应用

由于经典力学和微积分取得了巨大的成功，多年来很多人逐步养成了一种习惯，认为事物变化过程总是连续的、平滑的，就好像地球围绕太阳运转可以用微分方程进行描述和预测那样。但是，在我们这个世界，同时还充满着突变和跳跃现象，不连续使微积分失去了处理问题的效力。火山爆发、地震发生、细胞分裂、胚胎变异、虫害突袭、突然摔倒、战争爆发、城市兴亡，如此等等，都是由量变积累突然引发的质变，其共同特点是过程连续而结果不连续。例如，狗的行为，是齐曼的关于突变理论的许多例示中最早和最有名的例子之一。当你遇到一只陌生的狗的时候，这只狗可能逃走，可能无动于衷，也可能咬你一口；它的行为受到相互矛盾的两个因素所控制：愤怒与恐惧。愤怒可由嘴张开的程度来衡量，恐惧则由耳朵的耷拉程度来刻画，当恐惧压倒愤怒，它就逃走；当愤怒占优势，它就攻击咬人。但当愤怒和恐惧都很高时，就可能发生突变：一只本来似乎要咬人的狗突然掉头逃跑；同样，一只看上去将要逃走的狗会突然地转身咬你一口。[1] 突变论认为，可用一组参数描述系统状态。当系统处于稳定状态时，该系统状态的某个函数就取唯一的值。当参数在某个范围内变化时，其函数值有不止一个极值时，系统必然处于不稳定状态。法国数学家雷内托姆指出：系统从一种稳定状态进入不稳定状态，随参数的再变化，又使不稳定状态进入另一种稳定状态，那么，系统状态就在这一刹那间发生了突变。[2] 突变论可以解释很多突变现象，开创了人们认识变化的新视角。

突变论应用形象而精确的数学模型来把握事物质变过程。突变论表明质变可以通过渐变的方式实现，也可以通过突变方式实现，并试图给出实现这两种变化方式的条件和范围。突变论的数学模型建立有两种途径，一种是精确的数学模型，另一种是借助于类比法，也就是将一个具体的突变现象与突变论典型的突变模型进行比较，进而确定突变所属类型。由于，社会问题的突变，往往不好用定量方法解决，所以突变类比是社会突

---

[1] 赵子都. 一个新的数学分支——突变理论[J]. 数学通报，1986（8）.
[2] 雷内·托姆. 结构稳定性与形态发生学[M]. 成都：四川教育出版社，1992.

变论的主要方法,这种方法特别适用于那些内部作用尚不清楚的系统。例如,我们研究一个事物,如果不能找到描述该事物特性的数学模型,但通过观察了解到一些突变的特征,如跳变、滞后、多模态和发散等的一些或许多现象,这时就可选择一个适当的突变模型进行类比,用拟合的方法,观察和理解突变的产生和结果,用突变类比来分析变化的特征。突变论认为,如果在严格控制条件下,事物质变经历的中间过渡过程是相对稳定的,或经历了多个类似准静态的过程,那么它就是一个渐变过程,关键在于把握控制条件。事物的质变是通过突变实现的,虽然我们很难控制突变,但可以设法影响引起质变的各种因素,使变化朝有利方向发展。

思考题:

1. 系统方法与分析方法有什么不同?
2. 硬系统方法论和软系统方法论有什么不同?
3. 如何理解切克兰德"调查学习"方法的核心是"调查""比较"和"学习"?
4. 耗散结构论的技术思想和方法主要特点是什么?
5. 协同论的技术思想和方法主要特点是什么?
6. 突变论的技术思想和方法主要特点是什么?

第四节

控制的思想及其方法

自从1948年维纳发表了著名的《控制论——关于在动物和机器中控制和通讯的科学》一书以来，控制的思想和方法已经渗透到了几乎所有科学和技术领域。控制带有普遍性，无论是生物系统、工程技术系统、思维系统和社会系统都会涉及控制的思想和方法，可用于指导对控制问题的认识和处理。控制思想及其方法对于技术活动具有普遍意义，应用广泛，是技术学习关心的一类重要技术。

一、控制论简介

在技术活动中，人们经常会产生一种需求，就是要求某些过程或参量达到或维持在某种特定的状态。实现这种功能的过程，就是所谓控制过程，这是一种与联系和调节相关的过程。

（一）控制论的基本思想

控制论是一门研究各类系统的控制规律的科学，强调系统的行为能力和系统的目的性。这里说的系统，是由相互制约的各个部分组成的具有一定功能的整体。所谓行为，是指系统在外界环境作用（输入）下所做的反应（输出）。无论是机电系统，还是生物系统，或者是社会系统中的一个子系统，其行为都带有目的。例如，生物系统的一个目的性行为是同外界环境发生联系，是通过信息的交换实现的。来自外界的变化，对生物产生刺激作用，实际上对系统来说是一种输入；而生物系统对刺激的反应行为，是系统产生的输出。控制论认为，任何系统要保持或达到一定的目的，就必须产生对应的行为，输入和输出就是系统的两种行为。

自动控制不同于人工控制，是指在没有人直接参与的情况下，能够使机器、设备或生产过程的某个工作状态或参数自动按照预设状况运行。控制论研究结果表明，无论是自动机器，还是生命系统，以至于经济系统或社会系统，都可以看作一个自动控制系统。例如，在机电自动系统中，有专门的探测和调节装置，维持系统的正常运转，实现系统自身稳定或系统的目的功能。如果系统运作发生了偏离，系统能够感知偏离信息，并形成控制信息，通知控制机构进行调节。整个控制过程就是信息转变和流通的过程，控制是通过信息的转变、处理和传输来实现的。

在自动控制系统中，反馈的机制尤为重要。所谓反馈，就是系统输出信息返回输入端，经处理，再对系统输出产生影响的过程。如果脱离控制目的限制，仅仅是对反馈进行分类，反馈可分为正反馈和负反馈两大类。负反馈是目标差减少的过程，正反馈是目标差增大的过程。① 在负反馈中，反馈的信息与原来输入信息起相反作用，令输入减小；而在正反馈中，反馈的信息与原来输入信息起相同作用，令输入增大。反馈控制的基本思想是利用系统受控量（输入）与希望值（输出）之间的偏差来控制系统的行为，达到系统控制目的。例如，在负反馈控制系统中，负反馈的作用使受干扰后系统的偏离变小，可以得到稳定系统。

控制系统的稳定性是自动控制主要关心的问题，负反馈对系统的控制和稳定性起决定性的作用。无论是机电系统的稳定，还是生物体保持自身的动态平衡，都可以用负反馈思想来解释。例如，一个人的血糖浓度若偏离正常值，人体检测到这条信息后，反馈系统就会发出控制胰岛素分泌的信息，由胰岛素分泌量的变化来调整血糖浓度，达到恢复血糖正常值的目的。至于正反馈，受控部分的活动如果增强，通过感受装置将增强信息反馈至控制部分，使受控部分的活动更加加强，如此循环往复，使整个系统处于再生状态。例如，在血凝过程中，当一处血管破裂时，凝血因子被激活，形成血凝块，将血管破口封住。正反馈控制的特性不是维持系统原有的稳态或平衡，而是导致再生状态的机制。当然，无论是负反馈还是正反馈，都有可能导致我们不期望的控制结果。例如，我们期望的再生状态受制于负反馈而不会发生，而期望的稳定状态受制于正反馈遭到破坏。像这样的反馈，我们称之为失效控制或者控制失败。

讲到"反馈控制"这个概念，还要注意区分与"前馈控制"概念的不同。所谓前馈控制，泛指在控制过程中通过测量进入过程的外界干扰和设定值产生的变化，预设合适的控制作用，使受控变量维持在设定值上。前馈控制反应迅速，但只能对可预测的干扰进行调整。

（二）控制论的主要方法

为了理解和表述方便，常用方框图或原理框图表示系统结构和控制方法。框图主要使用5个图标或符号，分别是用矩形表示一个功能框，用箭头表示信号线，用中间带叉的小圆圈表示比较点（有加运算的意思），用分叉箭头表示引出点（分支点），用箭头前的正负号表示加上/减去该信号（正/负反馈）。一般来说，任何系统都可以由功能框、信号线、比较点和引出点组成的方块图来表示。

所谓控制方法就是通过信息的方法，处理好控制与被控制的矛盾，使被控制系统保持稳定性或达到最佳状态，以实现事先系统规定的目标。控制论运用较多的方法有反馈方法、黑箱辨别方法和功能模拟方法等。功能模拟是控制论的一个基本方法，可以通过一个功能模拟框图来理解一种典型的控制方法，并总结其具有的普遍性特点。在控制系统中，新的信息不断输入到被控系统，感受机构接收到信息后，传递各中枢机构进行加工处理，再通过执行机构输出控制信号到被控系统。被控系统引起反应又继续发出新的

---

① 金观涛，华国凡. 控制论和科学方法论 [M]. 北京：科学普及出版社，1983.

信号，如此循环往返，每次循环都不是简单的重复，而是有新的信息，使得控制作用进一步向预定目标逼近，如图5-23所示。

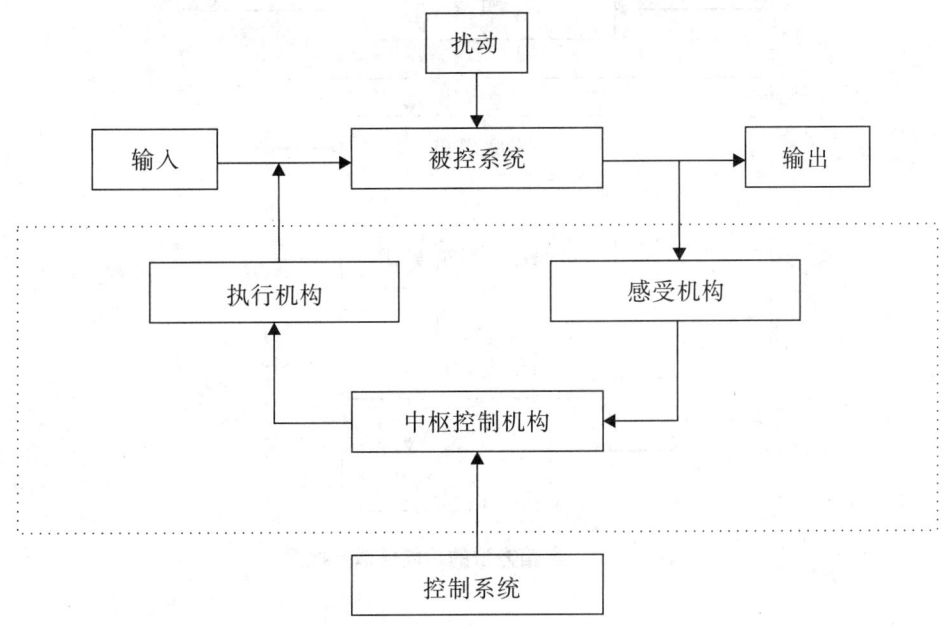

图5-23 一种典型的控制系统功能模拟方框图

用功能模拟方框图表示控制的反馈方法，如图5-24所示。所谓反馈方法就是运用反馈概念分析处理问题，是一种用系统活动的结果来调整系统活动的方法。从反馈的效果看，分正反馈和负反馈。反馈方法是利用两种状态的差异来解决系统确定性和不确定性的矛盾，使系统达到控制的目标。

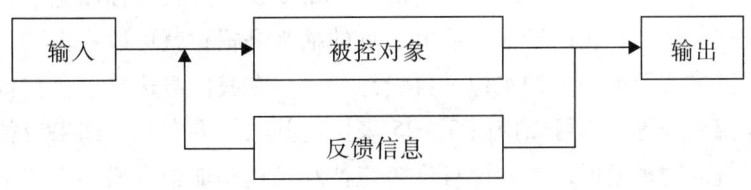

图5-24 反馈方法的功能模拟方框图

黑箱辨别方法又称系统辨识，是通过考察系统的输入与输出关系来认识系统功能，是探索复杂系统的重要工具。辨识是在输入和输出的基础上，从一类系统中确定一个与所测系统等价的系统。黑箱辨别方法就是指对那些不能打开箱盖，又不能从外部观察内部状态的系统进行辨别，用功能模拟方框图表示控制的黑箱辨别步骤，如图5-25所示。这种方法的最大优点是，无须直接考察所研究对象的内部结构，而只是就功能行为对事物进行整体性的了解。就好像我们不需要知道计算机内部结构和工作原理，而只是通过输入和输出设备就了解机器性能一样。

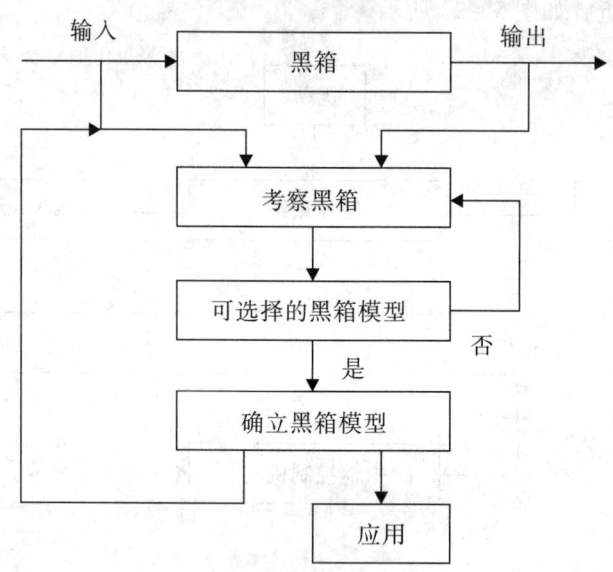

图 5-25　黑箱方法的功能模拟方框图

功能模拟方法又称为功能类比方法，与物理模拟和数学模拟不同，它既不要求模型和原型之间在数学形式上相似，也不要求模型和原型之间的物理或几何相似，而是要求模型和原型之间在功能和行为上相似。人们将这种以功能和行为相似为基础，用模型来模仿原型的功能和行为的方法称为功能模拟。其实，"功能"并不是一个很新的概念，从功能相似这个角度理解问题，就可以将比较成熟的概念直接用于另一个不熟悉的领域，可以采用类比的方法，特别是采用功能类比的方法，通过模拟，得到许多新的认识和有意义的启发，功能模拟方法已经成为人类的又一重要认知途径。控制论借助功能模拟取得了长足的进展。例如，我们日常生活上常见的抽水马桶，就可以根据图 5-25 的方框图，描述用反馈方式保持一定的水位。再设想一下，在我们身边，还存在许多反馈控制系统，例如恒温系统等，都可以用图 5-25 来描述其功能的实现。如果说抽水马桶是关于反馈控制系统的物理模拟，或者说有许多与抽水马桶功能根本搭不上边的装置都有相同的功能模拟，这是因为这些装置都有与抽水马桶一样的反馈控制功能。

（三）人工控制和自动控制

控制系统可以采用人工控制，也可以采用自动控制。以水位控制为例，在满足供水需求条件下，保持水池水位不变。用人工操作的方法实现，需先测量实际水位，与实际要求的水位进行比较。若低于要求的水位，则开大进水阀门，否则应关小进水阀门。若两者正好相等，则不操作进水阀。上述的人工控制原理框图可以用自然语言表述，如图 5-26 所示。如果用术语表述水位人工控制系统原理，其控制原理如图 5-27 所示。

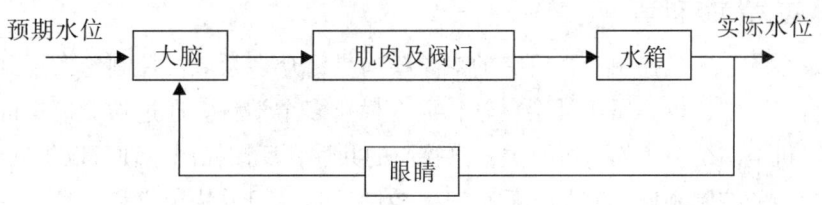

图 5-26 用自然语言表述的水池水位人工控制方框图

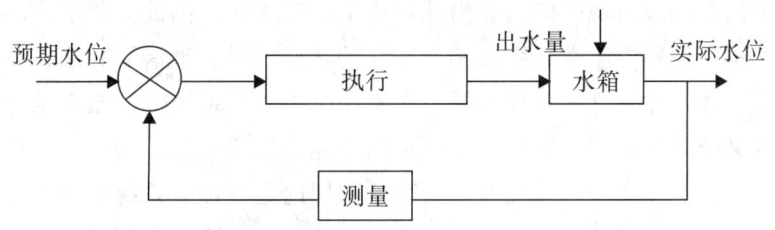

图 5-27 用技术语言表述的水池水位人工控制原理框图

如果受控制对象功率不大，且要求不高，采用人工控制是可行的。但人工控制有许多缺点，在许多场合也是不可能实现。第一，人工控制系统的控制精度完全取决于操作者的经验；第二，在控制过程变化太快的情况下，人的反应不能适应；第三，有些危险场合，人工无法完成控制操作。因此，有必要使用自动装置来代替人工操作，对被控量实现自动控制。还是以水位自动控制为例，其工作原理框如图 5-28 所示。浮球连杆系统可以测出水池的实际水位，与要求的水位进行比较。然后得出水位偏差，再由调节元件根据偏差的大小（电信号的正负）产生控制信号，然后由执行元件根据信号产生控制作用，达到控制水位的要求。

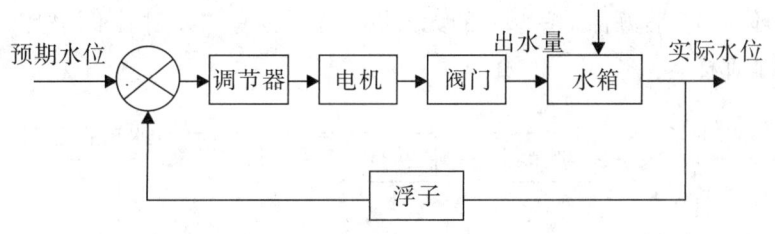

图 5-28 水池水位自动控制原理框图

二、走进系统控制论

系统控制功能的实现，是建立在控制论的反馈理论的基础上的。一般性的反馈控制系统都要从系统的输出中取出一部分信号，通过反馈回路传输到系统的输入端，以达到控制的目的。

（一）迈向横断科学

无论是系统论还是控制论，研究的对象横向贯穿众多领域。控制论发展到今天，它既不限于自然科学，也不属于社会科学，而是横跨多个学科。通过功能模拟的方法，控制论揭示了机电系统与生物系统有关信息控制的共性，反馈控制原理可以扩展到生物的、经济的和社会的控制领域。究其本质而言，控制论是一门方法论学科，是集各自然科学和社会科学之大成而产生出来的综合学科，也就是所谓的横断科学。

针对一个要解决的具体问题，系统论认为，现实问题的产生往往不是一个孤立的现象，而是系统内某部分出现问题，并由此产生了相互作用。因此，要解决问题，不仅仅要注意问题的本身，还要注意系统内相互关联的状况，只有理清了脉络，找出问题的相互关系，分清主次，才有可能解决问题。控制论认为，当系统输出某个信号时，总可以在某个方面或某个时候得到反馈，为了使输出总能产生正面的、积极的回应，要防止和抑制无效反馈，保持和加强有效反馈。系统控制理论是在接受系统论和控制论的思想和方法的基础之上发展起来的，能在各种不同应用领域中发挥更好的作用。

无论是机电系统，还是生命系统，或者是社会系统，一般性的控制系统都有以下三种基本特征：其一是目的性，任何控制系统都是由被控对象和控制机制组成，控制机制对被控制对象施加控制作用，以达到预定的控制目标。其二是闭环性，控制系统往往是由被控对象与控制机制构成的闭环系统，也就是从系统的输入、输出和通过反馈形成控制机制，它们组成了闭环的信息通道，构成闭环系统。其三是相对性，控制系统是相对于环境而独立存在的，控制系统与其周围环境之间有相互影响和信息交换。具有普遍意义的闭环控制原理框图如图 5-29 所示。系统的输入和输出通过反馈构成一个回路，如果由于某种原因回路出现中断，那就不能成为闭环控制。例如，投篮运动，由于篮球投出去后，球就失去了控制，投篮也就不属于闭环控制。如果投出去的篮球还带有通讯和控制功能，采用自动或"人在回路"控制方式，而不是投出后管不了，这样的"投篮"也可以是闭环控制。就好像某些型号的无人机或导弹具有"发射后不用管"或"人在回路"控制功能那样。

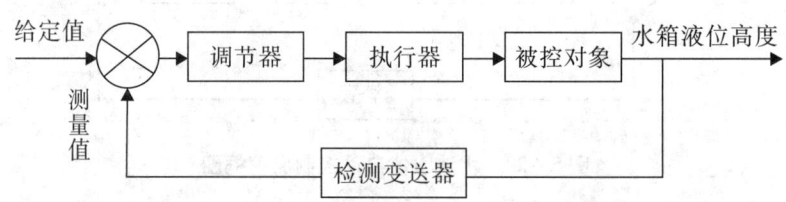

图 5-29　具有普遍意义的闭环控制原理框图

（二）系统控制论关心的对象

系统的问题是多方面的、复杂的。系统控制论主要从控制论观点研究系统的控制问题。包括控制原理、控制方法、控制技术等。在这里，控制的概念是广义的，包含调节、管理、操作、指挥与决策等内容。有各种不同领域的系统，例如工程技术、社会经济、生态环境、人体控制等。这些系统在控制过程中存在共同规律，系统控制论致力于研究这些共性。

系统控制论关心的对象是一些与系统相关的控制问题，这些系统应该是具有受控系统的特征，具体表现在以下三个方面。第一，系统在一定程度上是有序的。系统与外界间、系统各子系统间通过能量、物质的传递和信息的交换，相互作用形成系统的演变。控制作用总是追求增加系统的有序性，例如使能量集中，使有用信息清晰，使演变朝着对人们期望的方向发展。第二，系统应该具有自适应性和自组织性的特征。系统控制论追求的重要目标之一是赋予系统以自适应性，使系统在外界环境和内部结构不断变化的情况下，能保持稳定地运作，原定的目标不受干扰和破坏。反馈原理的应用就能使受控系统的功能朝向人们预期的结果发展，也就是系统具有对变化的自适应性。此外，系统的行为还取决于系统的结构，结构变化可导致完全不同的系统行为。系统控制论追求的另一个重要目标赋予系统自组织能力，根据变化或发展，系统能自动地改变自身的内部结构以适应变化。第三，系统应该带有某种智能。从简单巧妙的连杆机关，到功能强大的智能机器，都具有信息获取、分析处理、直到获得期望的结果的功能。在许多自动控制系统中，除命题必须由人提出以外，很多工作已经是自动完成，按初始命题要求给出合乎逻辑的判断，形成和实施决策方案。

如今，系统控制论涉及的领域众多。机电自动控制系统，可以无须人的直接干预而完成各种任务，这是由于这些自动系统内部有着完善的感应、通讯和反馈控制机制。同样，在生物领域，生物界的进化结果，生物体内形成了许多精巧的自动控制机制。每一种生物都按照自己的方式，适应各自所处的环境和内在的发展，这些是生物控制论关心的问题；在经济领域，对于一个家庭而言，每个月的经济总收入是有限的，而要消费和支出的项目又很多，如衣、食、住、行、购买书籍、文具和其他娱乐消费等。一个人、一个家庭以至于一个国家，如何合理安排和控制各项开支，做到满足生活的要求，还要不断发展，精打细算、善于理财、积极投资这些都是现代经济控制论关心的问题；在教育领域，如何使受教育者健康成长，如何使教育作用有效，这是教育控制论关心的问题；在环境领域，如何解决环境破坏和发展问题，如何保护我们赖以生存的大气、海洋、湖泊、河流、土壤等，这是环境控制论关心的问题；在社会领域，如何应对人口激增、资源短缺、环境破坏等严重威胁，这是社会控制论关心的问题。乐观的系统控制论研究结果表明，生物界和人类社会是一个充满活力和生机勃勃的具有自适应、自组织特性的系统，存在着内涵丰富的信息交流和反馈机制，人类有能力应对各种挑战。

（三）控制系统的类型

我们这里谈论的控制系统是广义控制系统，泛指工程技术、社会经济、生物生态领域的各种控制系统。系统控制论涉及的类型十分多样，既可能是机器或设备间的控制，也可能是人与机器间的控制，还可以是人群间的控制。我们可以将控制系统主要分为以下三种类型。

其一是"物—物"控制系统。在控制系统中,若控制者是"物"(各种装置或设备),包括控制器、调节器、测量装置、执行机构、控制计算机等。被控制对象也是"物"(指各种生产机器或设备,交通运输设备;生活住宿设施等),则称之为"物—物"控制系统,或称"机—机"控制系统,其控制原理如图 5-30 所示。

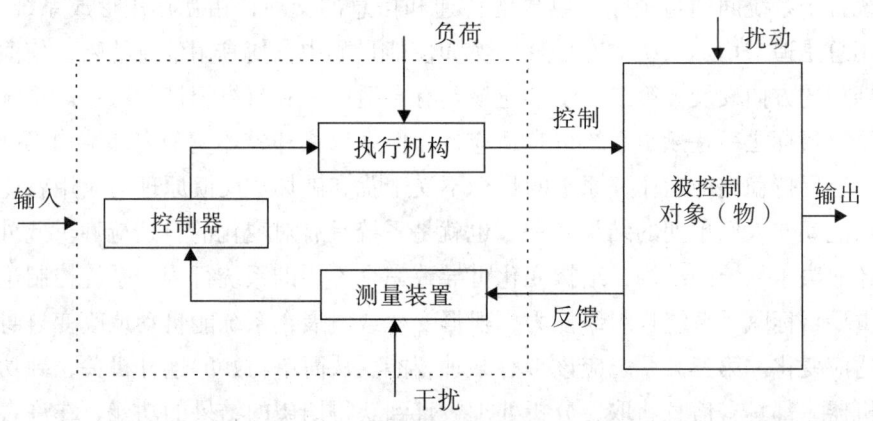

图 5-30 物—物控制原理方框图

其二是"人—物"控制系统。在这种控制系统中,若控制者是"人"(指各种操作人员、驾驶员、管理人员、调度人员、指挥人员等),被控制对象为各种机器、设备,则称之为"人—物"控制系统,或称"人—机"控制系统,其控制原理如图 5-31 所示。

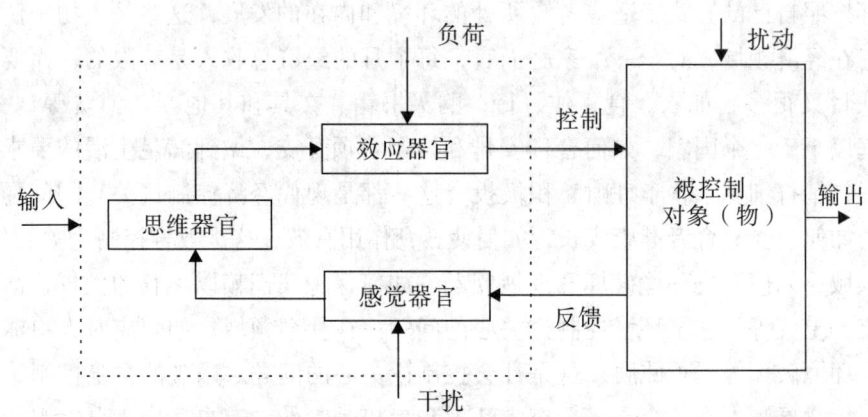

图 5-31 人—机控制原理方框图

其三是"人—人"控制系统。在控制系统中,若控制者是"人"或"人群",被控制对象也是"人"或"人群",则称之为"人—人"控制系统,或称"多人—多人"控制系统、"人群—人群"控制系统。这类控制系统在社会活动领域普遍存在,其控制原理如图 5-32 所示。①

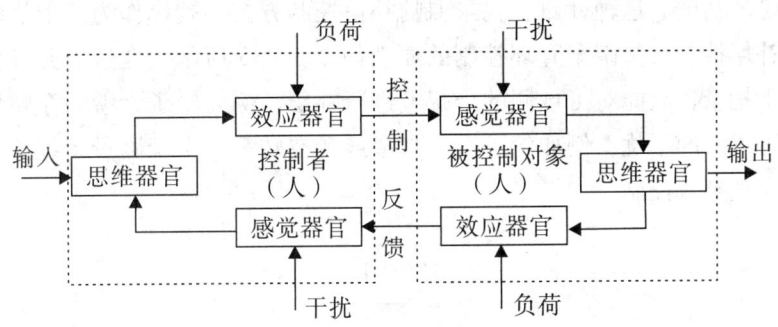

图 5-32　人—人控制原理方框图

三、对"他控"和"自控"的思考

从自动装置到自动控制，从单纯的机械系统到带有智能功能系统的出现，标示着控制技术的发展。我们把目光从机电控制转向更复杂的其他问题上，从广义控制出发理解控制问题，将那些原本只有制作和工程含义的技术，理解成包括一系列技术活动和社会活动的过程，并将各种控制模式放在一定的社会、经济、技术条件下考察。

（一）自动装置的产生和发展

为减轻或代替人的劳动，人们不断地尝试发明、设计、制造和利用自动装置。从自动装置技术发展的角度看，古代自动装置产生于公元前，一直延续到 17 世纪。指南车、自动添水装置、自动门、漏壶计时和筒车提水都是有代表性的古代自动装置。典型的近代自动装置有帕斯卡利用齿轮原理发明能自动进位的加法器，惠更斯利用钟摆理论发明机械钟表等。虽然，古代自动装置经历了数千年，近代自动装置也有几百年的历史，但是由于技术的有效性，至今还在各种领域有广泛应用。

（二）从自动装置到自动控制

在这里，我们不仅仅关心自动装置的产生及其发展，在技术学习的过程中，还应该关心技术学习的载体所具有的现实性，关心自动装置对于学习技术的现实指导意义。自动装置与自动化技术的关系，特别是自动装置与自动控制技术是我们关心的主要问题。于是，简易自动装置这一概念超出了它原来在制作和工程上的含义，它也是我们理解自动化技术，特别是理解自动控制技术的有效载体。所谓自动控制，是指在没有人直接参与的情况下，利用附加的设备或装置，使被控对象的被控制量按照预定的规定运行。

例如，有一台仿古指南车，如果用自动化技术的术语描述方向控制原理，影响指向精度的主要因素是车轮转弯造成的干扰，对于这些预先明确的干扰，可以根据测得的干

---

① 涂序彦，王枞，郭燕慧. 大系统控制论 [M]. 北京：北京邮电大学出版社，2005.

扰量的大小，对系统采取一种补偿和修正处理，以抵消或减小干扰对系统输出的影响，提高控制系统的精度。这种针对干扰采取的补偿控制方式，被称作为按干扰的开环控制或按干扰的补偿控制。指南车开环控制的原理如图 5-33 所示。在这个开环控制中，由于测量的是干扰量，只能对可预测的干扰量进行补偿，例如轮子无滑动左转弯和右转弯等。而对不可预测的干扰，例如轮子发生打滑或者空转等，由于测量系统无法工作，系统自身无法实现有效控制。

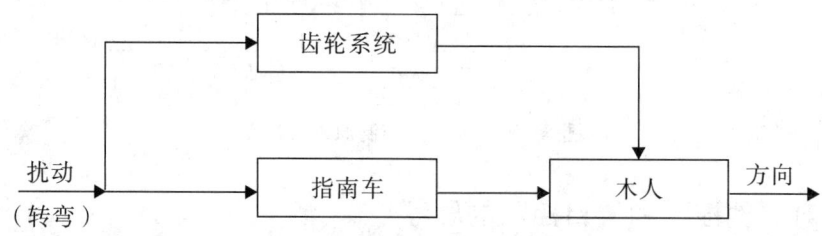

图 5-33　指南车方向控制原理方框图

与开环控制不同，晚于指南车出现的指南针控制属于闭环控制系统。① 指南针装置是一根装在轴上可以自由转动的磁针，磁针在地磁场作用下能保持与地磁场磁力线切线方向平行，利用这一特性可以辨别方向。指南针闭环控制的结构图如图 5-34 所示。

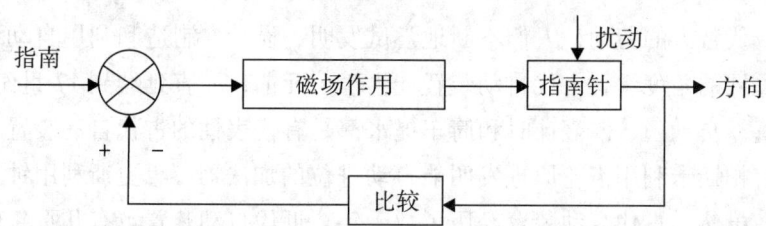

图 5-34　指南针方向控制原理框图

（三）从机械系统到智能系统

如果将各种自动装置及相关技术放在一定的社会、经济、技术条件下考察，从更广泛的角度理解控制技术，广义的自动化是指在生产、生活和管理的技术活动过程中，采用一定的技术装置和技术策略，使省工、省时和提高效率得以实现，减少人工干预，甚至做到无人工干预。如果是这样理解的话，自动化涉及人类活动的几乎所有领域，这也是人类自古以来不断追求的目标。

1. 机械化的自调节

简单自动装置往往是一些简单的机械组合构成的系统，却隐含着自动化、自动控制和智能等要素。从自动的角度考察自动化技术，理解自动的含义，比较简单自动机械装

---

① 刘亦丰，刘亦未，刘秉正. 司南指南文献新考 [J]. 自然辩证法通讯，2010 (5).

置与智能生物的异同,或许会令人吃惊地发现简单机械式装置居然与智能生物有相似的地方。我们可以以抽水马桶为例,看看抽水马桶如何通过闭环控制实现生物所具有的自调节功能。

我们可以看到浮子在很多场合用于测量液位,用它构成简单的比例调节器,用来控制水位。在抽水马桶这个系统中,就有这样的反馈控制,如图5-35所示。水箱中的水必须有一定高度的水位,而控制这个水位的任务就是由水箱中的浮子完成的。有了这个比例调节器,人们不用看抽水马桶里的水是否灌满了,只要按下按钮就可以离开,它会自动灌水至恰到好处!一个复杂系统,我们只有让其中的每一个小的子系统去"自控",我们才能有精力去关注和享用更上层的东西。让它们去"自调节"吧,这才是"控制"的最高境界。在这里,控制的核心是"反馈",而其实质是人对"信息"的捕获和应用。在抽水马桶中,用浮球和连杆来捕获"水面上升幅度"这个"信息",并传递给阀门控制入水,形成一个循环。说到底,这是人通过掌握"信息"的力量,来获得真实的控制。[①]

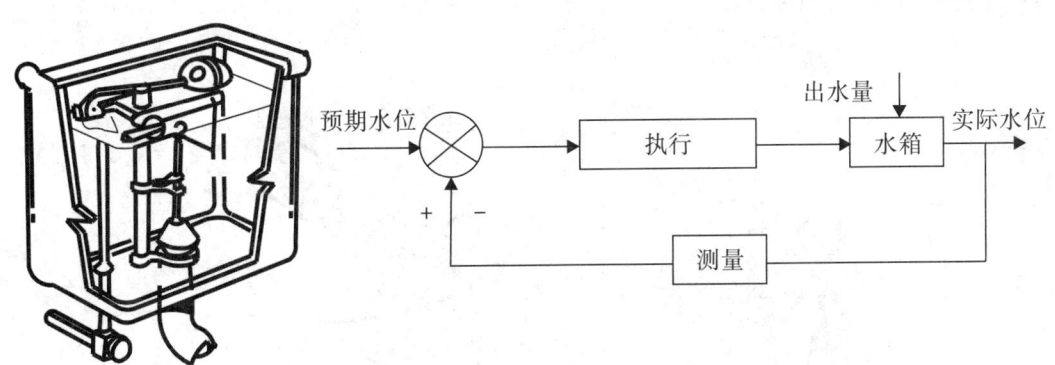

图5-35 抽水马桶拥有反馈控制的功能

然而,更重要的是,抽水马桶的控制原理涉及一种"循环因果",是一种典型的自己指挥自己的行为,看似简单的"自动加水到满的反馈回路",预示着由此产生出一些可以理解为"自我"的行为,一些不受人控制的,可以自动完成的行为。在我们身边,可以举出许多关于负反馈控制的事例。例如,摘一片合适的树叶,用口吹树叶可以发出响声,甚至可以当作乐器使用。叶片发声机制可以用卡门涡街原理解释,也就是说,口吹出的气流涡旋使叶面发生横向位移,而叶面以固有频率对横向的能量输入进行负反馈控制,形成自激振动,导致持续发声。进化生物学家布莱恩·古德温说过:"有机体既是它自己的因,也是它自己的果,既是它自己固有的秩序和组织的因,也是其固有秩序和组织的果。自然选择并不是有机体的因,基因也不是有机体的因。有机体的因不存在,

---

① 凯文·凯利. 失控[M]. 北京:新星出版社,2010.

有机体是自我能动派。"① 于是,有关对抽水马桶技术的认识,从抽水马桶这样一个自动装置,到对比例调节器的认识,可以上升到自调节的认识,然后再上升到人工智能的认识。

2. 智能化的自调节

随着经济建设的日益发展和社会物质文化水平的不断提高,人们开始追求更大规模和更有效的控制。例如,采用智能化控制,对照明和其他相关设备、系统实行整体控制,以实现更好的经济目标和社会发展目标。由于照明智能控制系统经济可靠、安装便捷,它已经成为智能化的热点。在智能大厦内有大量的灯光照明设备,传统的控制方法是用连线连接被控制的设备和控制室,这样做不仅造成电力电缆铺设过多,投资成本增加,还大大增加了灯回路的辐射干扰,产生电磁环境污染。在绿色设计思想指引下,智能照明控制提供了新的解决方案。随着网络和微机控制技术的发展,出现了总线制智能灯光控制系统,照明灯的电力线路可以不再经过控制室,而直接引入照明现场。这种控制方法不仅方便地实现了控制照明的目的,还减少了电力线路和线路规整,便于安装维修,减少了灯回路的辐射干扰。

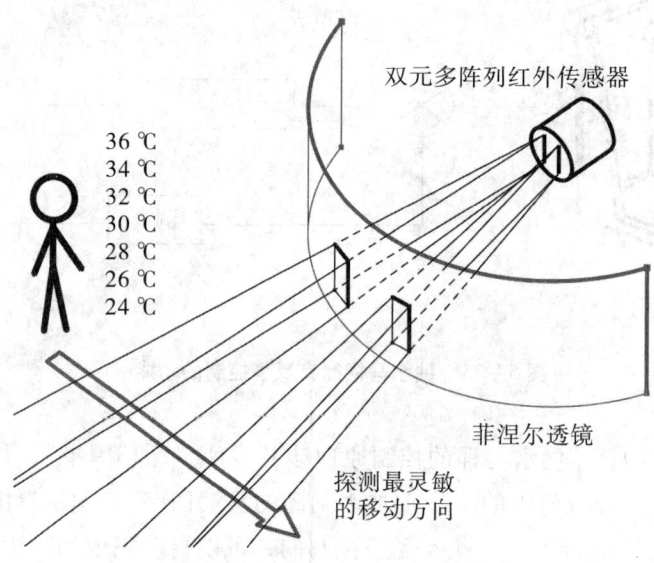

图 5-36　总线制红外传感器示意图

更具有技术发展意义的是,智能化照明控制系统还带有传感器,使开关具有感应功能,通过网络和计算技术传送和处理探测到的信息,控制执行机构,除赋予照明系统更强的节能功能外,还能将照明与安全防护等现实需求联系起来。以热释电红外传感器为例,由探测元件将探测并接收到的红外辐射转变成数字控制信号。为提高探测灵敏度以

---

① 凯文·凯利. 失控 [M]. 北京:新星出版社,2010.

增大探测距离，一般还加装一个用透明塑料制成的菲涅尔透镜，可以探测几十米范围内人的行动。为了排除其他干扰热源，采用多阵列探测单元，并通过识别程序实现控制逻辑，如图5-36所示。目前的灯控开关传感器还是线阵列的，以后面阵列传感器肯定会出现，传感器的敏感单元也会更多，灯控开关的智能化水平会越来越高。有了性能更好的智能控制开关，无论在大型照明系统，还是未来智能家居生活中，都能实现智能照明，不但能够探测是否有人在场，还能感知人的动作和行为，为智能化提供信息支持。智能灯控装置以及其他智能化设备的出现和技术的普及，对我们的生活以及关于生活的观念正在产生极大的影响。

（四）"他控"和"自控"

我们对自动装置的理解，对控制技术的理解，最初往往是当作一种控制某些事物的能力来学习的，这样的控制技术更准确地说，应该是控他技术，或者说是他控技术。在这里要注意分清"控他"与"控己"的区别。事实上我们能轻易地理解控他性，目前绝大多数的自动装置都具有控他能力，对使用自动装置的人来说，这不存在观念上的问题，仅仅是学习使用的问题。但是，一旦涉及"控己"，或者说涉及自我控制，就会变得复杂，就会出现许多疑问，这也是智慧生物与机械系统的区别所在。

有一个"公鸡照镜"的故事，如图5-37所示。说的是一只雄赳赳的大公鸡看到它在镜中的像，心想，镜子里的公鸡是从哪里来的啊，长得如此雄壮，岂不是对我构成一种威胁，于是发起攻击。但经过若干回合较量，双方不分胜负，可气极了。它还老学我的样子，真令人恼火。渐渐那只大公鸡感觉镜中公鸡威胁并不太大，可以采取回避的策略，只要离镜子远一些，就可以避免发生冲突。但是，这并不表明大公鸡害怕镜中公鸡。事实上当大公鸡无意间走到镜子前，也会象征性地发出示威的信息。

图5-37 大公鸡照镜子

上面这个故事，大公鸡是回路的一部分，大公鸡对付镜中公鸡的过程是一种自我控制的过程。将镜子放在大公鸡前，让大公鸡看到镜中公鸡的人，是一个"控他"的过程；而大公鸡与镜中公鸡争斗则是经历了一个"他控"的过程。进行"控他"的往往是情境（游戏）的设计者，而被"他控"的往往是被设计者。对于"控他"和"他控"，大家或许还比较熟悉。可如果大公鸡面对镜中像进行"自控"的话，事情就多变了，结果也会有多种。有几只大公鸡能理解若要使镜子中的公鸡往左，自己需先往右；若要使它笑，自己必须先笑的道理呢？

思考题：
1. 控制论的基本思想是什么？
2. 试解释反馈方法。
3. 系统控制论关心的对象是什么？
4. 如何用方框图或控制原理框图来描述控制过程？
5. 如何理解抽水马桶对水位实现自动控制具有普遍意义？
6. 智能化的自调节技术对智能城市的发展具有什么意义？
7. 思考和辨别"他控"和"自控"的意义和区别。

第六章

项目管理技术

　　技术活动涉及三类技术：自然技术、问题解决技术和思维技术。在技术教育课程中，技术学习主要关心那些具有普遍意义的技术，也就是更多关心问题解决技术和思维技术。人们面对难题，会有三种观点。第一种观点认为，"没有解决问题的方法"；第二种观点认为，"有解决问题的方法"；第三种观点认为，"虽然目前还不能解决问题，但可以找到与问题和平相处的办法"。如果不是持有否定的观点，要解决或应对问题都会涉及思维技术和问题解决技术。为了提高这方面的能力，有必要学习项目管理的知识，掌握一些项目管理的技术。

第一节

为什么需要项目管理

随着社会发展和科技进步，工程的概念不断延伸，逐渐被用来表述人们为了达到某种目的，在一段时期内从事的各种活动的过程。在许多传统非工程意义场合，人们开始习惯用"项目"来表述问题解决或满足需求的过程，将要解决问题的活动变成项目，通过项目管理运作，以提高问题解决的成效。项目管理的思想和方法及其过程具有普遍意义，学习项目管理技术，主要是学习和了解保证项目成功的方法和策略。做好项目管理本身不是目标，提高项目的成效才是做项目的最终目标。

一、项目管理知识

（一）项目的含义

项目是为创造独特的产品、服务或成果而进行的临时性工作。项目的"临时性"是指项目有明确的起点和终点。当项目目标达成时，或当项目因不会或不能达到目标而中止时，或当项目需求不复存在时，项目就结束了。① 做项目，首先要给出清晰的项目定义，以便让项目的关系人和项目组成员有一个明确的认识。项目定义的形式和名称可能是各式各样的，简单的项目甚至可以口头说明，大一点的项目，就要用书面说明。这些说明往往包括项目的目的、章程、建议、相关数据、报告和有关细则等。大小项目定义的共同点在于，项目主管向相关各方面传达对项目的期待。清晰的项目定义还包括项目目标的陈述、项目回报、用户需求和项目范围定义，并对可能产生的风险加以描述。

很多需要进行精心策划才有可能解决的问题都与项目相关。在史前史中，没有别的场景比巨兽在焦油坑中垂死挣扎的场面更令人震撼。上帝见证着恐龙、猛犸象、剑齿虎在焦油中挣扎，它们挣扎得越是猛烈，焦油纠缠得越紧，没有任何猛兽足够强壮或具有足够的技巧，能够挣脱束缚，它们最后都沉到了坑底。今天，我们还可以看到各种团队，大型的和小型的，庞杂的和精干的，一个接一个淹没在了"焦油坑"中。表面上看起来好像没有任何一个单独的问题会导致困难，每个都能被解决，但是当它们相互纠缠和累积在一起的时候，团队的行动就会变得越来越慢。对问题的麻烦程度，每个人似乎都会

---

① 项目管理协会. 项目管理知识体系指南［M］. 北京：电子工业出版社，2013：5.

感到惊讶，并且很难看清问题的本质。① 如果我们想解决问题，就必须试图先去理解它，通过做项目解决问题或满足某种需要。项目可以产生：

- 一种产品，既可以是其他产品的组成部分，也可以本身就是终端产品；
- 一种能力，用于支持生产或活动的职能，或提供某种服务；
- 一种成果，以报告等方式呈现的知识，用于判断某些趋势或过程。

（二）项目管理的含义

项目管理就是将知识、技能、工具与技术应用于项目活动，以满足项目的要求。①项目管理学是介于自然科学和社会科学之间的一门边缘学科。项目管理包括项目的选择、项目的定义、项目的设计、项目的实施和项目的评价等。虽然有多种多样不同的项目，但项目管理都有共同的属性。第一是项目的临时性。项目有明确的起点和终点，没有完全相同的项目可以复制，这是与其他重复性运行或操作最大区别所在。第二是项目的特殊性。每个项目都是独特的，所提供的产品或服务都有自身的特点，即使与其他项目类似，其时间、地点、环境、条件也会有别于其他项目。第三是项目的目标明确性。项目目标包括时间性目标、成果目标、约束性目标，目标的确定性允许有一个变动的幅度，也就是可以修改，但目标发生实质性变化后，项目将产生一个新的项目。第四是项目活动的整体性。项目中的各种活动都是相关联的，缺少某些活动必将损害项目目标的实现。第五是项目组织的临时性和开放性。在项目全过程中，项目关系人、项目组成员可能在不断变化，项目终结时项目团队要解散，维持项目组织关系往往是一些协议或合同。

当今社会，项目比比皆是，如果有若干个相关联的项目，进行协调管理有可能获得对单个项目分别管理无法实现的利益和控制，于是就产生了项目集的概念。项目集是一组相互关联且被协调管理的项目、子项目集和项目集活动，项目管理是为了获得分别管理所无法获得的利益。项目集可能包括所属单个项目范围之外的相关工作，一个项目可能属于某个项目集，也可能不属于任何一个项目集，但任何一个项目集中都一定包含项目。②

（三）营运管理和项目管理

在生产和生活中，我们可以将技术活动分为两大类别。那些要做持续不断努力，还会周而复始的活动，称为运作。而那些非常规性、非重复性和一次性的努力，通常有确定的目标和确定约束条件的活动，称为项目。所谓运作，是通过开展持续的活动生产同样的产品或提供相同的服务，按部就班的生产运营、制造运营和提供常规性服务的工作等都属于运作活动。运作管理是一种持续的作为，管理者努力使产品制造或服务能正常地重复进行。运作管理方式往往是按照事先规定好的标准或规范进行操作。所谓项目，

---

① 布鲁克斯. 人月神话 [M]. 北京：清华大学出版社，2007.
② 项目管理协会. 项目管理知识体系指南 [M]. 北京：电子工业出版社，2013：5.

是一种一次性的努力，所采取的措施是经过精心策划的，有一系列临时性和针对性的任务。运作管理和项目管理的共同点是，都由人员来进行，而且都受到有限资源的约束，要通过做计划、计划的执行和控制来实现目的。通过比较，可以得出运作管理和项目管理的主要不同点，表6-1所示。

表6-1 项目与运作的比较①

项目	运作	项目	运作
一次性	持续性	资源需求多变	资源需求稳定
有时间限制	无时间限制	临时的柔性组织	稳定的刚性组织
带来突变	形成渐变	面向目标	面向任务
资源不均衡	资源均衡	注重效果	注重效率
目标不均衡	目标均衡	不确定性和高风险	标准化和程序化

（四）项目关系人

项目关系人包括项目团队成员，以及该团队所属组织内部和外部与项目有利益关系的组织和个人。由于项目实施导致不同关系人获得的利益不同，他们对项目的态度和期望可能是正面的，也可能是负面的。为了保证项目的顺利实施，有必要识别项目关系人及他们对项目产生的影响。

对项目产生积极影响的关系人有项目发起人、给项目提供资金支持或政治支持的关系人、项目合作伙伴、顾客和用户、产品提供商或政府等。而由于项目实施受害的人，很可能对项目产生消极影响。由于项目关系人对项目的期望千差万别，实施项目会导致矛盾，甚至产生冲突，使项目关系人管理工作不会一帆风顺。善于与不同关系人打交道，考虑平衡各种关系人的利益，平衡关系人的不同利益，是项目管理的主要工作。对于一个具体的项目，管理层期望能在项目中获益，能让组织发展，项目成功能提高组织的市场信誉。项目团队成员期望项目结果能得到用户的认可和接受，用户能够很快熟悉产品的使用和维护，能与用户继续维持友好的关系。项目的用户期望项目能按时完成，能获得更好的功能或服务。如果项目涉及公共事业，项目关系人还要关心产品对社会、经济和政治的影响。作为项目管理人，应该在整个项目生命周期内特别关注项目关系人，提前做好计划，一方面，发挥积极影响，促进项目成功；另一方面，及时应对消极影响，避免可能导致的问题发生。如果项目关系人的管理工作没做好，可能导致项目工期延长、成本增加、危机发生，甚至有可能导致整个项目失败。

项目关系人的沟通和协调是项目管理中的重要组成部分。依据现代项目管理理念，作为项目最重要的资源，人的因素是项目成败的关键。项目发起人、项目客户、项目组

---

① 注：本表根据白思俊主编《现代项目管理》的比较进行改写。

织管理者、项目团队成员等项目关系人间的关系协调好坏,直接影响到项目的成败。导致项目失败最典型的原因是沟通不畅,下面的故事说明了这个道理。

很久以前,整个大地都使用同一种语言,在一次从东方往西方迁徙的过程中,人们往东边迁移,遇见一片平原,在那里定居下来。他们彼此商量说:"来,让我们制造砖块,并把它们烧好。"于是,他们用砖块代替石头,用沥青代替灰泥,建造房屋。然后,他们又说:"来,让我们建造一座带有高塔的城市,这个塔将高达云霄,也将让我们声名远扬,同时,有了这个城市,我们就可以聚居在这里,再也不会分散在广阔的大地上了。"上帝要看看世人所建造的城和塔。看了以后说:"他们只是一个种族,使用一种语言,如果他们一开始就能建造城市和高塔,那以后就没有什么难得倒他们了。"于是,上帝在他们的语言里制造混淆,让他们相互之间不能听懂。这样,上帝把人们分散到世界各地,于是他们不得不停止建造那座城市。①

二、项目管理的作用

传统观点认为,项目管理是一种艺术,尤其是一门关于平衡的艺术。既然是艺术,就会有许多可能的选择和做法。由于影响平衡的因素(变量)的数量之多和关系的复杂性,长期以来,人们更多是依赖那些微妙的领悟和心灵的感受来处理项目管理问题。当然,能够将管理艺术运用自如的人很少,管理工作更多的是一项艰苦的工作,或者靠拍脑袋做管理。今天,项目管理科学和项目管理技术已经取得了长足进展,随着人们对项目管理的认识的提高,和做项目管理的知识和经验的积累,特别是得益于智能机器和网络技术的发展和普及,现有技术可以解决的范畴不断拓宽,借助机器智能进行项目管理已经深入人心,变得越来越流行。这也意味着项目管理是可以通过学习掌握的一门通用技术。

(一)哪些事需要项目管理

一般说来,任何临时性的任务都可以有效运用项目管理技术。如果这些努力是设计者或执行者不熟悉的或者是独特的,使用项目管理技术就非常有必要。例如,以下几种情况,就必须进行项目管理。第一种情况是大规模项目。项目选择和项目设计等需要考虑众多资源(人力、财力、物力和技术装备等),通过项目管理,可以使努力变得比较规范和有效。当然所谓的多是相对的,对于一个组织或一个部门所控制的范围当然算得上多,即使是由几个人组成的项目团队,为了沟通和管理方便,也常常使用项目管理,因为这样做不但可以理清项目,还可以提高运作的效率。第二种情况是新类型项目。做项目是一种带有普遍意义的技术活动,如果类似项目在以前没有发生过或没有成功的案例及经验,项目是否成功除了取决于很多相关的专门技术外,还取决于如何组织和管理。

---

① 曾传辉,等. 圣经故事 [M]. 北京:中国社会科学出版社,1994.

与常规行政管理不同，做项目管理往往不大需要行政领导经验，而是需要项目管理经验。如果项目庞大，涉及多种专门技术，那就很可能出现许多外行领导内行的现象，出现与行政组织不同的管理路线图。例如，对于现有产品进行改进，或对现有服务进行调整，不设立项目管理，效率可能会比较差，但也能进行。但对于研发新产品或开发新业务等，就必须做项目管理。这是因为新的努力没有足够的经验和案例可以依托。第三种情况是相互依赖性高的项目。这种项目需要不同职能部门或外单位参与，项目活动将多个部门联系在一起并发生互相作用，存在着多部门协同需要，那就需要项目管理。通过项目管理，促成合作竞争和协同创新，使组织之间、部门之间、人与人之间产生了新关系。采用项目管理就是为了理顺和平衡关系，是项目能够顺利进行的前提。第四种情况是资源共享的项目。解决问题需要资源，在知识经济时代，最重要的资源是人力资源。由于专业化和资源成本的不断增长，组织一般很难保证为每一个项目组提供所需要的资源，而将某些资源（甚至是关键资源）在多个项目组共享是常见的情况。于是，项目管理就显得非常重要，而现代人也会逐渐习惯同时参与若干项目，在不同项目组担当角色，这样是有效资源管理的必然逻辑，也是有效利用资源和合理使用资源的必然结果。总之，做项目管理的原因有很多，一般情况下，不论是项目主导型组织还是非项目主导型组织，为了避免高风险和减少不确定因素，为了提高办事的效率和提高组织的声誉，都应该会想到要以项目的形式开展业务，采用项目管理提高项目的成效。

（二）项目管理带来的好处

如今，项目管理成为大热门，是因为项目对营利性组织或是非营利性组织都越来越重要，项目管理可以控制成本，还可以提高工作效率，还能够更好地满足用户和组织内部的需求。

第一，项目管理可以合理安排项目的进度，有效使用各种资源，确保项目能够按期完成，并降低项目成本。在项目管理中，根据目标要求，对工作任务结构进行分解，给出项目网络图和关键路径，做资源平衡和资源优化，一系列项目管理方法和技术的使用，可以尽早地制定出合理的项目任务组成，合理安排各项任务，处理好各项任务的先后顺序和关系，有效安排资源的使用，从而保证项目的顺利实施，并有效降低项目运行成本。得益于信息技术的进步，以上这些环节的实现更便利了，使项目管理变得容易，使更多的中小项目都可以进行有效的项目管理。在我们这个年代，如果不经项目管理，盲目地启动一个项目，往往会因为时间、资源和花费等安排不周，产生各种闲置浪费，难免会形成少慢差费的结果。

第二，项目管理可以加强项目的团队合作，提高团队的能量。这是由于项目管理有一系列人力资源管理和沟通管理的理论和方法，其人事管理方法特别适用于解决非持续性运作的问题，而典型的人力资源理论、激励理论、团队文化精神、团队合作理论及方法的使用，可以增强团队凝聚力和合作精神，提高项目团队成员的工作精神和工作效率。

第三，项目管理可以降低项目的风险，保证项目实施顺利进行。风险管理是项目管理中的重要组成部分，通过风险识别和风险管理，可以有效降低项目的不确定因素，使各种风险对项目的影响降低到最低限度。其实，识别风险和给出风险应对策略在传统项目实施中也是要考虑的，只不过这些做法由于要考虑的因素太多，往往超出一般人思考的能力范围，致使风险管理很容易被忽略，这也是许多项目失败的重要原因。采用信息化和智能化系统，辅助项目风险管理，能有效提高管控效力和范围，增强项目的可控性。

第四，在项目实施过程中，外界环境不断发生变化，经常导致需求发生变化。如果没有一种好的需求管控方法，势必会对项目运行的结果产生很多不良的影响，甚至造成项目按原来的设想可以完工验收，但项目已经不能满足现实的需求。而项目管理的变更控制系统可以很方便实现变更控制，能更及时对需求范围变更做出反应，能有效降低需求范围变更对项目的影响，增强项目适应环境改变的能力，使得项目决策更加有依据和章法，避免项目决策的随意性和盲目性。

在这里值得一提的是，项目管理有利于用协同创新的思路解决问题。在竞争环境下，激烈竞争导致两败俱伤，合作为走出竞争困局带来了新的希望。如果通过项目管理，再造竞争伙伴原来的业务流程，使组织的边界模糊或趋向消失，竞争变成合作，对手之间有可能充分共享大量的非竞争性资源，实现合作竞争。这一类项目管理的重点往往是沟通和理解。由于合作下的博弈，博弈中各方的收益或损失的总和不是零值，所以博弈双方存在"双赢"的可能，进而合作。经济学家厉以宁在一次讲座中重新演绎了"龟兔赛跑"故事，用寓言解释了竞争、合作、优势互补、双赢的机制。

龟兔赛跑并没有在一次比赛后就落下帷幕。兔子输了以后，很不服气，要求再赛。这次兔子吸取了教训，没有睡觉，一口气跑到了终点，获得了胜利。但是乌龟不服气了，乌龟说，前两次赛跑都是兔子指定路线，应由我指定路线再赛一次。于是按照乌龟指定的路线，兔子在快到终点时，一条河挡住了路，而乌龟慢慢超过了兔子，游过了河。最后它们就想，我们为什么老是比赛啊，不如协作吧。第四次，陆地上，兔子驮着乌龟跑，过河时，乌龟驮着兔子游，龟兔同时到达终点，实现双赢。[①]

三、对项目管理的认识

（一）项目管理实质

从根本上说，项目管理技术是一种系统论的应用技术，是一种能够将系统思想和方法实用化的技术，是把系统思想和方法策略化、工具化的技术。把人力资源、物资资源、时间、花费、技术等，用集成的方法进行管理，是项目管理系统思想的根本所在。其实，中国古代就有许多这一类杰出的工程管理事例，所采用的管理策略和管理方法至今还被人传颂。这些杰作的共同特点是从普遍联系的观点出发，讲究整体效益。例如，都江堰

---

① 蒋丽梅. 新龟兔赛跑理论［J］. 时事报告，2006（7）.

工程和宋朝京都汴梁宫殿修复工程就是典型的代表。但是，这些事迹讲了几百年和数千年，因为一方面没有将系统思想上升到系统论的高度，致使传统的项目管理思想和方法比较笼统，主要以经验或故事的形式出现，甚至会各施各法。另一方面，一般人无法做到将庞大复杂的关系进行系统联系，只有特别聪明的脑袋才能做出这些好项目。于是，传统的项目管理少了普遍性，更多的是个性。虽然有令人叹为观止的杰作，都是一些模糊笼统各具特色的项目管理。然而，许多成功的项目，都会给人很多有益的启示和宝贵的经验，让我们知道可以利用一些技法将工程的时间管理好，就是在要求的期限内完工；可以使我们更好地做项目成本管理，做预算以控制项目花费；使我们在资源管理时尽可能做到物尽其用和人尽其用。这些都有许多古代项目管理的成功事例，是项目管理的通用技术，能使我们知道怎样才能做到在一定的成本下和一定的时间内达到我们希望的目标。我们可以理解项目管理的精髓，就是从系统思想出发，使项目各种因素受控。而项目管理实际上就是完整的一套工作流程，是为解决实际问题而创建的一套技法和手段的合集，是一些解决问题的理念。只是古代技术发展水平不高，好的项目管理更多的是一种艺术表现，而不是技术，更谈不上是通用技术。

现代项目管理已经是今非昔比。首先，今天的人更注重项目的效益，特别是经济效益。而古代的大项目往往是一些暂时看不到实际经济效益的项目，一般是为了政治目的进行的，如修长城和修宫殿等。即使带有部分经济目的，也往往不是以经济目的为主。例如，都江堰工程主要是为了治理水患，而不是为了从修建工程中获得多少直接的经济效益。在商业化不断发展的今天，更多的人会参与各种项目活动，而技术发展为项目管理技术的普及提供了保障，能够让更多的人掌握和使用项目管理技术。其次，今天，从事技术活动的人基本掌握了项目管理的话语权，政府和组织往往是通过项目执行人达到自己的目标，而不再简单地直接采用官方项目的形式，或者说不是采用纵向的行政部门管理形式做项目，这样可以提高办事的效率和减少费用。再次，今天的项目管理，人们可以借助信息技术，人脑和智能机器的结合，能极大地提高办事的效率，使以往不可能完成的任务成为可能。上述与以往不同的变化，使项目管理科学和项目管理技术具有了更广泛的普遍意义，成为许多人必须掌握的通用技术。

（二）项目管理过程

项目的规模和复杂性各不相同，但不论其大小繁简，所有项目都呈现如下生命周期结构：启动项目、组织与准备、项目实施和结束项目，如图6-1所示。这个通用的生命周期结构常被用来与高级管理层或其他不太熟悉项目细节的人员进行沟通。不应把通用生命周期与项目管理过程组相混淆，因为过程组中的过程所包含的活动，可以在每个项目阶段执行和重复执行，也可以在整体项目层面执行和重复执行。不论项目涉及的具体工作是什么，生命周期都可以为管理项目提供基本框架。①

---

① 项目管理协会. 项目管理知识体系指南[M]. 北京：电子工业出版社，2013：41.

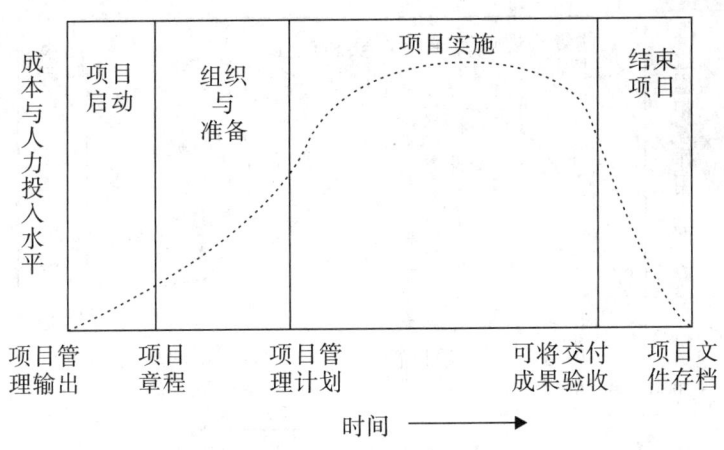

图 6-1 通用项目生命周期成本与人力投入水平

值得强调的是，项目生命周期启动阶段包括了项目定义和合同管理两种活动。所谓项目定义，就是要清晰地描述项目，这是有效地控制项目的一个关键步骤。因为接下来所有工作都是项目描述范畴内，不但项目负责人要清楚，项目团队所有人也要清楚，所以项目定义往往是以书面的方式给出，便于沟通和交流。项目定义的内容陈述包括项目目标、项目回报、用户需求、项目范围定义、项目成果和预期时间、重要条件、重大困难、重要假设、重要资源、重要技术和重要风险等。所谓项目合同管理，是落实外包工作的保证。由于成功建立外包关系需要时间和精力，这些工作应该尽快着手。合同记录有关工作的细节和责任，是监管、评估和验收的标准。

在一个项目过程中，不同项目管理过程是相互联系的。各过程极少是孤立的或一次性事件，而且在整个项目期间相互重叠。一个过程的输出通常成为另一个过程的输入，或者成为项目、子项目或项目阶段的可交付成果。项目负责人对项目过程进行规划，为实施项目提供项目管理计划和项目文件，并随项目进展不断更新项目管理计划和有关项目文件。图 6-2 显示了项目各过程相互作用程度，以及在不同时间的重叠程度。如果将项目划分为若干阶段，各过程组会在每个阶段内相互作用。[①]

（三）项目管理核心要素

在项目管理中，做项目设计会涉及一系列知识和经验，要使用多种工具和技术，以提高项目的成效。在现代项目管理中，技术含量最高的应该是项目进度管理，包括工作结构分解、项目网络计划技术、项目进度计划控制等。项目管理范围可能会涉及很多方面，其核心是人和团队的管理。

1. 成本核算

与经济效应直接挂钩的项目管理涉及"人月神话"问题。"人月"是常用的工作量

---

① 项目管理协会. 项目管理知识体系指南 [M]. 北京：电子工业出版社，2013：49-53.

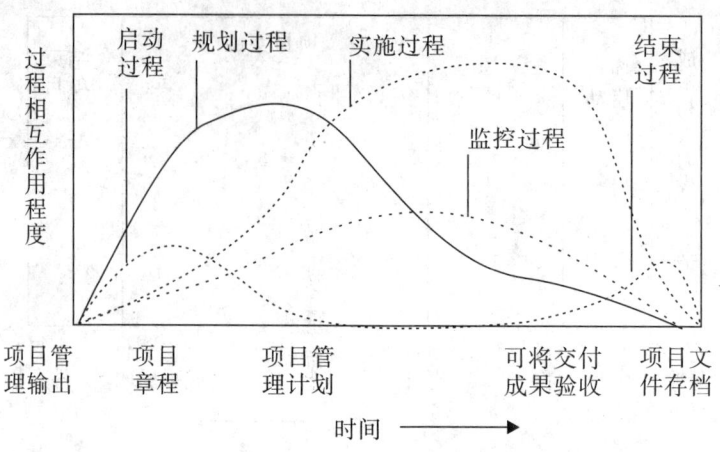

图6-2 过程组在项目或阶段中的相互作用

的计量单位,是项目所有参与者工作时长的累计,是最为常见计算成本的一种方法,是项目管理中经常使用的一个计算单位。如一个项目投入3个人,工作2个月,中间还有增加4人工作0.5月,那么工作量的计算就是:3人×2月+4人×0.5月=8人/月。"人月"是成本核算的依据。但是,这种人数和时间的互换仅仅适用于以下情况:某个任务可以分解给参与人员,并且他们之间不需要相互沟通和交流。然而,对于那些可以分解的任务,其子任务之间就会产生相互沟通和交流的需求,必须在计划工作中考虑到有效沟通需要的工作时间。沟通所增加的负担由两个部分组成:培训和相互的交流。每个成员需要进行关于项目目标、任务理解、技术运用以及总体策略上的培训。这种培训是不能分解的,因此这部分增加的工作量随人员的数量呈线性变化。而项目关系人相互间的交流会更糟一些。如果任务的每个部分必须分别和其他部分单独协作,则工作量按照$n(n-1)/2$递增。一对一交流的情况下,三个人的工作量是两个人的三倍,四个人的工作量则是两个人的六倍。而对于需要在三四个人之间召开会议、进行协商、一同解决的问题,情况会更加恶劣。所增加的用于沟通的工作量可能会完全抵消对原有任务分解所产生的作用。[①] 对于需要相互沟通和交流的任务,如果向这样的任务增派人手,很可能不但不会解决落后的问题,反而还会拖延进度。

2. 项目沟通管理

所谓沟通,是人与人之间的思想和信息的交换,是将信息由一个人传达给另一个人,逐渐广泛传播的过程。由于项目涉及的是非常规性、非重复性和一次性的努力,于是在项目中大多数任务都需要较高的沟通能力。事实上,项目负责人的绝大多数时间都用于与团队成员和其他关系人的沟通。有效的沟通,把具有不同文化和组织背景、不同技能

---

① 布鲁克斯. 人月神话 [M]. 北京:清华大学出版社,2007.

水平、不同观点和利益的各类关系人联系起来，使项目关系人对项目的执行或结果产生正面的影响。

为了提高沟通的成效，项目沟通管理采用了一系列沟通技术及工具，有沟通需求分析、沟通方式和方法。通过沟通需求分析，可以确定项目关系人的需求以及价值。用于促进沟通和信息交换的方式因情况不同而可能有变化，但都包括将思想和观点转换为语言，通过沟通渠道发送信息，避免因为技术问题、文化差异、背景知识等因素影响沟通的成效，接收信息并还原成有意义的信息和能被理解接收的信息等环节。具体沟通方法包括交互式沟通、单向发送式沟通和访问式沟通。项目关系人根据需要、成本和时间限制选用合适的沟通方法，例如会议沟通、项目现场会、面对面的会议、在线会议或在线聊天室等，进行沟通达成共识。

3．全员参与思想

做项目必不可少的就是项目的资源，而在物质丰富年代，项目的资源主要是人力资源。项目人力资源管理包括组织、管理与领导项目团队的各个过程。尽管项目团队成员承担角色和职责不尽相同，他们具备不同的技能，参与项目的程度各有深浅，而且随项目进展团队成员有增有减，但让项目团队大范围参与项目规划和决策却是有益的。当团队成员看到自己的工作以及对项目的贡献被肯定的时候，在心目中项目很快就从"他们的项目"变成"我们的项目"，将自己从事的工作视为己任。这样既可使他们了解项目规划，贡献专业技能，还可以增强对项目的责任感，使项目控制变得简单。此外，人力资源管理，还涉及技术和工具，使用信息技术和智能工具能极大地改善指导团队选择和职责分配，跟踪团队成员工作表现，管理冲突，解决问题，评估团队成员的绩效。例如，可以使用智能工具，记录团队成员的角色与职责，确保每个工作任务都有明确的责任人，确保团队全体成员都清楚地理解各自的角色和职责。

4．项目管理工具

现代项目管理有信息技术和智能化技术支撑，工具的概念得以拓宽。项目管理工具更多的是指一些软件，是为了使项目能够按照预定的成本、进度、质量指标顺利完成，而对人员、产品、过程进行分析和管理的一类软件，可用于实现项目管理的网络化和虚拟化。根据管理对象的不同，项目管理软件可分为：进度管理、合同管理、风险管理、投资管理等。根据管理的内容不同，又可分为进度管理、质量管理、时间管理、费用管理或者它们的组合等。正是由于项目管理工具和技术的应用，使项目管理的效率得到极大提高，也使得项目管理技术得以普及。

思考题：

1．什么是项目？
2．什么是项目管理？
3．学习项目管理对技术学习有什么意义？

第二节

为项目做准备

传统项目管理强调适用面广的通用过程实践标准,重视系统性、制度化、文档化和评估,强调提高过程的可靠性、可见性、可预测性和可管理性。现代项目管理更重视为项目做好准备,强调用户为导向和项目设计,解决在未来不确定的条件下如何做合适的努力。

一、项目从何处来

对于大中型项目,往往要列入机构和组织的发展计划,项目要经过上层的决策,要经过权威和主管部门的批准才能确定。作为技术学习,我们往往会与一些小项目打交道,如果将项目的产生看作发现问题、识别需求和解决问题思路形成的过程,那么项目来源与我们的工作、学习和生活密切相关。在生活和生产中,存在着许多这样和那样的问题,人们都会期望能解决问题。但是,什么才是我们该做和值得做的呢?项目选择涉及项目合适与否的认识和理解。经验告诉我们,绝大多数的人都有解决难题的冲动,其中很多人会付诸实施,但只有不多的人会成功。那么,为什么会有这么多人不成功呢?调查统计发现,不成功的原因往往是没有选好合适的问题,或者是没有选择好合适的项目。应该认识到只有成功机会高的项目才是合适的项目。对于项目选择来说,只有合适的项目,没有最好的项目。俗话说得好"万事开头难",选择了一个好的项目,就成功了一半。选择合适的项目需把握好以下几个要点:

(1)明确问题或明确需求,要选择那些有良好的发展前景的项目,针对特定问题或需求推出新产品、新方法或新服务。

(2)具有资源优势,发掘自身特长,尽量选择与自己的专业、经验、兴趣、特长能挂得上钩的项目。

(3)要有风险意识和抗拒风险的心理承受能力。

发现问题和认识需求往往是项目的主要来源。了解客户需求和市场需求,明确业务问题和技术问题关键所在,是明确问题和需求,生成项目的前提。作为潜在项目的关系人会热衷于发现问题和预测新需求,并试图给出对策。过去,由于技术发展水平不高,提出问题解决方案或给出满足需求的对策,往往由于一个好主意而变得可行。如今,人们面临的更多是复杂性问题和结构不良问题,所以发现合适的问题和识别潜在的需求要求具备更多的系统知识和关联技术。但是,不论技术如何发展,有一些做选择的技术是通用的。例如,发现新问题、认识新需求、阐明问题或需求,对各种问题或需求进行分类,让关系人明确解决问题的目标和努力的方向等,都涉及一系列问题解决的通用技术。例如,常用发现问题和识别需求方法有:观察、访谈、焦点小组、研讨会、头脑风暴法、概念/思维导图、文献调查法、标杆对照法、现场调查法、问卷调查法、原型法等。

二、问题分析

分析问题是为了对项目进行确切的描述,明确项目努力的方向。问题分析是制订解决问题方案的前提,是项目策划的一个最重要步骤。

(一) 从问题分析到目标分析

在问题解决过程中,通常把实际状况与要求或标准之间的差异叫问题。问题分析是一种逻辑思维过程,是建立在资料收集和调查基础上,寻找问题所在,并确定问题发生的原因的过程。问题分析有以下五个步骤:第一步是提出问题,寻找实际状况与要求标准的差异所在;第二步是分析问题,对问题进行分解,大问题分解成若干个比较小的问题,区分轻重缓急,确定研究这些问题的程序;第三步是明确问题,说明差异出现在哪里,什么不是差异;第四步是找出可能导致差异的各种因素;第五步是确定哪些因素是产生差异的主要原因,并加以核实论证。在这五个步骤中,第一步属于问题提出阶段,第二步和第三步属于问题明确阶段,第四步属于假设提出阶段,第五步是检验假设阶段。

分析问题是为了解决问题,其后续工作是目标分析,也就是将描述问题的因果关系转换为相应的问题解决目标。目标是明确某个问题后,对所期望的状态进行的描述。如果因果关系清晰,从问题描述就很容易得出相应的行动目标。一般来说,在项目准备阶段,可以按层次方法描述目标,每一个项目都有一个总体目标(目的)和若干个为实现总体目标的子目标,每个目标都可以用一句陈述句来表述,并满足 SMART 原则:

(1) 目标必须是具体的(specific)。
(2) 目标必须是可以衡量的(measurable)。
(3) 目标必须是可以达到的(achievable)。
(4) 目标必须和其他目标具有相关性(relevant)。
(5) 目标必须具有明确的截止期限(time - based)。[①]

明确目标后,再反过来看问题,认为问题是目标与现状的差异,是必须解决的事情。从问题分析到目标分析涉及四种基本的逻辑:

(1) 有什么问题要求澄清和解释?
(2) 问题为什么会发生?思考其因果关系。
(3) 我们应采取哪些行动?做出对应的判断和选择。
(4) 能有效解决问题吗?对判断和选择进行评估。

---

① 彼得·德鲁克. 管理的实践 [M]. 北京:机械工业出版社,2006.

(二) 问题树分析法

为了更有效地操作，问题分析和目标分析可以做结构化处理，运用逻辑框架方法中的"问题树"和"目标树"，用图形这种带有普遍意义的方法来辅助问题解决。"问题树"分析法，是一种以树状图形分析问题及其相互关系的方法，有助于研究者较全面、细致地找出主要问题及其核心问题，而且可以发现问题之间的因果关系。其主要特点是：

- 思路简单明了，将分析问题的思路条理化、系统化；
- 形象、直观，以树型的形式将问题及其因果关系直观地展示给研究者，一个分支线代表一个问题；
- 需要复杂的定量数据，就可以对问题的本质及其关系分析得十分清楚；
- 实用性广，可对复杂或多层次问题进行分析。[①]

采用问题树分析法是为了方便对问题进行结构分析，其目标是：

- 对现状进行描述，展示各个方面之间的相互联系。
- 从利益关系人的立场出发，识别主要问题。
- 展示各个问题之间的因果关系。

用问题树的方法分析，通常有五个步骤：

（1）找出"起始问题"或"核心问题"。如果该问题与众多的问题有因果关系，解决该问题是解决其他问题的前提，该问题和项目目的紧密相关，那么它就是优先要找到的问题。

（2）确定导致"起始问题"或"核心问题"的主要原因。看看这些原因是如何相互联系的，影响这些因素的原因是什么。每一个问题都可能会有好几个原因，而这些原因本身可能还会有好几个子原因。

（3）确定"起始问题"或"核心问题"导致的主要后果。注意，在问题树的中间层次中，层次是相对的，每一个问题既是一个上层问题的因，又是一个下层问题的果。

（4）根据以上因果关系画出问题树。起点问题的各个影响因素便放在起点问题的下面。起点问题所导致的结果则放在起点问题的上面，如图 6-3 所示。

（5）反复审查问题树，并根据实际情况加以补充和修改。

（三）目标树分析法

与"问题树"类似，"目标树"也是按照树形结构对目标进行组织和表述的方法。将不同的目标归类在更高级的目标之下，用分层方式表示目标之间逻辑关系。目标树来源于问题树且与问题树有对等的结构，有了"问题树"，就能很方便地向"目标树"过渡。在某种意义上，可以将问题分析向目标分析过渡理解为一种变换，也就是把树状图的问题框变换成陈述框，将描述因果关系变换成对应的目标描述。

---

① 甄霖. "问题树分析法"——区域发展研究的有效分析方法 [J]. 科研管理，2000（4）.

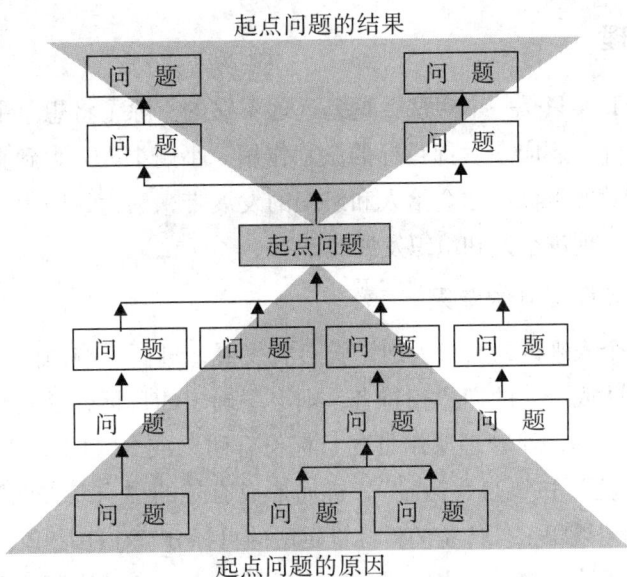

图 6-3　一般的"问题树"

在"目标树"中，每一个方框既是它上面的目标方法也是它下面的目标结果，对于那些需要借助"问题树"进行问题分析的较为复杂的项目来说，我们建议采用将"问题树"变换成"目标树"的方法，"问题树"上的每一个问题都被重新描述为一个陈述句，如图6-4所示。当然，不是每个问句都可以直接转换为陈述句，对某些问题的提出可能找不到有意义的镜像目标陈述。例如，将筹款问题变成筹款目标，将问句"预算够用吗"变换为陈述句"预算不是问题"，显然现实往往还不太容易实现。于是在做目标分析的时候，应使用更具有操作意义的词作为目标的陈述，例如采用"引入新的资金来源"等。

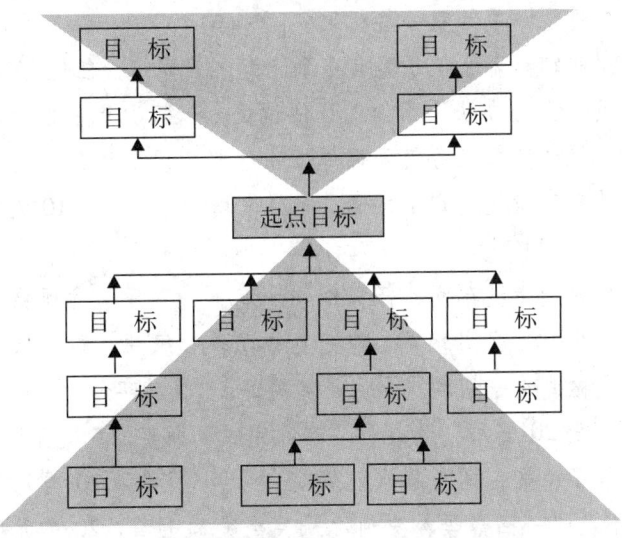

图 6-4　一般的"目标树"

三、目标管理

很多人的目的其实只是一个想法，这是远远不够的。除了将想象中的目标变成可操作和可评价的目标外，还应该发挥目标的激励作用。小到个人，大到企业和国家，都会因为有了具体和有效的目标，才会给人和组织的发展带来活力，因为合理的目标可以起到激发个人的潜力、促进个人和组织发展的作用。

（一）跳起来才能摘到的苹果

明确目标，对个人来说，会极大地影响自我发展，进而影响团队的发展。如果来自管理层的目标与团队或个人的期望相符合，则上层确定的目标容易实现。问题往往是如何进行有效的目标管理，让管理层制订的目标符合团队或个人的"自我期望"，由此产生积极的"自我启发"和"自我激励"，进而形成有效的"自我控制"，导致"自我发展"与上层期望的结果相符。传统的目标设定法的目标分解往往是单方向的、直线型的，目标分解主要由负责计划的人员来完成，缺少反馈过程和横向协调，而目标管理法则是要求建立一种以总目标为中心、上下左右协调一致的目标体系，强调的是团队成员自主管理和自我控制。有一个发生在20世纪40年代的管理故事是一个很能说明问题的事例。

一个刚从美国宾州大学毕业的小伙子，来到费城一座涂料工厂做了老板的办公室文秘。这家涂料厂的生产状况不容乐观，平均每个员工一天只能生产3桶涂料。老板左思右想，最终采取了一套奖励机制，规定"每天生产7桶就奖励20美元"。在当时那个年代，20美元可不是一个小数目，但遗憾的是，没有一个员工愿意为此而多付出一些努力，他们依旧懒懒散散地过着每一天，仿佛这个奖励对他们来说根本不存在。

小伙子一边做好手中的工作，一边细心留意工厂的每一个运作细节。仅用了一个月时间，他就找到了工厂的症结所在。于是，他走进老板的办公室说："老板，我可以改变工厂的现状，前提是你要放手给我一些行政权！"

老板心想：如果眼前这个小伙子真有这个能力，就算是升任他为高级管理也没问题，反正一时半会儿也没什么好办法，不如就让他试试。老板决定任他为临时副厂长，薪水不变，三个月内如果无法完成任务就降回原职。让老板没想到的是，在小伙子上任后的当天，员工们的人均日产量就达到了5桶，比原来增加了两桶，10天后，员工们的人均日产量甚至提高到了7桶！

老板又惊诧又欣喜地走进车间，仔仔细细地逛了一圈后，发现除了工人们的劳动更加积极之外，就再也没有什么变化了。他究竟施了什么魔法？老板兴奋不已地跑到小伙子身边，问他是怎么做到这一切的。小伙子笑笑说："我其实什么都没做，我只是把你那个'每天生产7桶奖励20美元'改成了'超额完成1桶奖励5美元'。"

老板一听更纳闷了，在3桶的基础上，"多生产4桶奖励20美元"和"每超额1桶奖励5美元"，这不是同一回事吗？更何况从奖金数额上看，20美元明显更为丰厚，为什么员工们不为20元而努力,却更乐意为5美元而努力呢?

小伙子笑而不答,他反问老板说:"如果树上有一个苹果,你觉得自己无论跳多高也不可能摘到它,你还会不会去跳呢?"①

(二)以团队文化做支撑

传统的目标设定法由于是一个单向的过程,团队成员在执行中缺乏主动性,容易造成目标制定与目标执行上的差异,组织内部不能形成紧密合作,项目要取得成功或许由于团队内部的原因导致困难重重。现代目标管理理念强调全员参与的思想,在目标制订时候就考虑到依靠团队文化做支撑,以利于实现对团队成员行为的引导、激励和控制。团队文化是一种潜意识文化,直接影响到团队工作方式和思维习惯,具体包括价值观、行为目标、行为准则、管理制度、道德风尚等内容。团队文化强烈影响和支配着团队成员的思想和行为,进而对项目的发展产生重要的影响。

在做项目过程中,如果不能明确项目的目的(总目标)和阶段性目标,或者团队成员只明确自己的工作的目标,不明确项目的目的,将很容易导致矛盾产生、个人冲突、资源浪费和不满情绪等一系列问题。目的是一项技术活动概括性声明,说明在整个技术活动过程"将要做什么",是整个技术活动围绕的中心,属于长期性意向或意图。而目标是实现目的具体说明。每个目的包含由一个或者多个关联目标,目标是技术活动过程中"怎么做"的说明,是技术活动阶段性的意向或意图,属于短期意图。目标管理的一个基本内容是让项目团队每个成员形成共同的总目标,使每个团队成员关心自己"怎么做"的同时,还要考虑项目"将要做什么",使"怎么做"的考虑服从"将要做什么"。管理学大师德鲁克在经典著作《管理的实践》中给出了一个事例说明目标管理的重要性。

在企业管理会议上,大家很喜欢谈的故事是:有人问三个石匠他们在做什么。第一个石匠回答:"我在养家糊口。"第二个石匠边敲边回答:"我在做全国最好的石匠活。"第三个石匠仰望天空,目光炯炯有神,说道:"我在建造一座大教堂。"

当然,第三个石匠才是真正的"管理者"。第一个石匠知道他想从工作中得到什么,而且也设法达到目标。他或许能"以一天的劳力换取合理的报酬",但他不是个管理者,也永远不会成为管理者。

麻烦的是第二个石匠。工作技艺很重要,没有技艺,任何工作都不可能获得生机。事实上,如果组织不要求成员展现他们最大的本领,员工必定士气低落,但太强调个人技艺,总是隐藏了一个危险。真正的工匠或真正的专业人士,常常自以为有成就,其实他们只不过在打磨石头或帮忙打杂罢了。企业应该鼓励员工精益求精,但是专精的技艺必须和企业整体需求相关。②

---

① 陈亦权. 跳起来就能摘到苹果[J]. 少年心世界, 2013 (8).
② 彼得·德鲁克. 管理的实践[M]. 北京: 机械工业出版社, 2006.

（三）目标管理特征

目标分解是一种有效表述解决问题总体目标和阶段性目标的通用技术，能帮助人们更好地认识和理解行动的目的和目标。在进行目标分解时，依据分解方式进行分类，可以按层次结构进行目标分解，也可以按时间顺序进行目标分解。从目标管理的角度看，项目的目标具有以下共同特征。

第一，是目标的可分解性特征，指目标不但要指示行动的方向，还可以分解成多方面的具体目标，体现分工提高效率的思想。对一个具体项目来说，要有总目标，如实现研发新技术、开发新产品、提供新服务、开拓新市场等。在总目标下，项目负责人把总目标按职责分解落实为项目组每个成员的具体工作目标，并以目标任务书的形式加以明确。其实，在古代文化中，就有许多关于整合人力资源的事例。例如，关于弥勒和韦陀分工的故事：

凡是去过寺庙的人如果留心的话，一进门首先看到的，便是弥勒佛迎客的那张笑脸，再往后面看，是怒目圆睁、面色阴沉、表情严肃、似乎有些杀气的韦陀。相传在很久很久以前，他们俩并不在一起，而是分别掌管不同的庙宇。弥勒佛豪爽好客，为人热情，所以香客甚众，但他有丢三落四、不善理财的致命缺点，致使寺庙管理不善，经常入不敷出。韦陀管账是把好手，但此人成天阴沉着脸，太过严肃，香客们都讨厌他，久而久之，搞得香客越来越少，以至于香火断绝，寺庙面临倒闭关门。佛祖查看香火时发现了这个问题，就将两个优点和缺点都十分明显，反差极大的人放在同一个庙里，具体分工是由弥勒佛负责日常公关、专管香客的接待工作，韦陀则掌管寺庙现金财务和日常管理工作。在二人的分工合作下，一个日趋衰败的寺庙又呈现出一派欣欣向荣、蒸蒸日上的景象。①

第二，是目标分解的层次性特征，指目标是由多个层次构成的。对一个项目来说，有一个项目的总目标，而总目标可以分解成若干个子目标，子目标下还可能有若干个子目标的子目标。与项目目标对应的是项目任务或完成任务的人或相关资源，通过要素、任务的结合把目标分为相互交织又相互作用的层次，从而使目标显得清晰可见。

第三，是目标分解的阶段性特征，指目标的实现过程可以分阶段进行，通过完成阶段性目标，一步一步向总目标靠近。从逻辑上区分，阶段性目标间的关系可能是递进的，也有可能是并行的。在具体实施过程中，递进关系和并行关系总是相伴而行，都是为了保证最终目标的实现。

四、做合适的选择

在当今社会中，项目变得越来越普遍，几乎可以说一切都是项目，一切也将成为项

---

① 李元卿. 从弥勒和韦陀的故事谈人力资源的整合［J］. 现代营销：经营版，2008（9）.

目。项目管理的影响力也与日俱增,逐渐成为组织和个人的一种核心竞争力。做合适的选择是项目管理的重要内容,成功的项目管理离不开正确的选择。在项目管理中做选择,包括项目间的选择和项目中的选择两层意思。前者在若干个项目间做选择,为的是寻找合适的项目,以保证有限的资源得到合理的运用;而后者是指在一个具体的项目中做选择,主要是对项目中若干个可行方案做选择,或者是选择项目团队成员等,通过选择适用的方案、人员、实施过程等来实现项目目标,提高项目成功的可能性。由于项目可以嵌套项目,相对来说,同样是选择,在子项目间做选择也可以理解为项目间的选择,然而在若干子项目的上层看,也可以认为是项目中的选择。

(一) 项目选择的重要性

在竞争日益加剧的年代,新产品开发、市场营销、技术创新、产业升级使得原来适合于稳定的生产和业务活动流程及传统管理模式受到了极大挑战。由于技术活动的不确定性和市场的不确定性,项目的选择具有很强的不确定性和风险性。属于项目管理的项目选择是应对变化和发展的一种对策、一个组织或个人都需要对各种项目机会做出比较和选择,将有限的资源以最低的代价投入到收益较高的项目中,以确保组织或个人的发展。这些都与项目选择有关,正确地选择项目往往比正确地规划项目和正确地实施项目更具有战略意义。

(二) 从博弈角度看选择

博弈具有方法或策略的多样性和行动上的一次性等特点。按照博弈论的观点,在做出选择决策之前,思维主体要尽可能在观念上再现事物可能出现的一切情况,把它们加以分析、对比,选择出一种最佳方案付诸实施。博弈的过程大致分三步进行:首先,要诊断问题所在,明确目标,行动才会有成效。其次,就要围绕目标给出各种建议和方案,每一种可能的方案都有可能成为最后的选择,对众多的备选方案进行对比分析和组合,确定各种方案的优势和劣势。最后,从各种备选方案中选出最合适的方案。下面有一则故事,可以间接说明博弈与选择的关系。

有七个人组成的小团体,他们想通过制度安排来解决每天的吃饭问题——要在没有计量工具且没有刻度的容器的情况下分食一锅粥。大家发挥聪明才智,试验了多种办法。多次博弈后形成如下方案:

方案一:指定一个人负责分粥事宜。很快大家发现,这个人为自己分的粥最多。于是换一个人,结果总是主持分粥的人碗里的粥最多最好。

方案二:指定一个分粥人士和一个监督人士。起初比较公平,到后来分粥人士和监督人士从权力制约走向权力合作。于是分粥人士和监督人士分的粥最多。

方案三:谁也信不过,干脆大家轮流主持分粥,每人一天。这样等于承认了每人有为自己多分粥的权力,同时又给了每个人这样的机会。虽然看起来平等了,但每人每周只有一天吃得饱且有剩余,其他六天都饥饿难挨。

图 6-5　粥如何分才合理

方案四：民主推选一个信得过的人分粥。这位品德高尚的人开始还能公平分粥，但不久以后他就有意识地为自己和拍他马屁的人多分。

方案五：每个人轮流值日分粥，但分粥的那个人要最后一个领粥。令人惊奇的是，在这一制度下，七只碗里的粥每次都是一样多，就像用科学仪器量过一样。①

（三）选择因素的识别和分析

项目来源于各种需求和要解决的问题，它们也是技术发展的动力。影响项目选择的因素与社会需求和社会问题密切相关，而一般性选择策略随时代不同会产生明显的变化。早期人类社会，项目的选择往往是满足人的基本生存需求，实施的方式以个体和小集体为主，项目规模比较小，基本说不上系统性。到了农业社会，项目的选择多数是由统治者发起和组织的，规模也逐步变大变复杂，系统性逐步提高。到工业社会，特别是后工业社会，项目来源更广泛，项目的选择也多样化，选择往往体现了社会的进步和可持续发展，呈现出商业化、系统化、社会化和全球化的特征。项目的规模由小到大，几乎无所不包。对组织或个人来说，带有普遍意义的项目选择方法有两点。首先，要做到知己知彼。所谓知己，就是清醒地审视自己的优势、强项、兴趣、经验、知识、性格等。所谓知彼，就是把握社会发展趋势，认识技术发展方向，了解潜在的需要或需要解决的问题。其次，要有风险意识。风险管理有利于尽早发现系统内部的风险和外部的威胁，避免导致项目成本上升、完成任务超时或质量达不到要求等现象发生。

从项目目标角度出发，做项目选择本应该考虑许多的因素，如表 6-2 所示。表中将这些因素分为五大问题：风险问题、市场问题、内部操作问题、财务问题和其他问题。这五大问题类型实际上是选择项目过程中都要考虑的主要问题，每一类问题都包含若干要素。但是，在实际操作中，即使是比较正式的项目选择，往往也只是部分涉及这些因

---

①　胡新艳，许能跃. 从分粥故事看制度设计 [J]. 科技管理研究，2008 (6).

素，能够清楚列出来用于项目选择的信息其实是有限的，因为在项目活动中即使投入人力和时间做选择，还是不可能识别或弄清楚所有影响选择的因素。因此，常规选择往往是依据80/20法则进行。该法则也称为帕雷托法则。该法则指在众多现象中，80%的结果取决于20%的原因。在项目选择中，考虑的问题和因素只有20%是非常重要的，而另外的80%要么不重要，要么就没有引起足够的重视。进一步推想，可以认为对许多项目来说，往往只是仔细考虑了大约20%的项目问题和因素，就做出了项目选择的决定。

表6-2　影响项目选择的问题及因素

要考虑的问题	影响选择的因素
风险	技术风险、财政风险、安全风险、质量风险、法律风险
市场	潜在的市场份额、长期的市场主导地位、上市时间
财政因素	投资回报、财务净现值、研发花费、培训员工
内部操作问题	劳动力规模或组成变化、环境变化、生产和服务流程改变
其他问题	专利保护、对企业形象影响、策略

（四）项目选择过程

项目选择与对项目的期望和要求有关，如果选择的目的是获得直接的效益，那很自然会多考虑眼前的利益，更重视项目的有效性和可行性。如果考虑长远发展利益，那么视野会更宽广，项目的选择要求与个人或组织的战略发展相联系。无论出于何种目的，选择项目的步骤都会大同小异，从建议项目，做出选择，到选定项目的过程，如图6-6所示。该图是项目间选择的一般过程，如果选择是在项目中进行，例如是对项目方案做选择，那么只要将图中的"建议项目"改为"建议方案"，"选定项目"

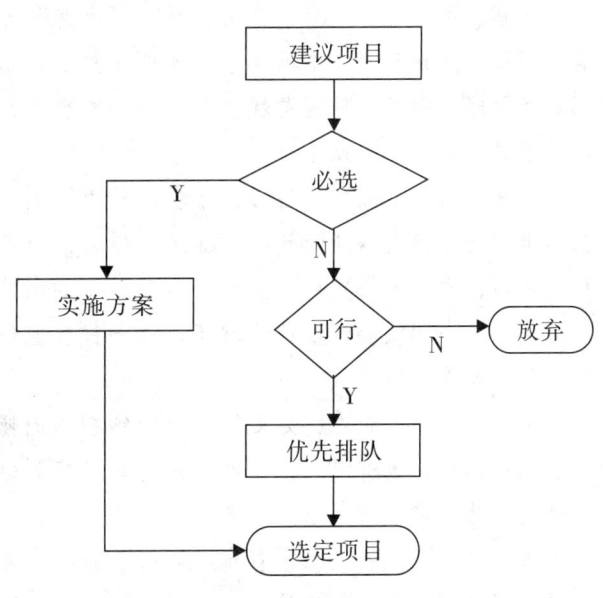

图6-6　一般项目选择过程

改为"选定方案"就行了。同样，如果是对项目团队成员做选择，那么将"建议项目"改为"建议人选"，"选定项目"改为"选定人员"。选择过程的关键环节是评价和判断可行性。

五、可行性分析

在项目选择和计划的过程中,需要完成的前期工作是对项目进行评估,而评估的前提是可行性分析。由于项目具有一次性、不确定性、制约性、风险性等基本特性,使得人们在项目决策和设计中必须对项目的可行性进行深入的分析和研究,这也是项目管理中最为重要和必不可少的内容之一。在项目的前期工作中,对项目的可行性做分析,往往是建立在调查、研究的基础上,了解和熟悉与项目有关的自然、社会、经济、技术、范围、质量、进度、花费、资源和风险,根据项目的目的,进行分析、预测和评价,综合论证项目的必要性、技术可行性、财务可行性、组织可行性和预测风险,为决策提供科学依据。其中,项目建设的合理性是可行性研究中最核心的问题。一份建立在深入研究基础上的可行性报告,将会影响一家公司变得赚钱或赔钱。有一则"非洲卖鞋"的故事,从这个虚拟的案例我们可以了解到,市场很重要,顾客更重要。没有做精确的市场调查和分析,不了解顾客的需求,就可能无法做恰当的可行性研究。

故事的第一个版本:因为要拓展非洲市场,亚洲某鞋子制造厂委派两位行销人员到非洲考察。甲君在非洲待了几天,举目所见都是赤脚的非洲人。他颇为颓丧,原因是没有人穿鞋,意味着没有市场。于是他便向总公司汇报有关情况,同时订购机票回国。而乙君到了非洲视察之后,发现大家都没有穿鞋子,市场潜能非常可观。他连夜致电总公司,催促加速生产,以应付未来的需求。

故事的第二个版本:乙君以乐观的心境看到希望,在第一时间催促加速生产,以供应非洲市场。然而,业绩却一败涂地!原来,非洲人世代以来都是赤脚的,他们没有穿鞋的习惯,也不懂得穿鞋,他们没有穿鞋子的激情;再加上长期赤脚的结果,脚趾左右张开,一般中国或亚洲设计的鞋子,都不符合他们的需求。乙君对市场知其一而不知其二,最终还是一事无成。

故事的第三个版本:为了使鞋子能够在非洲畅销热卖,丙君进行深入的研发,掌握非洲人的脚型,量脚订制,让他们穿起鞋来感到舒适。另一方面,丙君也非常重视行销策略,并执行到位。他选择非洲人的重要节庆,在人潮汹涌的广场竖立一尊塑像,让非洲人看到自己敬佩的领袖穿着奇特鞋子,另有穿着美丽鞋子翩翩起舞的舞蹈呈献,让穿鞋子变成潮流,大家有样学样,千万双鞋子很快便被抢购一空。①

思考题:

1. 什么是项目的选择?
2. 如何为项目做准备?
3. 做目标管理有哪些带有普遍意义的技术?

---

① 林春生. 非洲卖鞋的新版故事 [J]. 新理财,2008 (1).

第三节

项目设计与评价

项目设计和项目评价都是项目管理的重要组成部分。现代项目管理技术的发展为项目设计和项目评价赋予了工具的功能，通过做设计和做评价，促进项目管理，促进项目健康发展。设计也好，评价也好，都会与项目管理范围有关系，只有明确项目管理范围，才能把握好项目设计和项目评价。

一、项目设计

本节所述的"设计"不是单指工程设计或工业设计中针对具体对象开展的技术活动，而是带有广泛意义的设计活动。从发展的角度看，这种一般性的设计在不同技术时期，有着不同的特征。今天称为"项目设计"的活动，由于早期在类似的技术活动中没有对应的称呼，而项目是为创造独特的产品、服务或成果而进行的临时性工作，项目设计就是指对这些临时性努力进行规划的过程，我们暂且还是把这些规划活动称之为"设计"。设计在技术发展的进程中经历了基于直觉的设计阶段、基于经验的设计阶段、基于试验（或实验）的设计阶段，逐步发展到现代项目设计。在不同时期，人们所做的设计活动，表现出的差别在于设计思想、运用的方法和使用手段的不同。

凭直觉做设计往往不被人们注意，甚至不被人认为是设计，正是因为直觉设计作品是源于生活并融入生活的。凭经验做设计，往往顺其自然，因势利导，主要关心具体怎样做，重在解决实际问题。用试验或实验支持设计，主要是通过察看某事件的结果，或察看某事物的性能，或检验某种假设，或验证某种理论以支持设计的合理性。以上这些传统设计方法以感觉、经验、知识、试验为基础，其设计手段更多的是模仿和用手工方式进行分析、计算和绘图，带有很大的局限性，无法满足现代设计工作的要求，也反映不了现代科技水平。

现代的项目设计方法是研究设计领域内现代科学方法的一门学问，它涉及设计全过程，从原始数据的取得、完成系统设计到对设计进行评价都有一套规范的方法。项目设计是一个科学的、理性的、动态的、可优化的和智能化的过程，具有系统性、逻辑性、规范性、定量化与可操作等特征。项目设计的出现，不是否定传统的设计方法，而是在传统设计的基础上的进一步发展。与传统设计形成明显区别的是，现代项目设计对设计的战略进行侧重选择，使设计方案得到意义更广泛的优化，强调不是为设计而设计，而是注重创造性。

任何项目，总会有各种项目约束条件。选出项目条件齐备的项目，就是选择项目。对所选项目的条件进行有效整合，就是项目设计。项目设计的开始，往往是提出项目。任何项目一旦被项目人提出，该项目的项目条件就完成了初步整合。换句话说，提出的项目的本身就是项目设计初步。今天，项目设计已经是一个带有普遍意义的学科，社会上有千百类项目，项目设计的基本原理和过程却大体相同，都有一套设计的规范。不同种类的项目，项目人可以是本专业的专家，但都需要掌握项目设计的方法和手段，以保证项目顺利开展。例如，对于商业项目，不论是做哪种产品项目，还是提供何种服务，做项目设计都要懂市场，都要了解市场开拓技术，都要把握市场机会，这些就是一些通用的核心技术。因此，不是说项目人自己做设计就是项目设计，而是指一种现代的、带有普遍意义的、科学的项目设计。做项目设计的主要目的是：

（1）对项目条件进行整合。在项目选择的基础上，进一步完善项目准备阶段的构想，给出获得所缺项目条件的方案，优化整合项目条件。与项目初步设想对比，通过项目设计往往可以达到项目再造的效果。

（2）形成项目设计报告。项目报告之所以重要，是因为它还具有项目工具的功能。好的项目报告，在投标、引资、与客户沟通、项目实施和项目评价等环节都会发挥积极作用。例如，从某种意义上说，"项目是写出来的，不是谈出来的"。甚至还有项目报告"第一眼"的问题，由于竞争激烈，项目报告之多会令人眼花缭乱，因为投资商不看"第二眼"，项目没相中，也就没有后来的事。是否有好的项目，是否有好的招商引资，"第一眼"往往是至关重要的。

项目设计报告的重要功能是明确描述项目各种细节，现代项目设计报告往往还以表格和横道图方式形式呈现内容。设计报告可以是给出项目的概念性计划，也可以是详细计划。与传统做法不同，由于项目设计人拥有现代智能工具，一种流行的做法是运用计算机软件编制带有图示的项目计划表或任务书，再给出项目报告书或项目简介文本。带有一定智能化的项目设计，给项目的设计、项目的实施和项目的评价提供了很大的便利，也是项目管理从经验型管理走向科学定量管理的重要标志。

二、项目范围管理

（一）认识项目范围管理

项目范围管理包括确保项目做且只做所需的全部工作，以成功完成项目的各个过程。管理项目范围主要在于定义和控制哪些工作应该包括在项目内，哪些不应该包括在项目内。[1]在这里，所谓"只做"是指成功地实现项目的目标所规定的必要的、最少的工作，所谓"全部"是指成功地实现项目的目标所进行的所有工作。如此规定，是为了防止项

---

[1] 项目管理协会. 项目管理知识体系指南［M］. 北京：电子工业出版社，2013：5.

目范围的蔓延或范围的萎缩。在项目管理领域里，项目产品范围和项目范围是两个不同的概念。产品范围是确定客户对项目最终产品或服务所期望功能和特性的总和，而项目范围，是为了交付满足产品范围要求的产品或服务所应做和必须做的工作。产品范围是由客户的要求决定的，项目范围则是由项目计划规定的。

项目范围管理过程有规划范围管理、收集需求、定义范围、分解项目目标和工作任务、确认范围和控制范围。规划范围管理主要是创建范围管理计划，书面描述将如何定义、确认和控制项目范围的过程。收集需求主要有市场需求、营运需要、客户要求、技术进步、法律要求和社会需要等。根据将需求转换成功能的要求，定义实现功能要求的问题，并形成问题解决思路，经过方案选择，形成项目章程和说明，也就是完成定义项目范围。接下来的任务是完成项目设计，也就是分解项目目标和工作任务、确认范围和控制范围，进行工作结构分解等。

（二）工作结构分解

所谓工作结构分解就是把一个项目，按一定的方式进行分解，项目分解成子项目，子项目再分解成若干任务，任务还再分解成一项项工作步骤，再对每一项工作分配资源，对每一项工作指派执行人和负责人。所谓精心设计，其中一项工作就是进行工作结构分解，直到分解不下去为止。工作结构分解在现代项目管理实践中地位十分明显，因为它是项目范围、成本、进度、质量、资源管理的核心技术，是多个工作环节中必不可少的重要工具。现代项目管理的工作结构分解的结果往往是以带有一定人工智能功能的计算机文本形式呈现，已经成为现代项目管理和一般性问题解决活动中带有普遍意义的技术。

根据项目范围的定义，运用工作结构分解思想，将项目的主要可交付成果分解为较小的且更易于管理的单元，其过程是：充分了解和研究客户的需求，将项目范围内的工作分解为具体细致明确的执行单元，绘制工作结构分解图，编写项目工作结构分解说明，建立描述项目责任落实情况的项目组织结构分解，建立描述资源配置情况的资源结构分解。如果采用传统的技术方法，以上工作可以用纸质文档呈现，这种依靠人工的方法，很不方便组织和调整，也不便于沟通，极大地限制了工作结构分解技术的应用。一旦有了智能机器，有了网络，有了项目设计软件，不但方便做项目设计，还使项目设计的结果，包括工作结构分解图表成为项目管理的犀利工具。使项目人能方便有效的进行沟通，完成项目的分工，明确各成员的权益和责任，提高对成本和时间以及资源估算的准确性，方便绩效测评与控制。

项目工作结构分解是一项严密和细致的分析及推导工作，在分解时要进行分析识别，逐步分解。制定结构分解的方法有多种，通常用的方法有模板法、自上而下法、自下而上法。所谓模板法是以一个类似的项目工作结构分解作为模板，根据新项目的条件和情况，在原有模板的基础上，通过增加和减少项目工作而生成带有新内容的项目工作结构。由于大多数项目都有一定程度的相似性，只要积累一些典型的项目工作结构，就可以减少工作分解的工作量，提高工作效率。至于自上而下法和自下而上法，也是构建项目工作结构的常用方法。在分解过程中，根据目标和产出结果逐步向下或向上细分，将项目分解为子项目或项目要素，然后给出实现目标的工作细节及相应的子目标。

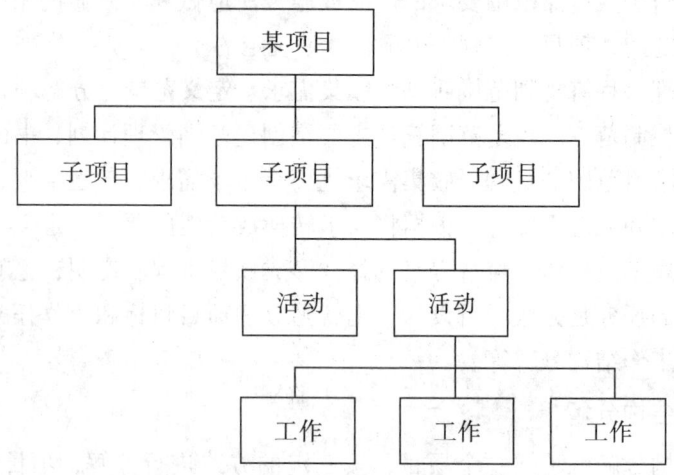

图6-7 一种常见的工作结构分解

项目工作结构分解的呈现方式可以是纸质图表，一种常见的工作结构分解如图6-7所示。由于软件技术的普及，计算机处理功能逐步强大，一般做项目工作结构分解多采用表格与甘特图结合的方式，如图6-8所示。目前常用的项目管理软件有通用软件和专业软件两种。常用通用软件有微软的Excel和金山WPS，常用专业软件有微软的Project。

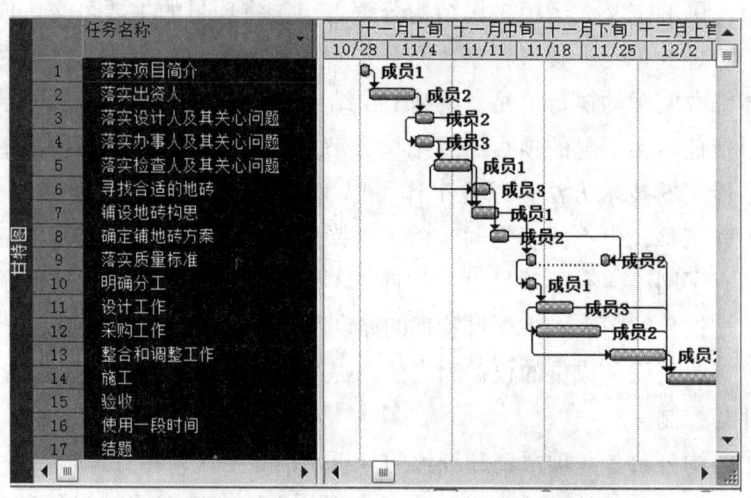

图6-8 用表格与甘特图表示工作结构分解

(三) 铁三角

在项目设计过程中有三方面的因素是我们必须考虑的，而且还需要我们运用智慧去协调这三方面的关系，它们是项目的进度、花费和质量。对于一个项目，由三方面因素构成三角关系，如图 6-9 所示。由于三角形的基本性质，三角形三边的边长之间存在着固定关系，三边不可能只改变一边，而其他两边不变。在项目设计中，对三者中其中任何一个元素进行调整，都将引起三角关系中其他两个元素跟随变化。也就是说，如果需要提高质量，则必须增加花费或延缓进度；如果要加快进度，则很可能会降低质量或增加花费；如果想降低花费，则可能导致降低质量或延缓进度。项目设计的一个主要任务就是调节进度、花费和质量三者的关系，这直接关系到项目进度的提前或滞后，项目花费的增或减，项目质量的满意与否。处理三者关系是否得当，直接关系到项目的成功或失败。

要处理好三角关系，主要是从以下三方面进行。第一是质量与花费的关系。一般来说，提高质量标准会增加项目的花费，也许高标准的质量控制可以避免和减少项目返工的发生，减少失误，减少返工工时，降低项目花费。第二是质量与进度的关系。在市场竞争条件下，时间就是金钱，效率就是生命。一般来说，质量与进度存在反比关系，过于强调质量会延缓项目的进度，或加快项目的进度有降低质量的风险。第三是进度与花费的关系。项目进度管理就是确定合适的工作进度，实现进度控制，在与质量、花费目标协调的基础上，实现进度目标。项目的成本由直接和间接费用两部分组成，一般

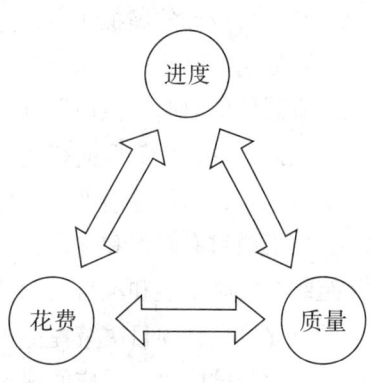

图 6-9　铁三角

来说进度越长，直接成本越大。仅仅是在项目的进度、花费和质量方面考虑问题，也许很难有新的突破，只要扩大项目管理范围，例如从顾客的角度考虑，就会有新的思想和新的方法，这也是现代项目管理和传统项目管理的分水岭。

三、项目评价

评价是一种新技术，通过评价活动是为了促进项目管理，促进项目健康发展。项目评价活动涉及被评价对象，评价对象可以是项目，也可以是项目成果。我们这里主要关心的是具有普遍意义的评价技术，也就是针对项目的评价。事实上，项目评价技术在不断发展，有很多争议的话题，怎么样才是一个好的项目？不同的评价目的、不同的价值取向往往有不同的理解。

（一）项目评价原理

人类的一切活动都是为了揭示价值、创造价值、实现价值和享用价值，而评价就是人类发现价值、揭示价值的一种根本的方法。评价具有四种最基本的功能：判断功能、

预测功能、选择功能、导向功能。① 项目评价就是依据一套标准对项目的运作过程及其结果进行系统的评估,以促进项目的运作和改进。项目评价是项目决策的前提,而正确的决策要靠科学的评价作支撑。

项目评价原理是项目管理的基本原理。其核心思想是在获取必要和准确信息的基础上,比较判断并确定受评项目的价值。这里强调要有必要和准确的信息,这是进行项目评价的前提。收集用于评价的原始资料要确保准确和无遗漏,且在分析和推断过程中要警惕原始资料中可能存在的偏向,尽可能设法减少偏向带来的影响。评价过程中的比较,是为了进行判断和鉴别。在不同的条件下,比较的参照系可以是项目实施前的状态,也可以是项目设计的虚拟状态,还可以是干预试验中有意设定的对照状态,或者是理论上应达到或用户期望达到的理想状态等。评价有价值取向,是项目评价的最终指向。评价人的主观价值取向,往往带有明显的人文倾向。评价的客观价值取向往往是一些具体的指标数据。主观价值取向往往会明显影响客观价值取向。例如,在确定评价计算权重系数的大小时,往往是前者确定后者。

由于项目有起点和终点,其生命周期包括项目定义与选择阶段、项目设计阶段、项目组织与实施阶段和项目结题阶段。在项目的不同阶段,项目的管理人或关系人要对项目进行评价,为项目决策提供支持。项目评价可以在三个阶段进行,分别是项目的前期、中后期及结题阶段,对应的评价称为项目前评价、项目中评价和项目后评价。项目前期评价内容包括项目的准备,项目是否可行,评价活动主要是项目的可行性分析,其目的在于给项目选择和项目论证提供依据,为项目启动做好准备。项目中评价是指在项目立项后,在项目设计、实施和结题三个阶段,对项目状态和项目进展情况进行监控,对已完成的工作做出评价,检测项目进展实际状态与目标状态的偏差,分析其原因和可能的影响,指出以后项目管理的努力方向,其目的在于给项目控制提供依据,必要的时候采取措施,改进项目管理,调控项目进度、资源等,促进项目健康发展。项目后评价的内容包括项目验收后评价、项目效益后评价和项目管理后评价等,反思、评价和分析项目偏差情况及其原因,吸收经验教训,其目的在于提高项目的实际效果和改进后续服务计划,为将来相关项目的决策提供借鉴和反馈信息,增进项目管理水平。

(二)常规评价方法

评价方法是针对某种评价目的,运用系统方法、定性研究、定量研究等方法来分析资料和证据,以实现对评价对象进行分类、排序或判断,判断整体效用、途径和程序的合理性。从纵向的观点理解评价活动,评价首先是对所研究事物进行分类,将多个事物中具有某些关系或相同属性的事物进行归类,然后进行分类的序化,即在分类的基础上对类别按优劣等级进行排序,最后是通过比较和判别做出整体性评价,找出与参照标准

---

① Project Management Institute. A Guide to the Project Management Body of Knowledge [M]. Project Management Institute, Inc. 2004.

的差距，为决策提供依据。把评价过程概括为分类、序化和做整体评价，其中分类是为了确定评价对象，将其特征属性具体化，转变为可度量的评价指标；序化往往是一种指标无量纲化的过程，把评价指标转化为可直接进行比较的量化指标；做整体评价依赖于某种评价指标体系的建立，通过一个合适的多元函数，综合各项评价指标得出综合评价值，用以权衡评价对象的综合效用或综合水平。

讲到评价，不得不说加权平均这种评价思想。假如有一个学生，学了三门功课。功课 A 是 8 学分，他得了 3 分；功课 B 是 6 学分，他得了 2 分；功课 C 是 4 学分，他得了 4 分。如果采用算术平均求平均分，则这个学生的平均分是 (3 + 2 + 4) / 3 = 3.00 分；如果用加权平均求平均分，则这个学生的平均分是 (8×3.0 + 6×2.0 + 4×4.0) / (8 + 6 + 4) = 2.89 分。两种算法得出的结果差了 0.11 分，这意味着什么？从算术平均到加权平均，不仅仅是一种数学游戏的变化，加权平均思想在评价活动的运用，反映了人们对不同指标系统影响总评成绩不同认识的进步，从而揭开了传统评价向现代评价进步的新篇章。加权思想体现了评价技术的进步，突出了人们在认识事物时的主观能动性。对权数的确定会直接影响评价的结果，由于权重的变动很可能引起评价排序的结果。直到今天，围绕如何恰当地科学赋权，仍然是评价方法中一个值得研究的带有普遍性和根本性的问题。

常规评价另一个值得一提的是多指标综合评价思想。早期的评价思想受简单性原则的影响，大多数人都相信现实世界是简单的，评价活动也不例外。事实上，简单性是一个古老朴素的哲学观念，中国的"五行说"就是典型的代表，牛顿和莱布尼茨等人在物理和数学方面的成功，更把简单性推向了科学追求的最高目标。然而，自然的本质和社会的本质并非只有简单性一面，最近几十年人们对复杂性的研究，发现在自然界和社会中，复杂性现象是大量存在的，复杂性事物具有关联性、自组织、涌现、非线性、或然性、始条件的极端敏感性和多样性的特点。所有这些是简单性原则所不能涵盖的。这说明自然的本质和社会的本质并非是简单的，还存在复杂性。随着经济社会从粗放型转型效益型发展，技术活动的重心也从单纯地追求高产出转向注重效益，而效益又与许多因素相关，评价效益的简单性原则已不能满足技术发展的需求。于是多指标综合评价应运而生。

(三) 评价的一般步骤

确定评价目标后，一般评价过程有以下六个步骤：

(1) 确定评价目标。在项目的不同阶段，评价关心重点可能不相同。

(2) 确定评价对象。根据评价目标，选定 n 个评价对象 S_1, S_2, $\cdots S_n$。

(3) 建立评价指标体系。对评价目标进行分解，选择 m 个评价指标，构成评价指标体系，用矩阵表示：$X = [x_1, x_2, \cdots x_m]$。每个评价对象都可以用评价指标体系来描述其特性或属性。例如，元素 x'_{ij} 表示第 i 个评价对象的第 j 个评价指标，则评价指标体系数值矩阵为：

$$X_1 = \begin{bmatrix} x'_{11} & x'_{21} & \cdots & x'_{1m} \\ x'_{21} & x'_{22} & \cdots & x'_{2m} \\ x'_{n1} & x'_{n1} & \cdots & x'_{nm} \end{bmatrix}$$

（4）对指标进行无量纲化处理。对矩阵 X_1 元素各评价指标的实际值进行无量纲处理，变换为评价值，可采用标准化方法。假设有 k 个打分评委，信度高低与评委人数多少有关，其不确定度满足 t 分布。令无量纲数组元素

$$x_{ij} = \frac{x'_{ij} - \bar{x}}{v}, \text{其中} \bar{x} = \frac{1}{2} \sum_{n=1}^{k} (x'_{ij}) h, v = \sqrt{\frac{1}{k-1} \sum_{n=1}^{k} [(x'_{ij}) h - \bar{x}]^2}$$

则评价指标体系的无量纲化值矩阵为：

$$X_2 = \begin{bmatrix} x'_{11} & x'_{21} & \cdots & x'_{1m} \\ x'_{21} & x'_{22} & \cdots & x'_{2m} \\ x'_{n1} & x'_{n1} & \cdots & x'_{nm} \end{bmatrix}$$

（5）确定指标权重。在多数评价中，不同评价指标的相对权重不同。若用 w_j 表示评价指标 x_j 的权重系数，则得权重系数矩阵：$W = [w_1, w_2, \cdots w_m]$，且满足归一化条件。

（6）用线性评价算法计算评价结果。将多个指标的评价值综合在一起，得出关于评价对象的一套整体性的评价。评价算法有多种，常用的有线性评价算法，其优点是能够体现各指标影响和权重系数间的互补性。通过矩阵相乘得评价打分矩阵 P，具体计算如下：

$$P = X_2 W' = \begin{bmatrix} x'_{11} & x'_{21} & \cdots & x'_{1m} \\ x'_{21} & x'_{22} & \cdots & x'_{2m} \\ x'_{n1} & x'_{n1} & \cdots & x'_{nm} \end{bmatrix} \cdot \begin{bmatrix} W_1 \\ W_2 \\ \cdots \\ W_m \end{bmatrix} = \begin{bmatrix} P_1 \\ P_2 \\ \cdots \\ P_n \end{bmatrix}$$

四、基于项目的技术学习及其案例

基于项目的学习的教学模式是欧美中小学盛行的一种探究式的教学模式，在技术课程中采用基于项目的技术学习，在国内也正在成为一种流行的做法。本节选择一个与房屋装修相关的学习案例，试图通过一个真实的案例学习，使学习者进一步了解项目管理技术。

（一）基于项目的技术学习

"基于项目的学习"也有称为"课题式学习"和"专题式学习"，其中的"项目"是管理学科中的"项目"在教学领域的延伸、发展和具体运用。因此，基于项目的学习是以学科的概念和原理为中心，以制作作品并将作品推销给客户为目的，在真实世界中借助多种资源开展探究活动，并在一定时间内解决一系列相互关联着的问题的一种新型的探究性学习模式。[1]

---

[1] 刘景福，钟志贤. 基于项目的学习（PBL）模式研究 [J]. 外国教育研究，2002（11）.

基于项目的学习在欧美国家流行，在基础教育、职业教育、高等教育和成人教育中都得到了广泛的应用，其主要观点是课程设置以学生的活动为中心，而不是以学科教学为中心。基于项目的技术学习往往采用以探究活动为主的教学方法，主要有发现法和研究法。发现法又叫发现教学法或发现学习法。它是指教师在教学中只给学生提供事例、问题，或创设一定的情景，不给现成的结论和答案，而是让学生通过独立思考和探索活动，自己发现事实中蕴藏的概念或技术原理，以促进其发展的一种教学方法。研究法是研究教学法的简称，又叫研究性学习、"研究式"学习方式。它是指学生在教师指导下，通过选择一定的课题，以类似科学研究的方式，进行主动探究的一种教学方法。研究性学习可分课题研究和项目（活动）设计两类。研究学习的基本特征是重过程（强调学生的学习过程和方法）、重应用（强调对知识、技能的应用）、重体验（强调学生亲身的实践活动，并在活动中获得感悟与体验）、重参与合作（强调学生的全员参与和交流合作）①。基于项目的技术学习最大特点是主体性、综合性和经验性，其显著优点在于能较充分地发挥学生的主动性，激发他们学习的兴趣，能培养学生发现问题和解决问题以及收集、分析、处理信息的能力，让学生学会分享与合作。但这些方法的缺点是需花费较多时间，学生难以系统掌握知识。

信息技术社会的技术学习，学生有非常丰富的获取知识的途径，获取和处理知识的手段也相当有效，于是比起单纯获取知识来说，技术学习培养对问题的把握及其解决问题的能力显得更重要。而基于项目的技术学习允许学生较少地依赖教师指导解决问题，促进教师教学角色的转变和学生获取知识模式的变革，能极大提高学生学习的自主性。在基于项目的技术学习中，学生主要关心的是技术学科的核心概念、知识及各种基本技能，教师要引导学生通过互助学习或自主学习来构建自己的知识，并形成最终的作品。

在基于项目的技术学习中，教师首先要选择学生感兴趣的课题，设定恰当的学习活动目标，考虑要制作什么样的作品，作品的用户是谁？或作品应该向哪些人进行展示？然后引导学生展开与项目活动类似的解决问题过程。项目学习的主要内容是作品设计和作品制作，如果为了节省时间，或为了减少技术学习的操作环节，也可以直接进行设计作品活动。为了促进技术学习的开展，在作品设计和作品制作过程中，还可以开展评价和反思活动，用评价促进技术学习。显然，在基于项目的技术学习中，作品的设计和制作既是学习的重点，也是学习的驱动力。作品对于学习很重要，但更为重要的是学生在设计和制作作品过程中获得相关的知识和技能。

（二）基于项目学习的案例

与家居装修项目设计一样，做一次性努力，尝试解决问题，总是伴随着对问题约束条件的认识和提出可行的解决方案。有关问题约束条件的重新整理和组合，是一种构思过程，也是项目设计的主要环节。在项目选择的基础上，完成科学规范的项目设计，是为了更好地将相关约束条件进行整理和组合，提高要解决的问题的确定性。在项目设计过程中，将进行用思维导图辅助头脑风暴明确问题，以铁三角为基础进行问题分析，给

---

① 叶上雄. 中学教育学［M］. 新编本. 北京：高等教育出版社，2004.

出项目简介，进行目标分析，制定任务书、画甘特图等多个步骤。在这些过程中，都涉及诸多技术过程，是一些带有普遍意义，具有广泛迁移价值的技术。

1. 用思维导图辅助头脑风暴

对于一次性努力的问题解决，大致的流程是明确问题，明确目的，明确努力方向，明确利益相关人，进行有效的沟通，至少要在时间、花费和质量标准三方面考虑问题，明确范围和约束，进行价值分析和风险分析，明确解决问题的系列目标，选择恰当的问题解决的方式方法，制订必要的计划，明确任务，按计划实施等。如果我们将上述所说的一套思想、流程和方法理解为一次性努力问题解决的技术，推而广之，就成为应用广泛、具有广泛迁移价值的通用技术。此外，在解决问题的过程中，还涉及其他常用技术。例如，要明确问题、明确目的、明确努力的方向等，可以用头脑风暴法形成新观点或激发新设想。对于铺地砖问题，用思维导图（或概念图）辅助头脑风暴法，整合多方意见和观点，有助于形成合理的方案。在这里，思维导图、头脑风暴法和用思维导图辅助头脑风暴法就是一些通用技术。作为技术学习，可以开展虚拟装修活动，根据用户的要求和条件，按照图6-10（g）的指引，尝试用思维导图辅助头脑风暴，明确问题，明确目的，明确努力的方向。

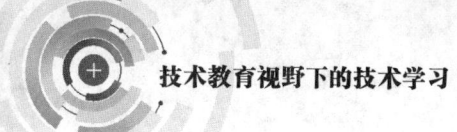

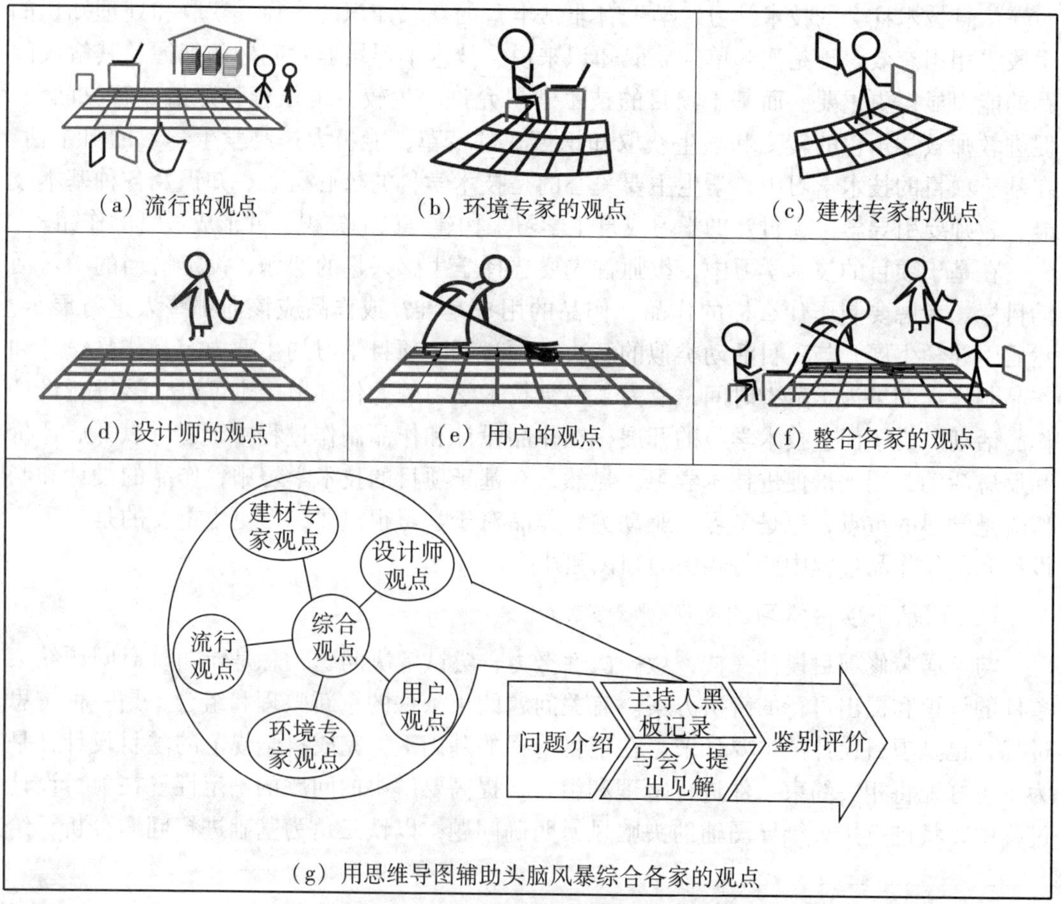

图6-10 装修设计需考虑各家观点

同样，在利益关系人管理上，也可以运用以上技术。利益关系人是受问题解决方案和行动影响的任何相关者。利益关系人可能是问题解决内部的关系人（如问题解决当事人），也可能是问题解决外部的关系人（如供应商或压力群体）。利益关系人的行为会对问题解决产生影响，在判断和决策时一定不能遗漏考虑他们的意见。但是，一般情况下利益关系人不可能对问题解决方案保持一致意见，区分不同群体的意见及影响力的大小，平衡各方利益成为问题解决成败的关键。用思维导图辅助头脑风暴，用于综合各家观点，也可以很快画出铺地砖项目的利益关系人图，以便支持利益关系人管理，如图 6-11 所示。

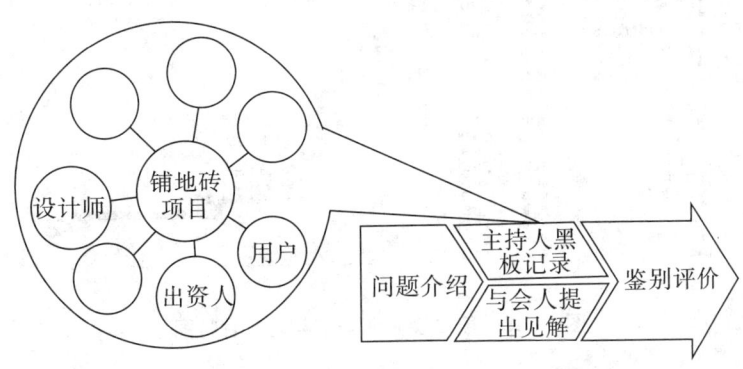

图 6-11　用思维导图辅助头脑风暴支持利益关系人管理

在项目选择和项目设计中，还可以用思维导图辅助头脑风暴进行目标管理、任务管理和预算管理等。使用的方法与上类似。

2. 基于铁三角分析问题及其改进

在明确问题、方案制定或项目设计中，如果对我们所面临的良机和威胁及拥有的优点和弱点进行分类，一般可分为时间、成本和质量三个主要因素。它们彼此相关，构成一个铁三角关系，对其中任何一个因素的调整都将引起三角关系中其他两个或至少一个因素跟随变化。从时间、成本和质量三方面因素考虑解决问题的策略，控制和调节各种因素，使相互关系趋向较好的方向发展。具体到铺地砖设计问题，如何在有限的时间和有限经费条件下，实现主人希望的装修效果，这就是该项目设计主要考虑的问题。尽管铁三角具有一定的局限性，但基于铁三角分析问题，在大多数情况下，仍然是很典型、很有效的做法。在铁三角分析的基础之上，人们还将目光转向关注服务，于是出现了所谓的时间、质量、预算和服务四个要素，用一个四面体来表示，对其中任何一个因素的调整都将引起四面体关系中其他三个、两个或至少一个因素跟随变化。

3. 给出项目简介

项目设计的重要工作是提高确定性，往往要给出项目设计报告。与传统的设计报告不同，现在一种流行的做法是，用 Office 软件制作项目任务书，再给出项目简介文本。

家庭装修项目简介文本一般包括如下内容：项目名称、出资人、项目负责人、项目开始和完成日期、重要里程碑、项目背景、项目目标、预期效益、质量标准、假设与约束、可提交成果、费用估算、人事安排、联系人等。

4. 给出任务书和甘特图

用计算机辅助装修设计，可以同时给出电子文档任务书和甘特图，如图6-12所示。打开Project，输入任务、完成任务的时间、确定任务与任务之间的关系，落实任务人、任务书与对应的甘特图（一种按照时间进度标出工作活动的横道图）。①

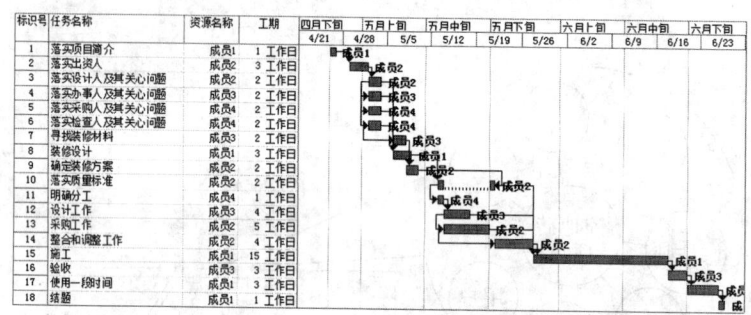

图6-12 家居装修任务书与对应甘特图

思考题：

1. 如何理解项目设计报告是项目管理的一种技术工具？
2. 如何理解加权思想和用多指标综合评价是现代评价方法的进步？
3. 基于项目的技术学习与传统技术学习有什么不同？
4. 在铺地砖问题解决中，有哪些技术是值得注意的？
5. 如何理解思维导图辅助头脑风暴法是通用技术？

---

① 黄维光. Project 2003 实用教程［M］. 北京：清华大学出版社，2007.

第七章

实验和活动

实验一

识图和绘图

实验目的:

了解草图、效果图、三视图、立体图、机械加工图等常见技术图样的识读和绘制方法,绘制草图和简单的三视图。初步掌握一种绘图软件的使用。

实验原理:

画草图是通过观察、特征提取、意义生成和画图等活动,用简单的点、线、面和符号表达事物的主要特点和相关知识,以平面化、符号化和简洁化的手法,识别性地、概括性地或示意性地绘画。草图不仅仅是一种艺术活动,更重要的是通过草图提高观察、构思和表达的能力。草图分为构思草图和设计草图。构思草图带有记录性质,比较随意。设计草图则须经过整理、选择、修改和完善,比较正式。

在机械制图中,将物体按正投影法向投影面投射时所得到的投影称为"视图"。一般说,视图有六个面:正视图、左视图、俯视图、右视图、仰视图、后视图,其中正视图、左视图、俯视图就是三视图。三视图能够正确反映物体长、宽、高尺寸,其投影规律是:正、俯视图长对等;正、左视图高平齐;左、俯视图宽相等,如图7-1所示。

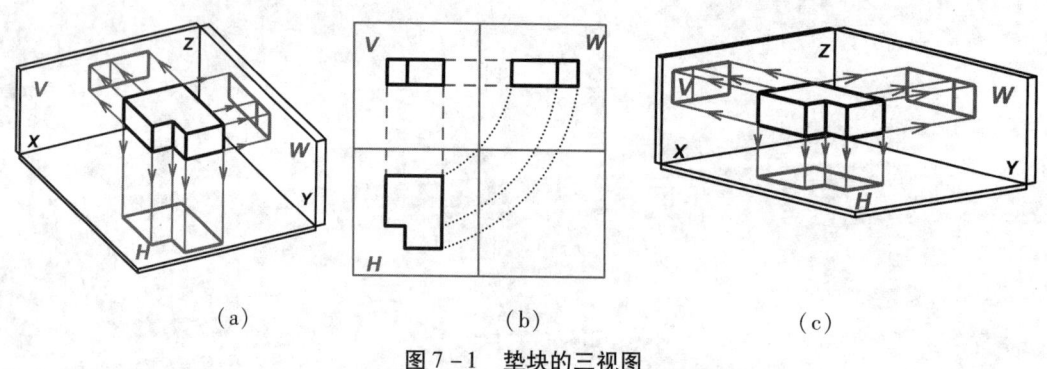

图7-1 垫块的三视图

实验方法：

1. 画组合体三视图

画三视图步骤如下：

（1）形体分析。把组合体分解为若干形体，并确定它们的组合形式，以及相邻表面间的相互位置。

（2）确定主视图，组合体的放置位置以自然平稳为原则。并使组合体的表面相对于投影面尽可能多地处于平行或垂直的位置。选最能反映组合体的形体特征及各个基本体之间的相互位置，并能减少俯视图、左视图上虚线的那个方向，作为主视图投影方向。

（3）画图时，尽量选1:1的比例。按选定的比例，根据组合体长、宽、高预测出三个视图所占的面积，并在视图之间留出标注尺寸的位置和适当的间距，据此选用合适的标准图幅。

（4）固定图纸，画出各视图的基准线，每个视图在图纸上的位置就确定了。基准线是指画图时测量尺寸的基准，每个视图需要确定两个方向的基准线。一般常用对称中心线，轴线和较大的平面作为基准线。

（5）根据投影规律画三视图。一般先实（实形体）后空（挖去的形体）；先大（大形体）后小（小形体）；先画轮廓，后画细节。画每个形体时，要三个视图联系起来画，并从反映形体特征的视图画起，再按投影规律画出其他两个视图。对称图形、半圆和大于半圆的圆弧要画出对称中心线，回转体一定要画出轴线。对称中心线和轴线用细一些的线画出。

（6）底稿画完后，按形体逐个仔细检查。对形体中的垂直面、一般位置面、形体间邻接表面处于相切、共面或相交特殊位置的面、线，用面、线投影规律重点校核，纠正错误和补充遗漏。组合体及相关说明见实验指导书。

2. 了解新绘图方法（选做）

新工业革命引发制造方式发生巨大变化，材料选择和设计方式也随之变化，3D打印技术的出现和快速发展，使得传统车、铣、刨、磨、钻、割、弯等工艺技术的边缘化会比人们想象还要快很多。社会越来越需要基于数字化的制作技术，设计学习和绘图技术学习也必须跟上时代变化的步伐。借助CAD平台辅助设计，绘制适合新制造技术的3D图，是绘图课发展的必由之路。由于使用计算机绘制轴测图技术的著及，给教学活动带来了绘制3D图的方便。建议使用SolidWorks软件开展数字化设计学习和操作学习。该平台功能强大，操作简单方便，易于学习，不但具有强大3D绘图功能，还十分方便进行虚拟设计和虚拟装配活动。

实验二

结构的设计及制作

实验目的：

（1）了解结构设计思想和设计方法。
（2）了解模型或原型的制作方法。
（3）了解某些用于制作模型的材料的性能和使用方法。

实验原理：

结构是有一定形状，可承受外力作用，在一定范围内具有抵御形变能力的物体形态。一般结构分为实体结构、框架结构和壳形结构。影响结构稳固的因素有：结构稳定性、结构强度、材料的强度以及结构连接方式。

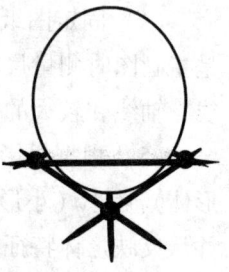

图 7-2

实验方法：

本实验使用规则棒材，例如牙签或 A4 纸制作的纸管，用热熔胶作为黏结剂（也可选用白乳胶、502、三秒胶、玻璃胶等作为黏合剂），设计和制作框架结构，用试验方法确定合适的连接方式，并比较各种黏合剂的优缺点。

（1）用 6 根牙签制作承蛋架，如图 7-2 所示。用水平振动台做稳定性试验，如图 7-3 所示。实验具体说明及要求见实验指导书。
（2）用 12 根规则棒材制作承蛋架，如图 7-4，做稳定性试验。

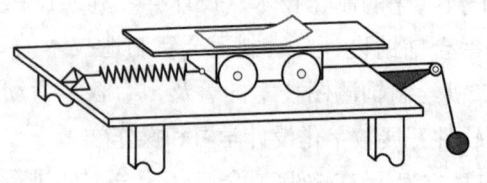 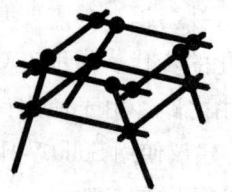 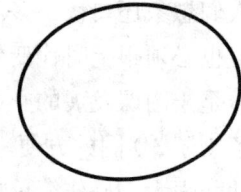

图 7-3 水平动态试验装置　　　　　　图 7-4 承蛋架 2

实验三

试验与方案优化

实验目的：

通过承蛋架的结构稳定性试验了解技术试验的常用方法。选择试验方法，设计合适试验，完成相关试验，在试验的基础上改进设计和制作方案。

图 7-5　试验用电动振动平台

实验原理：

试验的目的是检验产品在特定条件下能否正常工作，在结构与性能等方面能否达到预定的设计要求。产品测试类型有功能测试、性能测试、安全测试、适用性测试和寿命测试等。测试还可以对产品质量进行客观的评价，可以检验设计方案的实现效果，找出设计的缺陷，为改进或优化设计方案提供依据。对试制的产品进行测试，需根据设计的要求制定测试内容与测试方法。

用振动频率、振动幅度可调振动台做稳定性试验。振动台可用一条充气内胎，上面安放一块固定有振动电机的平板。振动频率和幅度可调节电机电压或轮胎充气压力实现，如图 7-5 所示。实验具体说明及要求见实验指导书。

实验方法：

（1）承蛋架水平振动测试及相关结构设计方案优化。
（2）材料和结构形状与稳定性的关系试验、纸结构承重试验（选做）。

实验四

模型的制作

实验目的：

（1）通过试验模型的制作活动，提高对技术设计思想的认识；
（2）通过制作活动培养使用工具、选择材料和完成加工的能力。

实验原理：

竹蜻蜓由叶片、支架和发射装置组成。叶片和支架的几何尺寸可以用试验的方法确定。制作叶片采用压制成型的方法。叶片材料采用塑料片，成型模具材料采用木材。

实验方法：

实验制作步骤及说明参见图7-6。

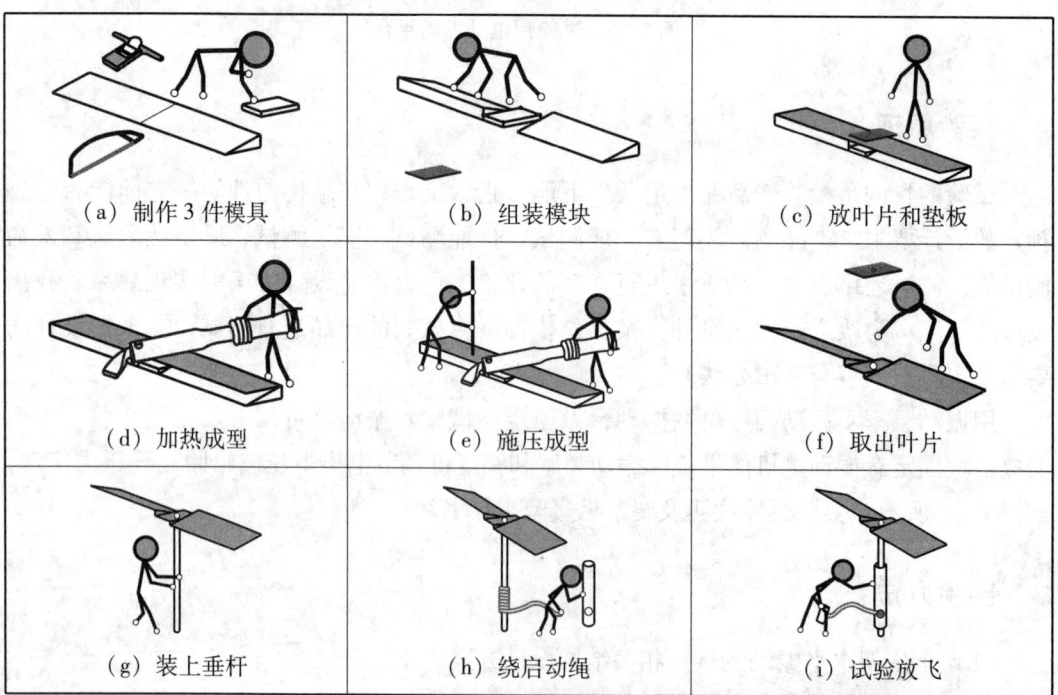

图7-6 竹蜻蜓制作步骤

实验五

黑 箱 实 验

实验目的：

了解黑箱概念、黑箱理论及其应用，掌握黑箱方法。

实验原理：

黑箱方法或称经验方法是指不明确某系统的内部机制，或者由于因素众多、关系复杂，在不打开黑箱的前提下，利用观测、考察与周围环境的关联，了解黑箱的特征和功能，并通过输入对输出的控制，达到认识系统的功能目的。黑箱方法有一定的局限性，需与其他方法相配合，才能最终把黑箱变为灰箱或白箱。

黑箱方法的主要步骤：

（1）通过研究输入和输出研究黑箱功能；

（2）分析功能，确定几个可供选择的黑箱模型；

（3）对黑箱模型进行检验；

（4）认识黑箱功能，推测结构，并思考其应用。

实验方法：

（1）用手机做黑箱实验。实验具体说明及要求见实验指导书。

（2）扫地机器人行为测试（选做）。实验具体说明及要求见实验指导书。

实验六

可编程序控制器

实验目的：

了解可编程序控制器工作原理及其使用方法，尝试进行控制设计。

实验原理：

可编程序控制器（PLC）被广泛应用于工业领域，是现代控制三大支柱产业之一。它将继电器系统与计算机技术相结合，接线简单，编程容易，操作方便。如果条件有限，只需在计算机上安装 PLC 仿真软件，便可进行 PLC 技术学习。仿真软件可产生一个虚拟场所，场所和设备用 3D 图形显示，还可看到所有控制设备程序是怎么样在仿真的环境中完成各种控制，软件主页面配置如图 7-7 所示。

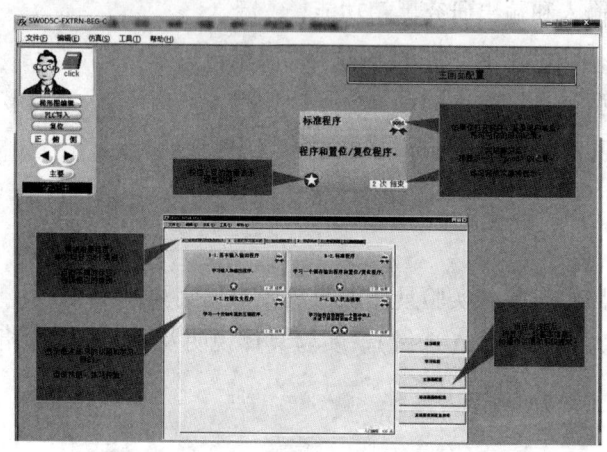

图 7-7 软件主页面配置

实验方法：

1. 交通灯控制系统仿真实验（必做）

通过该实验，熟悉输入继电器、输出继电器和时间继电器的特性，训练 PLC 基本编程技巧。实验具体说明及要求见实验指导书。

实验步骤：

（1）启动 SWOD5C – FXTRN – BEG – C 软件；

（2）进入具体项目画面配置；

（3）浏览项目功能介绍；

（4）分配虚拟 PLC 输入输出口；

（5）进行交通灯控制系统仿真实验，如图 7 – 8 所示。交通灯控制参考程序如图 7 – 9 所示。

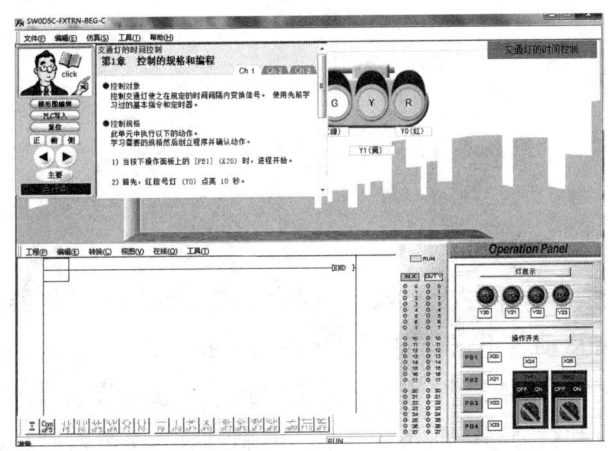

图 7 – 8　交通灯控制系统界面

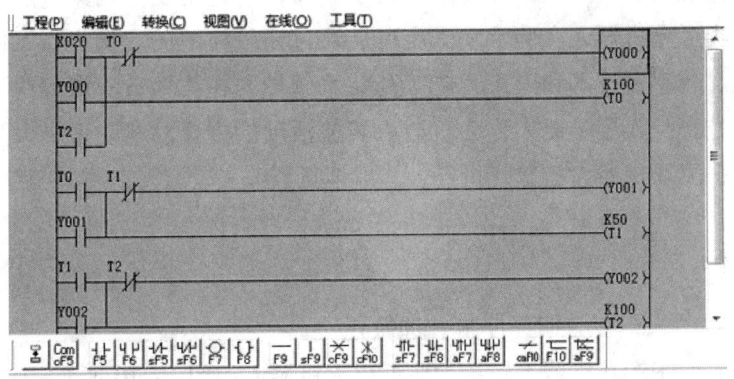

图 7 – 9　交通灯控制参考程序

2. 用 PLC 完成对三相异步电动机的正反转控制（选做）

通过该实验，理解用 PLC 控制三相异步电动机正反转的控制原理，掌握由 PLC、继电器和电动机构成的电气系统的连接、调试方法。实验具体说明及要求见实验指导书。

实验七

机器人组装与控制

实验目的:

通过组装和控制灭火机器人等活动,了解机器人技术。

实验原理:

机器人学科属于现实的科学,也属于未来的科学。利用有关机器人的最新研究成果和相关资源开展科普活动,不仅仅向青少年传授科技知识,从活动中掌握机械、电子、软件和仿生等知识的综合运用,更重要的是提供接触科技发展前沿的机会。考虑到机器人正在经历着一个从初级到高级的飞跃过程,研制具有人类外观特征,可以模拟人类行走与基本操作功能的类人型机器人,是一个国家高科技实力的重要标志,它集机电、计算机、材料、传感器、控制技术等多门学科于一体,一直是发达国家重点研究开发的技术之一。开展类人型机器人实验活动,有可能通过比较简单的实验操作,使学生有机会接触有关机械、传感器技术和人工智能等高技术领域。在技术教育课程中开展机器人技术学习,建议选择类人型机器人作为机器人实验活动的主要品种。而类人型机器人主要涉及三种类型:竞赛机器人、教育机器人、虚拟机器人。

实验方法:

(1) 灭火机器人组装与编程控制(选做)。

灭火机器人属于竞赛机器人,一种典型灭火机器人如图 7-10 所示,其中图(a)是组装好的机器人,图(b)是一种模拟用于机器人灭火的专用场地。由于不同机器人的硬件性能存在差异,因此调试程序是必要的。严格按照操作说明书的步骤进行调试,将达到事半功倍的效果,使调试过程充满乐趣,充分体验用模块化思维解决问题的优势。具体操作过程如下:

①观看机器人灭火视频,进一步了解机器人完成任务的整个过程。
②整理场地。
③检测马达转向。
④用户可以修改的全局变量,改变机器人性能。

⑤让机器人运行自检程序。
⑥矫正角度传感器的角度。
⑦程序的调试(含风扇灭火程序的优化、线路进一步优化等)。
实验具体说明及要求见实验指导书。

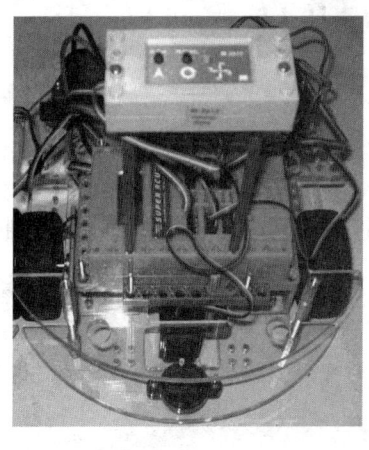 

(a)　　　　　　　　(b)

图 7-10　一种机器人及其标准使用场地

(2)用 Semia 机器人套件组装玩具机器人。实验具体说明及要求见实验指导书(选做)。

(3)下载电脑虚拟机器人,学习机器人编程和控制方法(选做)。

(4)Ni 机器人(选做)。

实验八

鲁布·戈德堡机械

实验目的：

通过鲁布·戈德堡机械设计与制作活动，提高结构设计、流程设计、控制设计或系统设计能力。

实验原理：

1. 简单机械

由两种或两种以上的简单机械的组合构成的机械，可以称为比较复杂的机械或"机器"。从结构和作用机理观点看，机器和机械并无本质上的区别。用今天的眼光去理解和思考与简易机械相关的技术，对今天技术学习活动不但有现实意义，还有相当的实用价值。简单机械的结构和形状大有历史渊源，但从材料、用途和工艺不断推陈出新的角度看，现在的简单机械有许多新的结构、新的外形、新的组合、新的装置和新的用途。此外，本实验主要着眼于鲁布·戈德堡机械的设计和制作，及相关的技术活动。因此，简易机械装置这一概念超出了它原来在制作和实践上的含义，还包含了结构设计、控制设计和系统设计等，包括了一系列技术活动和社会活动。

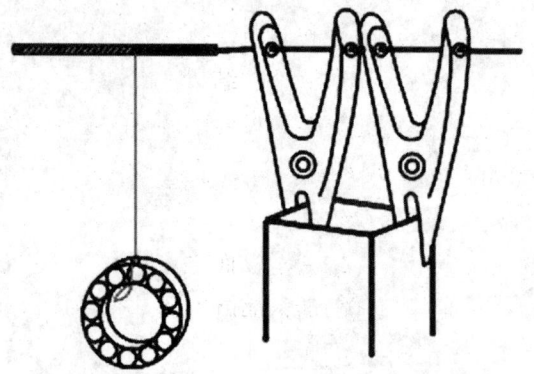

图 7-11 轮轴、绕绳和轴承装置

与实际生产不同，用简单机械制作鲁布·戈德堡机械，所使用的材料是一些日常生活中常见的物品。例如，作为轮轴的一种新玩法，可以用两个木夹子制作轮轴，如果在转轴上绕上细绳,细绳的另一端系上滚珠轴承,轴承放置在高处,且处于随时会落下的临界状态,则轮轴、绕绳和绳子系着的轴承构造一种机械触发开关。当轴承下落时,拖动转轴转动,引发其他事件,如图 7-11 所示。

第二个装置,如图 7-12 所示。作为斜面可以用布带构建,布带两端用木夹固定,而在斜面滚动的小球须变成中间凹陷的绕线轮。如果在布带斜面的低端,与轨道垂直方向布置一根细拦截线,细线一端挂在一根铁丝头上,另一端悬挂一重物,当绕线轮碰到横向细线,触发细线一端脱钩,则另一端在重力作用下,向下运动,实现沿斜面滚动触发沿垂直方向自由下落事件。

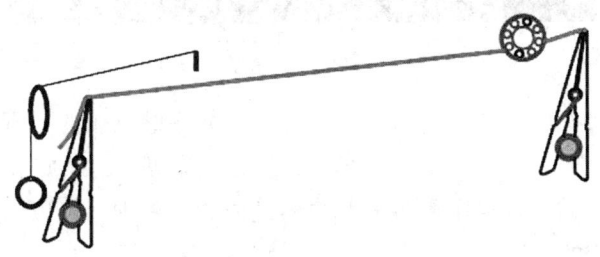

图 7-12　布带斜面构成的机械触开关

在简单机械中,有杠杆、滑轮、轮轴、齿轮、斜面、螺旋或尖劈作为基本组件组合而成的机械,还有触发式机械开关。或许有人会提出疑问,为什么要做这样的机械装置?为什么要将本来简单的事变复杂?从简单就是美这种观点来说,确实是说不过去。因为人们往往关心如何用简单而有效的方式解决复杂的问题,这体现了一种传统东方的智慧。但是,为什么人们往往又沉迷于那些用复杂的方式去解决简单的问题的活动呢?甚至于怎么复杂怎么来。

解决问题方式的好与坏,不能仅仅从技术活动结果的角度看。随着人们对技术的不断深入理解,技术不仅仅是技巧、工具和知识,技术还是一个过程或活动。将一些技术活动过程弄复杂,不一定仅仅看重技术活动的结果,更关心的是技术活动的过程。经历一些过程,不论这些过程是简单还是复杂,只要能够培养技术素养,那就是一种有意义的技术活动。所谓简易机械装置的一种新玩法,就是不但关心用简单方法解决复杂问题,还要用复杂方法解决简单问题。如果经历一个技术活动过程,人可以有所收获,那么大多数人不会首先关心一些技术哲学上的话题,而是会马上投入到这些技术活动中。从这种意义理解用复杂方式解决简单问题的话,那就可以理解为什么要关心鲁布·戈德堡机械装置及相关的技术活动。

2. 鲁布·戈德堡机械

鲁布·戈德堡是一个漫画家和工程师,曾获得过普利策新闻奖。所谓鲁布·戈德堡机械,一开始是画出来的各种简单机械的组合装置图,是以漫画形式表现机械关联,带有很强的娱乐性。但是,现在广泛流行的鲁布·戈德堡机械更多的是实实在在的装置,

图7-13 鲁布·戈德堡机械漫画

或者说是由若干种简单机械组合成的机器。鲁布·戈德堡机械的原理基于七类简单的结构，它们分别是：杠杆，滑轮，车轮，车轴，斜面（斜坡），螺旋和尖劈。许多学生都喜欢鲁布·戈德堡机械。在制作鲁布·戈德堡机械的过程中，可以学习到物理规律，还学习到七种简单结构的应用。

图7-13是一张典型的具有传统意义的鲁布·戈德堡机械漫画。该图表示，人打鼻鼾吓跑鸟，鸟飞起来导致杠杆失衡，刀落下砍断绳子，导致钟摆向左打倒书本，书本下落砸到皮球，皮球滚下把狗逗走，狗尾巴拖动滑轮机构使水壶倾倒浇花，使植物生长吸引上面的蝴蝶飞起撞网，和网连动的剪刀剪断气球的线，气球飞起来被扎破，吓跑了旁边的青蛙，青蛙跳到风扇按钮上开动电扇，传送带上的袜子被风吹动，带动传滚筒不断收紧绑在鸡尾巴上的绳子，鸡疼醒了，打鸣唤醒睡觉人。

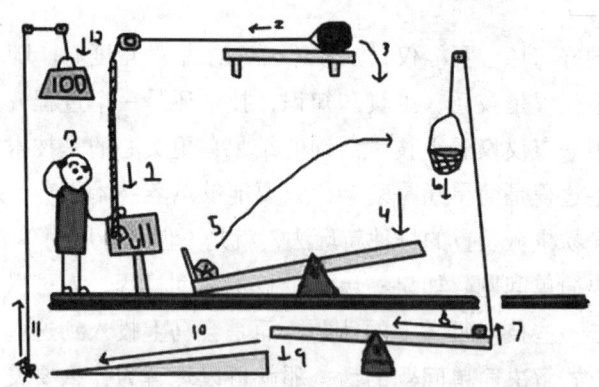

图7-14 一种鲁布·戈德堡机械新玩法的构思图

早期的鲁布·戈德堡机械以漫画形式出现，今天却多以实物形式出现。从画到制作的转换，也反映技术的进步和社会的进步。现在流行各种鲁布·戈德堡机械制作活动和比赛活动。最权威的鲁布·戈德堡机械比赛以鲁布·戈德堡命名。比赛使学生有机会使用日常材料，并转变成一种滑稽古怪的、充满创新精神的机械装置来完成既定任务。该比赛的参赛对象是中学生和大学生。每次比赛给定的任务是由鲁布·戈德堡公司决定的，每年都有变化。

与传统漫画不同，现代人有更多的机会和条件实现想象中的东西，从想象到动手实现，代表技术的进步。图7-14是一张鲁布·戈德堡机械新玩法的构思图，是一张能够用实物再现的机械结构图。从图上可看到，有一个好奇者，拉动绳子1，导致小球2落下砸在跷跷板上，使另一侧小球5弹起，落到篮子6上，通过滑轮系统导致隐藏在地板下的第二个跷跷板右侧7抬起，形成斜面10，使小球8能顺利滚到斜面左侧，触发机关11释放，重物12将落在好奇者的头上。① 鲁布·戈德堡机械是一种幽默而无必要性的复杂发明，通过使用许多繁杂的步骤来完成简单的任务。虽然只需要完成简单的任务，但却被设计得相当复杂且不可预测。在现实世界中制造鲁布·戈德堡机需要耐心，智慧和相当的幽默感。

实验方法：

1. 简单机械

将车轮装到瓶子里。为了实现这个目的，其中一个做法是把一个小环放在斜面上滚下，让它稍微碰到轴承并使它掉下来，将拖动转轴转动，带动风扇转动，风力吹动立柱上的小球，克服与斜面的静摩擦力，沿斜面滚进小瓶内，如图7-15。数数看，这里应用了哪些简单机械。如果想给人留下更深刻印象的话，还可以设计多一些步骤来实现。

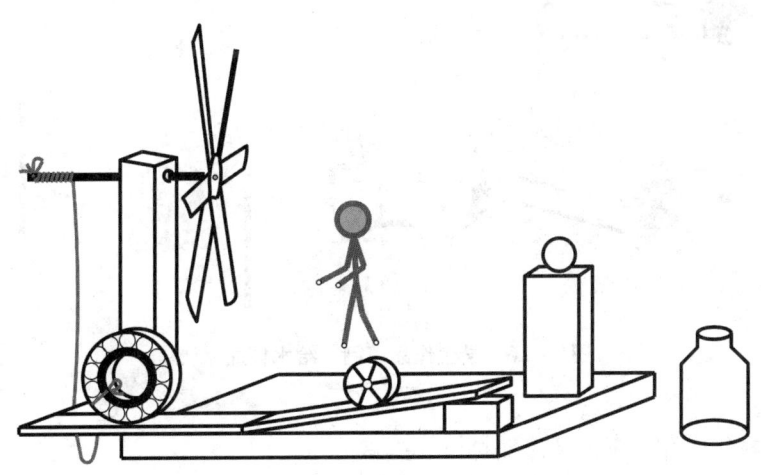

图7-15　将车轮装到瓶子里的机械装置

2. 设计鲁布·戈德堡机械

作为事例，下面给出一种设计事例，名称是"迂回反复的技术：给水杯加冰块"，

---

① CaptCitrus, Curiosity. http：//www.pxleyes.com/photoshop-picture/4a33e935968bf/Curiosity.html.

如图 7-16 所示。其设计过程是，杯子 a 压着一根细绳，细绳另一端系着木槌使其保持静止。拿起杯子 a，放在盛有冰块的杯子 b 正下方。杯子 b 无底，但下方有一张胶片。杯子 a 拿走后，细绳释放，木槌转动，敲击皮球，皮球获得动能，沿斜面朝上运动到末端，与小车碰撞。小车前端有着一根点燃的蜡烛，运动的小车在摩擦力作用下缓缓停下，将前方固定的细绳烧断；细绳连着的重物往下砸在纸片上的重物上，击穿纸片，纸片上的重物开始往下落，绑在重物上的细绳在重物下落了一段距离后，扯动杯子 b 下面的胶片。由于扯的速度很大，杯子还没有被掀翻，胶片就被从杯子底下扯了出来。杯子里的冰块穿过没有底的杯子和被掏空的桌子，掉到桌子下的杯子 a 中。

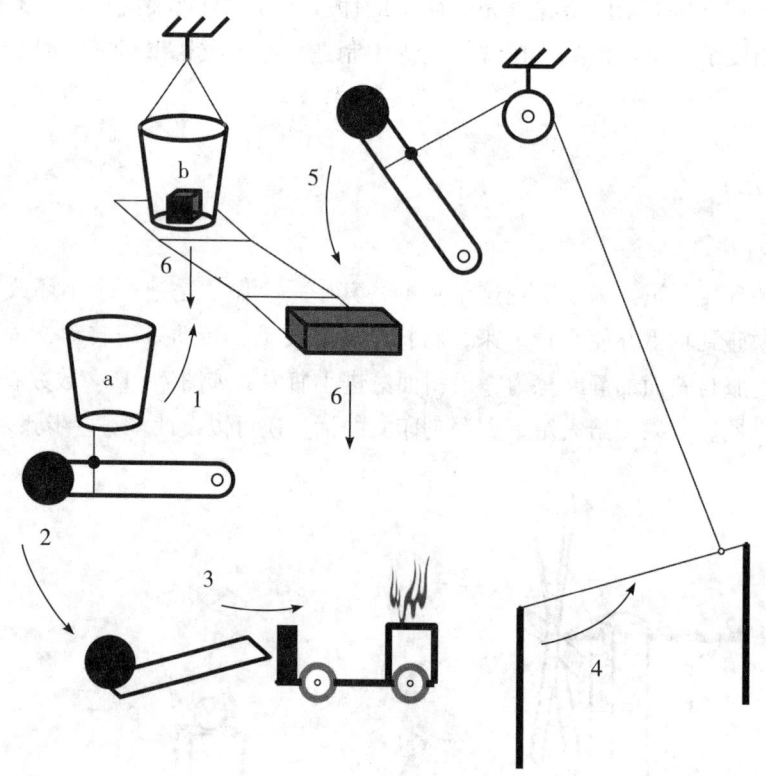

图 7-16　学生作品事例：给水杯加冰块

3. 尝试制作一套鲁布·戈德堡机械（选做）

如果你需要制作一个鲁布·戈德堡机械，那么可以参考以下的步骤。

（1）决定你想设计这个鲁布·戈德堡机械来完成什么任务。是想用来捉老鼠，还是想用来划火柴？是打个鸡蛋还是想割杂草？这个任务看着办，只要简单就行。

（2）设定一个目标，看看你想让你的机械通过多少个步骤来完成任务。目前的世界纪录是 354 个步骤，制作它花了 3 000 个小时。你能打败这个纪录么？

（3）如果你喜欢的话，还可以确立一个主题。比如说把主题设定成玩具，那么在这个机械里的每一个步骤,每一个环节,都必须是玩具或者和玩具有关的物品。挑选一个主题会使你在制作机械的过程中发挥创意。

（4）写下你的点子,并开始画设计图。尽可能地发挥创意。（基于七类简单的结构）你可以让玩具小车从斜坡上滑下来作为起点,然后这个小车或许就会碰上一个大理石球,接着石球会滚落到一个纸筒里,并掉到一个带着一根弦的杯子里,弦又拉动一张多米勒骨牌,第一张骨牌倒下后,随后的骨牌也接连倒下,最后掀翻一个装着果汁的瓶子,将里面的果汁倒入杯中。总之点子是无限的。

（5）考虑装置如何放置的问题。例如,去木材厂弄个大木板回来。确保你所设想的整个机械都能放到这木板上面来,但是又不能太大,以免妨碍到运输。

（6）开始制作机械。从木板的一个角落开始,中间过程走之字形布局,让最后一步在木板的另一个角落结束,这样你就能充分使用木板的空间。[①]。

实验具体说明及要求见实验指导书。

[①] eHow Contributor. How to Make a Rube Goldberg [EB/OL]. http：//www.ehow.com/how_4420946_make-rube-goldberg.html.

参 考 文 献

［1］联合国教科文组织国际教育发展委员会. 学会生存——教育世界的今天和明天［M］. 北京：教育科学出版社，1996：237.

［2］ITEA. Standards for Technological Literacy：Content for the Study of Technology（STL）［S］. 2000/2002/2007.

［3］南京师范大学教育系. 教育学［M］. 北京：人民教育出版社，1984.

［4］方鸿志. 技术教育的历史与逻辑探析［D］. 沈阳：东北大学，2009.

［5］顾建军. 我国技术教育的学科发展及其路径选择［J］. 中国电化教育，2010（11）.

［6］技术课标准研制组. 《普通高中技术课程标准（实验）》解读［M］. 武汉：湖北教育出版社，2004.

［7］中华人民共和国教育部. 普通高中技术课程标准（实验）［S］. 北京：人民教育出版社，2003.

［8］ITEA. Technology for All Americans：A Rationale and Structure for the Study of Technology［S］. 1996.

［9］ITEA. Advancing Excellence in Technological Literacy：Student Assessment，Professional Development，and Program Standards［S］. 2003.

［10］Partnership for 21st Century Learning［EB/OL］.［2014 - 12 - 12］. http：//www. p21. org/about - us/p21 - framework.

［11］伯尼·特里林，查尔斯·菲德尔. 21世纪技能：为我们生存的时代而学习［M］. 天津：天津社会科学院出版社，2011.

［12］王琳. 技术教育国际比较研究基础——教育"技术"课程设置的调查与思索［M］. 上海：华东师范大学出版社，2005.

［13］ACARA. Curriculum：Technologies［EB/OL］. http：//www. acara. edu. au/curriculum/learning_ areas/technologies. html.

［14］Australian Curriculum Assessment and Reporting Authority. The Shape of the Australian Curriculum：Technologies，2012.

［15］Ministry of Education SINGAPORE. Design & Technology Syllabus Lower Secondary Special/Express/Normal（Academic），2007.

［16］Gan Poh Choo. Design & Technology Design in Life（Lower Secondary）［M］.

Pearson Education South Asia, 2007.

[17] Peter Stensel. Design & Technology Design in Life (Lower Secondary) [M]. Pearson Education South Asia, 2007.

[18] 马开剑. 国际视野中的高中技术教育 [M]. 北京: 科学出版社, 2010.

[19] National Research Council. A Framework for K–12 Science Education: Practices, Crosscutting Concepts, and Core Ideas [EB/OL]. [2013-08-16]. http://www.edexcellencemedia.net/publications/2011/ 20111004_ NRC/20111004_ NRC_ FINAL.pdf.

[20] 凯文·凯利. 科技想要什么 [M]. 北京: 中信出版社, 2010.

[21] TED SPEECH. Kevin Kelly on How Technology Evolves [R]. 2010.

[22] Hans Lenk. Gunter Ropohl. Interdisciplinary Philosophy of Technology [J]. Research in Philosophy & Technology, 1979 (2): 25–30.

[23] 远德玉. 技术是一个过程 [J]. 东北大学学报: 社会科学版, 2008 (3).

[24] 卡尔·米切姆. 通过技术思考——工程与哲学之间的道路 [M]. 沈阳: 辽宁人民出版社, 2008.

[25] 陈凡, 张明国. 解析技术: 技术—社会—文化的互动 [M]. 福州: 福建人民出版, 2002.

[26] 远德玉, 陈昌曙. 论技术 [M]. 沈阳: 辽宁科学技术出版社, 1986: 59.

[27] 彭聃龄. 认知心理学 [M]. 哈尔滨: 黑龙江教育出版社, 1990.

[28] 卡尔·波普尔. 客观知识: 一个进化论的研究 [M]. 上海: 上海译文出版社. 1987.

[29] 克莱·舍基. 未来是湿的: 无组织的组织力量 [M]. 北京: 中国人民大学出版社, 2009.

[30] Jeff Howe. Crowdsourcing: Why the Power of the Crowd is Driving the Future of Business [J]. The International Achievement Institute, 2008.

[31] 李惠斌. 包容性发展: 可持续发展理念中的新概念 [N]. 北京日报, 2012-01-16.

[32] 曲直. 三八就是二十三 [J]. 国学, 2008 (5).

[33] 刘昊. 六尺巷里酝遐思 [N]. 人民日报: 海外版, 2011-10-14.

[34] 孟庆伟. 技术学辞典 [M]. 沈阳: 辽宁科学技术出版社, 1990.

[35] 王前. 由技至道——中国传统的技术哲学理念 [J]. 哲学研究, 2005 (12).

[36] 马克斯·霍克海默, 西奥多·阿道尔诺. 启蒙辩证法 [M]. 上海: 上海人民出版社, 2003.

[37] 胡建. 启蒙的价值目标与人类解放 [M]. 上海: 学林出版社, 2000: 257.

[38] 章忠民. 基础主义的批判与当代哲学主题的变化 [J]. 哲学研究, 2006 (6).

[39] 张协隆. 略论技术试验方法 [J]. 自然辩证法研究, 1989 (6).

［40］高家化. 黑箱方法的启示［J］. 科学技术与辩证法，1989（2）.

［41］故事译文［EB/OL］. http：//www. huaxia. com/wh/jdgs/yygs/00097788. html.

［42］刘仙洲. 中国机械工程发明史（第一编）［M］，北京：科学出版社，1962.

［43］颜志仁. 中国古代指南车的原理和构造［J］. 上海机械学院学报，1984（3）.

［44］语文：九年级下册［M］. 北京：人民教育出版，2012.

［45］胡道静. 梦溪笔谈导读［M］. 北京：中国国际广播出版社，2011：356.

［46］李恩来. 人类"控制自然"观念的伦理困境及其反思［J］. 求索，2008（4）.

［47］曹孟勤，黄翠新. 从征服自然的自由走向生态自由［J］. 自然辩证法研究，2010（10）.

［48］威廉·莱斯. 自然的控制［M］. 重庆：重庆出版社，1993.

［49］Kroeber A L, Clyde Kluckhohn. Culture：A Critical Review of Concepts and Definitions［M］. Alfred A. Knopf, Inc, and Random House, Inc, 1963.

［50］杰里米·里夫金，特德·霍华德. 熵：一种新的世界观［M］. 上海：上海译文出版社，1987.

［51］埃德蒙德·胡塞尔. 欧洲科学危机和超验现象学［M］. 上海：上海译文出版社，1988.

［52］魏仁兴. 从决定论思维到复杂性思维的过渡［J］. 华中科技大学学报：社会科学版，2001（3）.

［53］芦笛. 对二女争子故事起源和演变之推测［J］. 文化艺术研究，2011（2）.

［54］赵卓，韩玮. 刨底利乐中国"垄断"路［N］. 时代周报，2014-09-09.

［55］周礼. 鲁国人卖鞋［N］. 南昌晚报，2011-12-14.

［56］姚铃. 欧洲新工业革命本质是一场能源革命［M］. 经济，2012（12）.

［57］杰里米·里夫金. 第三次工业革命：新经济模式如何改变世界［M］. 北京：中信出版社，2012.

［58］杰里米·里夫金. 零边际成本社会［M］. 北京：中信出版社，2014：10.

［59］凯文·凯利. 失控：机器、社会与经济的新生物学［M］. 北京：新星出版社，2010.

［60］联合国经济和社会事务部. 绿色技术大改造［R］，2011. http：//www. un. org/en/development/desa/policy/wess/index. shtml.

［61］赵定涛，王士平. 绿色技术与自然、社会的协调发展［J］. 安徽大学学报，1997（4）.

［62］左贻. 老张的"麦穗理论"［N］. 山西日报，2003-11-22.

［63］张玉强. 从"胯下之辱"谈两难问题的抉择［J］. 公共关系，2004（10）.

［64］邓学忠. 秦始皇统一大业中的度量衡和古代标准化［J］. 中国计量，2008（8）.

[65] ISO. Standards [EB/OL]. http：//www.iso.org/iso/home/standards.htm.

[66] 中国电力企业联合会标准化部. 电力工业标准汇编：综合卷（1996）[S]. 北京：中国电力出版社，1997.

[67] 沈志忠. 二十四节气形成年代考[J]. 东南文化，2001（1）.

[68] 王霆钧. 解读中国历法[J]. 自然辩证法研究，2001（11）.

[69] 宋栋国. 推进技术标准战略的必要性[J]. 大众标准化，2012（3）.

[70] 北京中轻联认证中心. 中国牵头制定的首个国际玩具检测方法标准正式发布[EB/OL]. http：//www.cclc.org.cn/xwzx/bzxw/253704.shtml.

[71] 熊彼特. 经济发展理论[M]. 北京：中国商业出版社，2009.

[72] 克莱顿·克里斯坦森. 创新者的窘境[M]. 北京：中信出版社，2010.

[73] 克里斯·安德森. 长尾理论[M]. 北京：中信出版社，2009.

[74] 克里斯·安德森. TED 演讲：科技的长尾[J]. 连线，2007（4）.

[75] 纪光欣，岳琳琳. 德鲁克社会创新思想及其价值探析[J]. 外国经济与管理，2012（9）.

[76] 孙启贵，黄志广，徐飞. 技术创新与社会创新——社会发展的原动力[J]. 未来与发展，2007（10）.

[77] Hardin G. The Tragedy of the Commons [J]. Science，1968（162）.

[78] 翟志芳. "智猪博弈"对公司绩效管理的启示[J]. 现代经济信息，2013（9）.

[79] 高鸿业. 西方经济学（微观部分）[M]. 北京：中国人民大学出版社，2011.

[80] Brooks F P. 设计原本[M]. 北京：机械工业出版社，2011：1.

[81] 尹定邦，邵宏，等. 设计学概论[M]. 长沙：湖南科技出版社，2009.

[82] 香港课程发展议会与香港考试及评核局. 科技与生活课程及评估指引[EB/OL]. http：//www.edb.gov.hk/tc/curriculum–development/kla/science–edu/index.html.

[83] Nam P. Suh. Axiomatic Design of Mechanical Systems [J]. ASME Special 50th Anniversary Design Issue，1995，117（2）.

[84] 彭明盛. 智慧地球发展进入黄金十年 IBM 发表演讲"欢迎进入智慧时代"[J]. CAD/CAM 与制造业信息化，2010（1）.

[85] 薛澄岐，等. 工业设计基础[M]. 南京：东南大学出版社，2004

[86] 联合国教科文组织. 文化的多样性、冲突与多元共存[R]. 北京：北京大学出版社，2002.

[87] 丽塔·佩尔纳. 流行色预测[M]. 李宏伟，等，译. 北京：中国纺织出版社，2000.

[88] 汪涌，等. 中国印：舞动的北京[J]. 瞭望新闻周刊，2003（31）.

[89] 贝塔朗菲. 一般系统论导论[J]. 自然科学哲学问题丛刊，1979（3）.

[90] 陈永国. 德勒兹思想要略[J]. 外国文学，2004（4）.

[91] Steven. Information Graphic of a Personal Social Circle [EB/OL]. http://www.stevenlao.com/interactive.html.

[92] 李培林，田丰. 当前中国城乡家庭消费状况 [R]. 光明日报，2009-01-20.

[93] L. 科塞. 社会冲突的功能 [M]. 北京：华夏出版社，1989.

[94] 顾建军. 技术与设计2 [M]. 南京：江苏教育出版社，2005.

[95] 国际标准化组织. ISO 9000：2000 质量管理体系标准 [S]. 2000.

[96] Darvenport T H，Short J E. The New Industrial Engineering：Information Technology and Business Process Redesign [J]. Sloan Management Review，1990，(Summer)：11-27.

[97] Hammer M.，Champy J. Reengineering the Corporation：A Manifesto for Business Revolution [M]. Boston：Nicholas Brealey Publishing，1993：32.

[98] 桑强. 以流程再造为中心的组织变革模式 [J]. 管理科学，2004 (4).

[99] 林恩·阿瑟·斯蒂恩. 站在巨人的肩膀上 [M]. 上海：上海教育出版社，2000.

[100] David N. Hyerle. Visual Tools for Transforming Information Into Knowledge [M]. California：Corwin Press，2009.

[101] Reitman W R. Cognition and Thought [M]. New York：Wiley，1965.

[102] Jonassen D H. Toward a Design Theory of Problem Solving [J]. ETR&D，2000，48 (4).

[103] Peter Checkland. Systems Thinking, Systems Practice [M]. Chickerter John Wiley & Sons, Ltd. 1998.

[104] 赵子都. 一个新的数学分支——突变理论 [J]. 数学通报，1986 (8).

[105] 雷内·托姆. 结构稳定性与形态发生学 [M]. 成都：四川教育出版社，1992.

[106] 金观涛，华国凡. 控制论和科学方法论 [M]. 北京：科学普及出版社，1983.

[107] 涂序彦，王枞，郭燕慧. 大系统控制论 [M]. 北京：北京邮电大学出版社，2005.

[108] 刘亦丰，刘亦未，刘秉正. 司南指南文献新考 [J]. 自然辩证法通讯，2010 (5).

[109] 凯文·凯利. 失控 [M]. 北京：新星出版社，2010.

[110] 项目管理协会. 项目管理知识体系指南 [M]. 北京：电子工业出版社，2013：5.

[111] 布鲁克斯. 人月神话 [M]. 北京：清华大学出版社，2007.

[112] 曾传辉，等. 圣经故事 [M]. 北京：中国社会科学出版社，1994.

[113] 蒋丽梅. 新龟兔赛跑理论 [J]. 时事报告，2006 (7).

[114] 彼得·德鲁克. 管理的实践[M]. 北京：机械工业出版社，2006.

[115] 甄霖."问题树分析法"——区域发展研究的有效分析方法[J]. 科研管理，2000（4）.

[116] 陈亦权. 跳起来就能摘到苹果[J]. 少年心世界，2013（8）.

[117] 李元卿. 从弥勒和韦陀的故事谈人力资源的整合[J]. 现代营销：经营版，2008（9）.

[118] 胡新艳，许能跃. 从分粥故事看制度设计[J]. 科技管理研究，2008（6）.

[119] 林春生. 非洲卖鞋的新版故事[J]. 新理财，2008（1）.

[120] Project Management Institute. A Guide to the Project Management Body of Knowledge[M]. Project Management Institute, Inc. 2004.

[121] 刘景福，钟志贤. 基于项目的学习（PBL）模式研究[J]. 外国教育研究，2002（11）.

[122] 叶上雄. 中学教育学[M]. 新编本. 北京：高等教育出版社，2004.

[123] 黄维光. Project 2003 实用教程[M]. 北京：清华大学出版社，2007.

[124] 一张具有传统意义的鲁布·戈德堡机械漫画.

[125] Capt Citrus, Curiosity. http://www.pxleyes.com/photoshop-picture/4a33e935968bf/Curiosity.html.

[126] eHow Contributor. How to Make a Rube Goldberg[EB/OL]. http://www.ehow.com/how_4420946_make-rube-goldberg.html.